外国语言学及应用语言学研究丛书

本书由2019年度教育部人文社会科学研究一般项目（编号：19YJC7

A Comparative Study on the Interval Effect of
English and Chinese:
The Cognitive Semantic Perspective

认知语义学视域下 英汉间距效应对比研究

马书东　著

ZHEJIANG UNIVERSITY PRESS
浙江大学出版社
· 杭州 ·

图书在版编目(CIP)数据

认知语义学视域下英汉间距效应对比研究 / 马书东

著.--杭州 : 浙江大学出版社, 2024.6

ISBN 978-7-308-25026-9

I. ①认… II. ①马… III.①英语－对比研究－汉语

IV.①H31②H1

中国国家版本馆CIP数据核字(2024)第102798号

认知语义学视域下英汉间距效应对比研究

马书东　著

策划编辑	董　唯	
责任编辑	董　唯	
责任校对	田　慧	
封面设计	项梦怡	
出版发行	浙江大学出版社	
	（杭州市天目山路148号　邮政编码310007）	
	（网址：http://www.zjupress.com）	
排　　版	杭州林智广告有限公司	
印　　刷	浙江新华数码印务有限公司	
开　　本	710mm×1000mm　1/16	
印　　张	17.75	
字　　数	350千	
版 印 次	2024年6月第1版　2024年6月第1次印刷	
书　　号	ISBN 978-7-308-25026-9	
定　　价	88.00元	

目　录

第一章 引言

1.1 研究背景

认知语义学关注认知与语言的关系（Regier, 1996），强调身体经验在语义中的基础地位（Sharifian et al., 2008; Tung, 1994; Yu, 1995, 2000, 2002, 2003, 2009；覃修桂、帖伊，2018）。在语言学研究中，关于语言与认知的关系存在两种观点：一种观点认为，语言能力是人的一种区别于动物的独有的认知能力（Friederici, 2017），尤指递归能力（Hauser et al., 2002），该能力不同于其他的认知能力，具有自主性，据此，语言研究是探寻体现语言天生能力的普遍语法，该语法具有有限的规则，但可生成无限合法的表达；另外一种观点认为，语言能力并不独立于一般的认知能力，语言知识可通过一般认知能力的发展在后天习得，递归能力也体现于视觉能力中（Jackendoff & Pinker, 2005）。基于这两种不同的观点，语言学研究中分别形成了基于规则和基于使用的研究方法（Pinker, 1991, 2015）。在语言研究中，这两种方法处于平行发展状态，虽然偶有学术交锋，但整体上看，各自关注的是语言的不同方面。

基于规则和基于使用最大的不同在于，前者将语言视为一套脱离语境的规则系统，而后者将语言视为一个开放的复杂动态系统（Siew et al., 2019）。前者的典型做法之一是，认为词汇是原子性的（Chomsky, 1995: 163），将其归为诸如名词、动词、副词、形容词、助词等词类或范畴，基于此，再进一步归纳各个词类之间的组合规则。该过程类似于搭积木，词类是积木，规则是积木的组织方式。典型的情况是，名词充当主语，动词充当谓语，据此，[He 主语] [is a ball 谓语]可接受，而[He 名][a ball 名]由于缺乏动词作谓语而不可接受。显然，这里存在着一条名词不能充当谓语的规则。这条规则无论在汉语中还是在英语中均不具有普遍性。在英语中存在"you the fool"和"What next?"的表达，而在汉语中也存在"他，男人"的主谓结构。此类现象提出的理论问题是，如果坚持认为词类可进行充分必要定义且能预测词语的使用，那么必须重新修改规则以实现充分描写；如果认为词类不能进行充分必要定义，那么，词类规则无法限制词语的使用，而只能被视为在特定语境中的一种呈现，这是基于使用的基本思路。基于使用的观点主张，一个词类是历史实体的有限集合，不能作为语言对比的基础（Croft，2023）。

基于规则的语言描写面临的最大挑战来自半成语化结构或框式结构（Langacker，1987，1991），例如the more X the more Y、X let alone Y、谁X谁Y等等。此类表达的最大特点是定项与变项存在相互依存的关系，变项的范围由定项来确定。换言之，定项是已知内容，而变项是未知内容，未知的确定需要参照已知。此类结构的另外一个特点是，定项之间、变项之间、定变项之间的关系必须通过时间或线性间距加以实现。在基于句法规则的描写中，间距并不是需要考虑的因素，但这并非意味着其与句法不存在关系。Gries（1999）发现，在pick NP up之类的结构中，受语用驱动，长距离名词短语NP更倾向于置于pick up之后而非中间。换言之，pick与up的间距大小影响词项之间的句法关系。

间距的一种描写方法是依存距离（dependency distance），指主项（父项）与从项（子项）的线性实现距离，可用于提示语言使用中双词项间非对称句法依存在线性距离上的动态变化（Hudson，1995: 16; Liu，2008; Liu et al.，2009; Liu et al.，2017）。对于依存距离的关注体现了从单纯地视语言为一种规则结构到视其为一种复杂自适应系统（complex adaptive system）（The Five Graces Group et al.，2009）的转变（Liu et al.，2017: 174）。虽然规则仍具有社会心理动因（Garner，2014），但这意味着研究范式的转变（Weigand，2011）。自适应系统强调语言在使用中的自身结构、认知限制和交际需求的相互依存和作用。尽管依存语法的理念是将语言视为开放系统，但是具体操作中主要将语言的自身结构描写为词类间的形式句法结构（Hays，1964）。这种做法的好处是可对标记词类的句法依存树库进行大规模的数据统计和计算，可从宏观上揭示句法使用与认知限制的关系，具有极强的可验证性。对于依存距离的研究显示，依存距离倾向于最小化的现象具有语言一般性（Liu et al.，2017），这说明语言使用受短时记忆认知过程的限制。同时，依存距离呈现出相对于随机距离更长的倾向（Ferrer-i-Cancho et al.，2022）。

与依存语法类似，认知语法也将语言视为复杂系统（Langacker, 1987, 1991）。该系统的特征是，两个单位组合形成的新单位具有这两个单位所不具有的特征（O'Grady, 2008），强调语言在于使用，主张语言具有认知和社会交际的双重属性（Langacker, 2013: v; Nuttall, 2018）。与依存语法不同的是，认知语法主张句法结构是概念结构，不同的词类或语法范畴均被视为相同概念内容的不同认知描写，也就是认知识解过程（construal）（Langacker, 2008: 55-89; Taylor & MacLaury, 1995）。从概念角度看，词类往往体现不同的意象图式，即人类对反复经验形成的某种抽象知识结构（Johnson, 1987）。在此，名词典型地用于指示在空间上有界和在时间上无界的物体；动词典型地指示实体间在空间上的离散和在时间上有界的互动过程（Langacker, 2008: 104）。这样，在认知语法方案中作为复杂系统的语言使用呈现的是概念规约、认知过程和社会规约过程的相互作用，其中，语言的认知过程体现一般认知能力，被视为所有语言共享的过程，承担语言的稳定系统功能，而语言的社会规约过程被视为语言的变异过程（Langacker, 1987, 1991）。不同于依存语法，认知语法还融合了认知语义学中的概念隐喻（Lakoff & Johnson, 2003; Kövecses, 1999）、概念整合（Fauconnier & Turner, 2002）、概念转喻（Benczes et al., 2011）等概念认知操作，能灵敏地描写语言对社会环境或需求的反馈。以此为描写方案，语言单位的间距可用于调节概念在语言使用集配（Langacker, 2020）上的动态规约，这被称为间距效应（马书东、梁君英, 2015, 2021; 马书东, 2017）。目前，间距效应的研究仍停留于汉语层面上，对于英汉对比的研究尚未实质性地展开。

1.2　研究对象

本研究的考察对象是英汉使用中概念语义在间距维度上的动态规约。在语言使用中，概念语义浮现于形式与经验系统性交互的社会规约，体现为形式–意义（form-meaning）依存组配。由于语言形式受到人的呼吸节律、生理特征和短时记忆认知的限制，依存组配内呈现出非均质性。这种非均质性体现为：（1）在单社群内，依存组配内的各个组成部分呈现出差异化的依存度；（2）在跨社群时，对相同的概念内容具有差异化的规约方式。从单社群角度看，本研究关注英汉社群所使用的英语和汉语；从跨社群角度看，本研究对比英汉社群中英汉概念依存模式的异同。

原则上，所有现代语言学均承认语言是基于形式与意义规约而成的符号，任何一个语言单位均处于依存中。例如，为表达"人"，汉语的符号依存是 [rén-人]（汉语拼音提示形式，而汉字提示意义），而英语的符号依存是 [bɒdi-body]（音标提示形式，而字母提示意义）。在这种依存中，形式与意义形成一个整体，可视为依存的最小距离。这种具有高可识别度的依存体在语言使用中与其他依存体组合会规约为更加复杂的依存组配，例如"每人"和everybody。虽然"每人"和everybody均可被视为一个整体，但与"人"或body相比，具有可分性，这体现为二者之间可插入其他依存体，例如"每个人""每一个人""每一个好人"和every other body。在这样的依存组配中，"每"与"人"或every与body形成非相邻的直接依存。这种直接依存当然也提示意义上的依存，即every为说话双方设定body个体的范围。这样，如果将"每-人"或every-body视为研究的出发点，所研究的对象可表述为"每Xn人"和every Yn body，其中，X提示"每"与"人"之间的插入项，而Y提示every与body之间的插入项，n提示插入项之间的数量。当Xn不断变化时，"每"与"人"或every与body之间的关系会出现两种变化：一是维持依存，例如"每个人"、every human body；二是切断依存，例如"每次人来"、every time her body，在此，"每"或every不再用来提示对于"人"或body全部的指定方式。在维持依存的情况下，不同的插入项及其长度引发依存整体内语义的动态变化，例如"每万人"将"每个人"指定的以个体为单位的分组方式转换为以集合为单位的分组方式，而every other body将everybody指定的所有人转变为指定观察者自己之外的所有人。

基于此，本研究考察的依存关系可一般性地表述为AXnB，A-B为启动项或条件项，Xn为变项，其中，A为一个依存体，B为在线性维度上与A占位不同的依存体，X提示A与B依存在线性维度实现上的间隔，而n提示X的数量，提示A与B的线性间距。A和B既可是单依存体，例如"来$_A$去$_B$"，也可是复合依存体，例如"不仅$_A$-而且$_B$"。此外，A-B依存既可对称，例如"上-下"中"上"和"下"均提示空间指向，也可不对称，例如"吃-饭"中"吃"提示过程，而"饭"提示实体。

AXnB只是对语言使用片段的截取方式，例如对于"跑上跑下"可以通过AXnB截取为"跑$_A$上$_{Xn}$跑$_B$下"，也可截取为"跑上$_A$跑$_{Xn}$下$_B$"。两种截取方式的观察视角存在差异，当"跑-跑"被视为依存的A-B，"上"充当Xn，观察的是"跑-跑"在间距上的依存变化方式；当"上-下"被视为依存的A-B，"跑"

充当X*n*，观察的是"上-下"在间距上的依存变化方式。两种观察中共享的是"跑-跑"与"上-下"的整体性依存。

在汉语和英语的使用中，AX*n*B可典型地体现为各种不同语义间的依存，例如实体与实体的依存（猫与狗/a cat and a dog）、实体与过程的依存（鸟在车里飞/a bird flies in the car）、过程与路径的依存（上楼/go upstairs）、过程与结果的依存（走开/walk away）、过程与过程的演变依存（开门走出屋/open the door and walk out of the room）、相关依存（越喝越渴/The more I drink the thirstier I get）、对称参照依存（险之所在，利之所存/Something ventured, something gained）、框式-过程依存（如果他说话，那么她会笑/If he spoke then she laughed）、往复依存（一个接一个/one by one）。

各种语义依存中，相对于英语而言，汉语有两种具有特色的表达：方式-动作依存和对称参照依存。例如，"我把驴打了"的英译I beat the donkey无法体现"把"，而"一诺千金"的英译A deal is a deal无法体现对称参照依存。相对于汉语，英语具有特色的表达是过程-路径依存。例如，"我把他赶出了房间"只能译为I shooed him out of the room。在语义上，"赶"对应shoo，"出"对应out of，但"把"在英语中则没有对应表达，汉语对应的"他"在汉语句中标记"把-赶出"中的间距，英语对应的him在英语句中则标记shooed-out of中的间距，结果是，汉语中"方式-动作"中的间距调换为英语中"过程-路径"中的间距。虽然整体上汉语"赶出"可被视为对应英语的shoo-out of，但"赶"与"出"增加间距会妨碍表述，例如"我赶他出屋"显得不完整。类似地，如果缩短shoo和out of的距离，也就是将him删除或移到别处，均会造成英语表达的不自然，例如I shooed out of the room him、I him shooed out of the room。这说明，间距与英汉语常规的系统依存方式相伴随。

1.3 理论框架

从复杂动态系统（Smith, 2005；Banham, 2007）的角度看，语言在使用中会逐步出现规约浮现（Keevallik, 2020）的如下特征：各单位相互依存；单位的相互依存受时间（间距）调节；单位之间形成的相互依存系统一方面具有独立性，另一方面具有开放性，以应对认知和交流的需要。相对于部分通过规则衍生整体的观念而言，浮现强调复杂实体具有部分所不具有的属性。本研究中规约浮现的核心是依存,这是现代语言学的基本观念之一。Saussure（2011: 114）就指出,"语言是词项间相互依存的系统,该系统内,每个词项的值取决于其与另外词项的共现"。这样,语言如波浪一样,浮现于思想海洋之中。基于此,语言对于事件的切分也是多样的（Bohnemeyer et al., 2007; Li, 2019）。

在东西方哲学中,关于依存有两种不一样的解释。"笛卡尔将实在（substance）定义为不依存于他物而他物皆依存之的物。"（Banham, 2007）基于该思路,可认为世界由不依存于他物的基本元素根据基本规则构成。这种依存思想不同于中国传统文化中的对立依存。在对立依存中,双方因对立而依存,一方的消失也意味着另一方的消失,如"有无相生,难易相成",《道德经》中对立的"有"和"无"、"难"与"易"存在动态的相互依存。

依存观念为依存语法所采纳。依存语法的一项原则是单词之间具有直接的联系（Osborne, 2019; Mel'čuk, 2009）。一般情况下,动词被视为主（head）,其他与之依存的单词或单位被视为从（dependent）。在此,独立自主的是动词,而依存的则是其他单词。动词中心的证据来自置换（permutation）、替代（substitution）和省略（ellipsis）。以动词为中心打破了传统语法依赖于主谓对立的描写限制（Tesnière, 2015: 98）。在英语中,所有单词依存的核心是动词。如果以动词为中心,则可考察其他单词在主从依存树上与动词的距离。但依存语法研究绝大多数都是在关注句法依存,而不关注语义依存,对于语义依存的描写也主要是基于主谓逻辑。这样,尽管依存语法也关注动态性,但只是关注句法在语境中的动态性（Milward, 1994）,单纯依赖依存语法难以对间距维度上的语义调节做出充分描写。事实上,依存语法对于语义在依存上的动态调整,并未提供充分有效的描写手段。

不同于依存语法,认知语法从认知角度描写依存的注意配置（参见 2.2 节）,本研究称之为"依存语窗"。语窗源自"语言是心灵之窗"的假设（Talmy, 1996a; Pinker, 2007; Handl & Schmid, 2011）,指形义组配在意识中形成的一次完整性呈现（Chafe, 1994）。以此为基础,所有的语言使用均可被描写为一个语窗网络系统,如图 1-1 所示,不同层级的形义语窗在时间维度上同时展开形成集配。

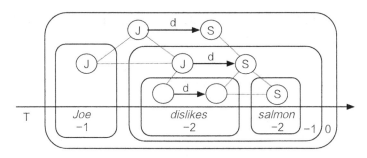

图 1-1　典型英语主谓语窗动态流变图示

图片来源：Langacker（2012a: 563）

在图 1-1 中，Joe dislikes salmon 被描述为形式极（字母）与概念极（圆圈）二分，由长箭头（T）来切分，即长箭头之上为概念，长箭头之下为形式。形式–概念组配可多级切分，作为宏语窗（0）的 Joe dislikes salmon 可切分为 Joe 语窗（–1）与 dislikes salmon 语窗（–1），而 dislikes salmon 语窗又可进一步切分为 dislikes（–2）语窗和 salmon（–2）语窗。当然，如果需要，dislikes 可进一步切分为 dislike（–3）语窗和 -s 语窗（–3）。每一个语窗均具有一定的概念内容。Joe 语窗中的概念内容是实体（圆圈 J），而 dislikes 语窗中的概念内容是实体之间的非对称指向性关系（两圆圈间的箭头），由 d 标示。各个层级的语窗在概念层面上并非孤立，而是彼此交换信息，例如，dislikes 虽然提示两个实体间的非对称指向关系，但只预设实体图式，而不提示具体的指称内容。具体的实体内容需要通过与 Joe 语窗和 salmon 语窗所激活的 J 和 S 实体通信来实现，此过程称为"通联"。

该语窗流变图的优势在于：呈现层级和线性维度上所有的语窗；呈现语窗间的非对称配价联系。其劣势在于：未呈现语窗间的依存方式；未呈现语窗间的对称参照依存；不易呈现跨多个语窗的直接依存。

虽然可依据从整体到部分层层切分的方式将一个完整语窗切分为多个语窗，但这种语窗在初次切分中就必须考虑实证问题。在英语中，一般初次切分均是切分为主谓结构，但这并非所有的情况，例如 [They say][he's over 100] 的初次切分并非在主谓之间。在汉语中，语窗初次切分会带来语义上的差异，例如"我/想你没睡""我想/你没睡""我想你/没睡"这三种不同的初次切分方式表达了三种不同的意义。初次切分提示两个分组在依存度上的差异，但这并不代表直接依存只出现于初次切分的次语窗之内，直接依存还会浮现于语窗之间，例如"一变**再**变"中"一-再"形成跨语窗的依存。这样，语言使用中的语窗依存实际上是相邻语窗与非相邻语窗的交互配置，如图 1-2 所示，相邻依存与非相邻依存共存。

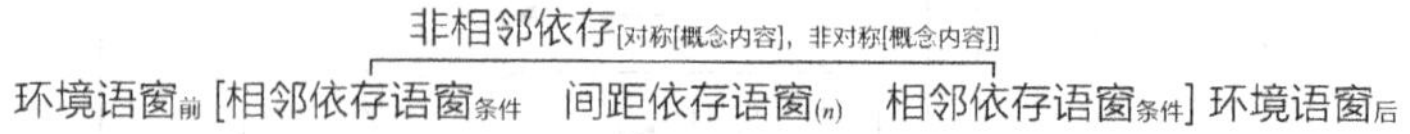

非相邻依存[对称[概念内容], 非对称[概念内容]]

环境语窗前 [相邻依存语窗条件　间距依存语窗(n)　相邻依存语窗条件] 环境语窗后

图 1-2　依存框架①

两个或多个相邻语窗由于间距语窗的阻断会形成非相邻依存语窗。当两个相邻语窗被视为条件语窗固定后，其所有用例将分布于不同间距语窗上。每一个间距语窗上均是一个非相邻依存用例的集合，辅之以前、后环境语窗，可判定非相邻依存语窗用例中非相邻语窗之间的依存是否对称，并进而分析二者的依存所提示的概念结构。两个语窗是否相邻取决于它们是否被视为一个整体，当间距语窗只是停顿时，两个非相邻语窗仍被视为分离，依然是两个非相邻语窗。

据此，间距语窗被视为自变量，两个非相邻语窗的依存方式是因变量。自变量可体现为时长、音节数或语窗数；因变量可体现为实体–过程、自主–依存配置、基线–阐释结构、参照关系、概念整合、分合–通联（对言结构）、概念隐喻、力动态等概念配置。

认知语法意图提供一个充分体现语言动态系统的描写方案。此方案体现了对立统一的思想，例如形式极–意义极、实体–过程、自主–依存、基线–阐释。虽然形式极–意义极、实体–过程、自主–依存、基线–阐释等对立配置（Langacker, 1987: 306-310；徐盛桓，2007；牛保义，2008，2011）在英汉语中均适用，但是除了形式极–意义极之外，实体–过程、自主–依存、基线–阐释等强调不对称的配置均体现英语的偏好。实体–过程和自主–依存典型地体现为英语中的名动分立，而基线–阐释典型地用以描述主谓之别。但名动分立和主谓分立均不是汉语最具特色的结构，汉语最具特色的结构是对言结构和分合通联。对言结构强调依存的对称倾向，而分合通联强调分立语窗内各个部分的相互参照和协调。

在意识中形式与意义相互依存，同时依存于整个系统，形式只有被用于提示意义时，才被称为形式，而意义只有为形式所提示时，才被称为意义。单个形义符号的确定取决于整个形义依存系统。依存语窗是从认知角度对这种依存系统的描写。据此，从英汉对比角度看，以kick和"踢"为例，虽然在依存层

---

① 本书中未标注来源的图均为笔者自绘。

面上二者存在对应，但在英语与汉语两个依存系统上二者存在巨大差异。He kicks the bucket中kick the bucket作为整体依存表达"死"，其中kick不能翻译成"踢"，因为在汉语依存系统中"踢桶"作为整体依存，并未将动作与死亡再进一步建立起依存联系。kick the bucket提示"死"是依靠kick与bucket的依存，如果将bucket替换为ball，变为kick the ball，就不能提示"死"之意。这种依存从概念内容角度看，体现为实体与过程的依存关系。这种依存关系无论是在英语中还是在汉语中均普遍存在。

在运动情形中，一个运动过程必然由实体来执行，在此，过程预设实体，实体可不依赖于特定运动过程而存在，呈现出一定的自主性，而过程必定依赖于实体而存在，呈现出依存性。实体实际提示一个运动中的恒定方面，而过程提示一个运动中的变化方面。

自主–依存并非只限定于实体–过程，而是在语言的各个层面中均有体现。对于英语而言最典型的是形态变化，例如，kicks中的kick具有自主性，而-s具有依存性。而从英汉对比角度看，pick up中pick与up的依存方式不同于汉语"捡起"中"捡"与"起"的依存方式，例如pick it up是自然表达，而"捡它起"是不自然的表达，二者在间距上的自主性差异明显。

自主–依存可用于描写主谓的英汉差异。汉语中过程的自主性高于英语，例如"喜欢，会去"中可没有主语甚至参与者，而英语的对应句子"If I like, I'll go"必须恢复参与者。

自主–依存的概念动因是更为一般的概念间的非对称关系——基线–阐释结构。基线指在认知上已确立的概念，而阐释是对基线的描述过程。当将实体视为具有确立地位的概念时，过程概念用以提示对实体的阐释过程。这样的基线–阐释结构超越了实体–过程、自主–依存的对立，但由于其本身预设概念内的非对称性，不能用以描写强调对称的对言结构（沈家煊，2019，2020b，2020c）。从认知角度看，对言结构具有内在的对称要求，既体现于形式，也体现于意义。在意义层面上，对称的概念可描写为相互参照。

在这种对称与非对称相互竞争与协同（Haiman, 1985b）的依存语窗组配上，概念隐喻和概念整合挂载其上，形成了强大的语义扩展能力。不过，隐喻和整合的挂载与语窗间的依存间距存在何种关联，仍是未解之谜。

1.4 研究问题

在语窗集配的动态运行中，不同层级的语窗及其组配形成了一个有机的整体，在连续不断的重复中浮现出特定结构，这些结构尽管可反复出现，但每次新的使用相比之前的使用，在维持结构不变的情况下，会对其构成部分进行调整。在观察到的多次调整中，一部分形式的共现会反复出现较多的次数，而另外一部分形式出现的次数则较少，这样，在部分与整体之间呈现出差异化的吸引和排斥关系。整体和部分的关系在本质上是形式与意义各种组配之间的关系。

在这种网络系统中，选取任意两个相邻或非相邻的单位，假设二者之间存在依存关系，那么这种依存、共现或搭配所参与的整体结构的类型以及强度，可通过语料加以考察。这种局部依存与整体结构之间的预测强度形成对语窗集配机制性测量的一个指标，该指标在英汉使用中的异同需要深入且广泛的考察。本研究关注此问题，具体分为如下三个方面：

（1）英汉依存语窗在线性间距上所参与的整体结构存在何种异同；

（2）英汉依存语窗在线性间距上所参与的概念扩展类型存在何种异同；

（3）英汉依存语窗在线性间距上与整体结构之间的预测强度变化趋势存在何种异同。

这种对比的创新之处在于，其并非单纯地从语义、词汇或语法角度对英汉语进行对比，而是从动态系统的角度加以对比。以往的对比研究已经明确了不同语言在词汇、语义、语法等方面均存在差别，但是尚未见从动态的角度对英汉语加以对比的研究。这种对比有两个目的：一个是理论目的，即探究语言动态系统的统一描写；另一个是对比目的，即探究英汉语在宏观上的异同倾向。在语言使用的统一描写中最为核心的两个因素是成分和依存。成分是很多理论的基础；假设一个宏观结构是由基本单位如搭积木一样建构的，比如句子是由词语根据规则组合而成的，那么用以建构更高层架构的单位就是成分。但这种基于即时相邻成分的规则系统不能容纳非相邻但存在即时联系的规则系统，即依存系统。当然，从规则系统的角度而言，成分系统与依存系统也可进行转换，但从对语言充分描写的角度而言，成分和依存并非规则转换意义上的存在，而是具有心理现实性的同时存在，统一描写语言的理论需要同时反映二者。认知语法的语窗集配就是将二者融入一个动态的机制当中，具有统一描写的意义。到目前为止，相关研究并未阐释语窗集配如何用于语言对比研究，也未揭示英汉使用中语窗集配模式的异同。

1.5 结构安排

本书第二章通过回顾"依存"概念在不同语法理论中的定义，结合认知语法、认知语义学和对立统一观念，核心关注概念依存在词汇、语法、语篇等层级性的使用网络系统中的普遍呈现，并以之一般性地描写语项及其组配之间所存在的稳定关系。基本的主张是，词汇、句法、语义、语篇是依存在识解中的动态演化形式。在此，语言的认知过程在于语言与意识在相互依存中所浮现出的语窗。基于此，语言使用可描写为语窗的动态组配，最典型的语窗组配是((((((实体)关系)过程)潜势)时间)的概念依存在语言使用中呈现出的主从组配与对言组配的互补性集配。在以语窗为基础的规约集配上，识解、转喻、隐喻和整合等对新内容进行建构，从而实现对新内容的即时表达。在长期的语言活动中，有些集配在某个社群中有高可接受度，表现为可以一般性地表达任何内容的模板性或参照性概念。以此为基础，语义的范畴原型、家族象似性、理想认知模型、整合创造得以浮现。以语窗集配与概念依存为基础，间距效应被描写为词汇性形式依存在线性精度上与集配整体之间系统性的排斥与吸引。

第三章关注集配间距的研究方法，主要涉及内省与语料的关系。认知语言学虽然摒弃了语言是规则的观点而主张语言是基于使用的，但是在研究方法上存在两种传统。一种传统是通过研究者的内省经历，考察语义中体现的认知过程，并提出关于语言运作的一般性模式，例如力动态（Talmy, 2000）、概念隐喻（Lakoff, 1993）、概念整合（Fauconnier & Turner, 2002；Glebkin, 2015）、范畴化（Rosch, 1973a, 1973b）；而另外一种传统是通过语料考察语言结构中部分与整体的联系，主要体现为不同层级单位的频率关系，例如搭配（collocation）、共词（collexeme）、构块（chunk）、共构（colligation）（Gries & Stefanowitsch, 2004, 2010；Gries et al., 2005；Chen, 2022）。内省方法与语料方法均关注语言系统与语言使用的辩证关系。内省方法更多地关注认知语义，强调语言使用的主观方面，而用语料统计频率的语料方法更多地关注计量模式，强调语言使用的客观方面。两种方法是互补的，尤其是隐喻的语料研究不可避免地将研究者内省与语料量化结合。此方法中，依存对与结构整体的吸引和排斥体现为依存对的频率与所处的结构之间共现频率在间距维度上的高低变化，同时，伴随着间距变化的是语义的扩展方式。这种模式在英汉使用中呈现出复杂的异同。

　　第四章关注英汉使用中的主从集配间距对比，即英汉使用中不同概念类型形成的主从依存方式异同，包括实体之间、关系之间、过程之间、潜势之间和时间之间所形成的主从结构关系。在此，主从是一种整体结构。不同类型的概念在依存中均可形成主从结构，但限制程度存在着差异。相应地，第五章关注英汉使用中实体之间、关系之间、过程之间、潜势之间和时间之间所形成的对言结构的异同。在此，对言与主从相对，是语言使用中浮现出的另外一种宏观结构。第四章和第五章主要关注间距上的内省认知语义变化。第六章关注英汉使用中可对译的依存对之间的认知语义在间距上的异同，在此基础上，统计英汉依存对之间在频率分布上的异同。第七章总结第四章、第五章、第六章的发现，从宏观视角关注英汉集配的规约模式，主要涉及层级集配与对言集配在英汉语中的规约异同。第八章阐述本研究的理论意义、实用价值，以及对未来研究的展望。

第二章 基于概念依存的语窗集配

依存（interdependence）是中国传统哲学对立统一观念的内涵之一，强调对立双方的共存。这种观点具有高度的概括性，以此观之，主观、客观、社会、文化均是动态依存系统。依存不同于自主。自主观念假设系统由不可分的单位通过某种规则进行组织，据此，所有事物均可简化为简单的自主单位，这就是简化主义（reductionism）；依存观念假设复杂的系统浮现于各种不同的依存之中，系统中的各个部分并非完全自主，而是存在不同程度的相互依存。从认知角度看，两种观念在语言系统中均以概念形式呈现。本书中分析的依存均是概念依存。依存是分析的技术性单位。

2.1 自主与依存

2.1.1 恒变与依存

在哲学上存在这样一种观点：任何一个呈现的存在均依赖于非自身的存在。本书称之为"依存假设"。依存在英语中可对应interdependence、dependence、dependency。依存观念在中西思维方式上呈现出差异。"中国人关注联系、恒定和循环变化，而西方哲学强调二元、超验和永恒原则。"（Wang, 2012: 5）中国哲学强调以变为恒，而西方哲学强调超验永恒，强调变基于恒。基于此也产生了两种不同的文化模式（cultural model）：在中国文化模式中对立双方交替是世界基本的恒定状态，而在西方文化模式中不依赖于其他存在的实在是基本的恒定状态。

　　对立双方的交替在中国文化中最典型的体现是阴阳，以极性为原则，即对立双方共存于一个系统，一方的损失意味着整个系统的消失（Watts, 2011）。这样的阴阳并非一个实体，而是一种现象（Wang, 2012: 24；顾文炳，1993）。阴阳起源于人对日出日落反复经验的总结，白天有太阳，明亮，被视为阳，而夜晚有月亮，黑暗，被视为阴。当然，在白天也存在黑暗之处，阳中有阴，而在夜晚也有亮光，阴中有阳。阴中阳和阳中阴在日复一日的循环中交替出现，从而形成阴阳在对立中的相互依存和相互预设。阴阳是中国传统哲学中的核心观念之一，从某种程度上看已经成为一种文化标识，例如"中国，天地之中，阴阳之际也"（《盐铁论》），在此，"阴阳"是中国得以定位的一个维度。阴阳原本具有狭义的解读，例如"天地也，则曰上下；四时也，则曰阴阳"（《墨子》），在此，阴阳标识季节的变化，与天地不是一个维度的存在。但在另外的使用情况中，例如"黄帝曰：余闻天为阳，地为阴，日为阳，月为阴，其合之于人，奈何？"（《灵枢·阴阳系日月》），在此阴阳用以描述天地，阴阳实际上开始泛化，成为统摄天地日月的抽象范畴。概而言之，一切皆是对立统一。在医学中，阴阳被用作提示特定检验的两种可能结果，例如"阴性/阳性"；在经济活动中，阴阳可用作表达两份不同的协议，例如"阴阳合同"；在社会交际情景中，阴阳可表达贬义的说话态度，例如"阴阳怪气"。当阴阳被用作描述一切事物的内在结构时，其被视为事物发展变化的动因（Wang, 2012: 50）。

　　不同于以对立、交替、循环、往复为恒定状态的阴阳观念，笛卡尔认为，"实体被认为是独立于其他所有存在的实在"（Clark, 2003；Banham, 2007）。通过实在，笛卡尔意图强调心（mind）与物（object）是相互独立的实在（Lakoff & Johnson, 1999: 391）。这种意义上的依存不同于对立依存。在对立依存中，依存双方不可相互独立，可用对立的一方来预测另外一方；而在实在依存中，实在本身可独立，依存于实在的存在不可独立。这种心物二分在体验（embodiment）哲学中被解释为"Knowing is seeing"的隐喻。不同于心物二分，体验哲学认为心物是连续统（Johnson, 1987），是人的动态经验的两个方面。尽管如此，概念认知中仍然强调物的基本性（Szwedek, 2011, 2019），理由在于，对物的经验是婴儿在胚胎中未出生时的基本身体经验。在语用学中，物被认为具有最强的意向性，是一种默认的语义解读，被称为认知缺省（cognitive default）（Jaszczolt, 2007: 46）。无论这种解释是否忽略了婴儿其他的依存性经验，物体或实体在西方的理论实践中无疑具有重要的地位。

　　不同于对立依存中循环交替体现的变化，西方哲学中最重要的变化是时间。

但时间到底是什么，至今仍然是一个科学难题。从以往的研究来看，时间存在两个层面的理解：客观时间和主观时间。从客观时间的角度看，时间是外在世界的基本属性，这尤其体现为不可逆现象，体现在语言中则是语序的表述往往不可颠倒，颠倒之后很难成意，例如"得过且过"不可说成"过且过得"。当然，这种不可逆并不是绝对的，在有些情况下也是可逆的，例如"相互"可颠倒顺序为"互相"，part颠倒过来是trap。这种可逆性呈现了两种不同的语义。不过，汉语的颠倒也可不实质性地改变语义，例如"相互替代"和"互相替代"在无更具体的语境条件下，我们难以辨析出其实质差异，这显示了汉语对客观时间不可逆性的弱化。同时，汉语也存在对主观时间的弱化。英语是有时态语言，而汉语是无时态语言或半时态语言（朴珉娥、袁毓林，2019），例如The stone breaks the vase中-s必须出现，而"石头**打破**花瓶"无须标记时态。这种由时态标记的时间被认为是主观经历的时间。在汉语中，只需要标记过程间的非同质性即可，也就是"打"与"破"两种不同的过程状态。另外，汉语更倾向于使用反复来提示时间变化，例如"走来走去"，这种表达在英语中的对应翻译是wander about，不以远近往复为框架。从依存角度看，英语中过程与主观时间依存，而汉语中过程与反复依存。当然，在英语中主观时间与客观时间并不是彼此孤立的，而是相互渗透的，这尤其体现在虚拟运动（fictive motion）中（Talmy, 1996b; Ma, 2016; Egorova et al., 2018; Matsumoto et al., 2022），例如The fence runs through the mountain中静态的fence被描述为一个运动的过程，这表明可以用主观时间变化来理解客观的恒定状态。这种现象在汉语中也有体现，例如"大桥跨过长江"。

　　简言之，东西方在哲学思想上的差异体现为对立、交替、往复与时空相互渗透的两种依存格局。

2.1.2　形义与依存

　　形式与意义既相互依存也彼此独立。形式与意义的相互依存体现于形式用于切割意义，而意义也用于切割形式。对于不同的语言而言，形式与意义的切割方式存在着差异，例如sister对应汉语的"姐妹"，而parent对应"父母"。据此，不同的语言具有不同的形义依存系统，对语义的切割形式不同，或取值不同。如果假定形义组配中形式与意义可进行充分必要定义，那么每个形义依存形成一个符号单位。这在语言使用中只是理想情况；实际上，形式与意义虽然在常规情况下形成特定的依存，但是在语言使用中，存在一个形式多个意义，或一个意义多个形式的情况。例如kuài既可是"快"也可是"块","快"既可是"跑得快"也可是"快的刀",而"刀快"也可表达为"刀锋利"。

从依存角度看,形式与意义在依存中形成自主-依存系统（Langacker, 1987, 1991, 2008）,在此,形式上的依存对应意义上的依存,这在英语中是普遍现象。例如dogs中dog是独立的词,在概念和形式上具有独立性,而复数标记-s在概念和形式上不具有独立性。这也适用于a dog中的a与dog,或the dog中的the与dog的对比,还适用于动词,例如runs中run自主而-s依存。类似地,funny中fun自主而-y依存,sadly中sad自主而-ly依存。另外,在问答中,"Do you like dogs?"的回答是"Yes, I do.",而不能是"Yes, do."或"Yes, I.",由此I和do形成依存。在此依存中存在((身体)行为)的依存,其中,身体具有自主性,而行为预设身体。这体现了形式与意义的象似性（Haiman, 1983）,即形式上的自主-依存对应意义上的自主-依存。

当然,形式与意义的依存也可形成各自独立的系统,也就是韵律系统与注意结构系统,二者既可分离也可一致,从而形成动态的语窗。在语窗的动态运行中,韵律依存结构和注意依存结构的凸显地位是动态变化的。从宏观上看,存在三种情况:韵律习惯主导语窗的分组和轻重;韵律的轻重分组与注意概念间存在象似关系;韵律的轻重分组与注意概念彼此独立。例如在"一衣/带水"中,2+2的韵律分组并不与概念分组相契合,即"一衣带/水",其中,"一衣带"在概念上用以对"水"进行细描,在此出现了形式上对称对于概念上非对称的主导性和架构性。但在有些情况下,例如"一生一世"在韵律上可以是2+2的二分,同时伴随着"一生"与"一世"在概念结构和内容上的对等,体现了形式与概念之间的一种象似关系。除了这种对称的象似外,还存在非对称的象似关系,例如在"走了"中,"走"与"了"呈现出韵律上的轻重之别,即"**走**了"。这种轻重之别在英语中体现为不同音节的重音之别,这可带来词性上的差异。

（2-1） a. They gave me theatre tickets as a present /ˈprezənt/.

b. The documentary presented /prɪˈzentid/ us with a balanced view of the issue.（句酷）

在例（2-1）中,present由两个音节构成,当前一个音节重读时,该词用于表达物体,而当后一个音节重读时,该词用于表达过程。这显示韵律的调整带来了概念上的变化。这种轻重体现了主从关系。

就单个音节而言,元音与辅音构成天然的主从关系,其中,辅音依存于元音而存在,理由是元音可独立与概念形成语窗,而辅音则不能。例如"I"不具有辅音，独立表义。即使单纯从发音上看，没有元音，也不易发出辅音。当然无论是元音还是辅音，均可用以区分语义，例如，shy /ʃaɪ/ 与 shine /ʃaɪn/ 在语音上用辅音 /n/ 来区分。

相对于英语，汉语的音节较为单一，主要体现为"辅音+元音"的模式和"辅音+元音+鼻音"的模式，例如"偷tōu看kàn"中"偷"不具有鼻音，而"看"具有尾鼻音。以这种单一性为基础，汉语呈现出单字与单音节的匹配。在这个基础上，韵律的主从关系呈现为字与字或音节与音节之间的轻重非对称关系。汉语中音节的轻重差别可直接匹配概念上的具体重–图式轻之别，例如"躺着"中"躺"用以提示具体的过程，而"着"用以提示过程的样态。相对应地，英语可通过元音与辅音的主从关系来提示概念间的具体与图式关系，例如在he goes out中，过程go是主，而时态和第三人称单数-s为从。

当然，音节的主从关系与概念的主从关系在英语中也大量存在，例如friendly中，friend提示实体，为主，而-ly凸显实体的关系层面，为从。换言之，音节的主从关系伴随着概念的主从关系而存在。进一步看，这种主从结构在英语中具有系统性。

（2-2）　实体　　　数量　　　关系　　　过程

arm　　　arms　　　armed　　　arming

手臂　　　多臂　　　武装　　　备战①

在例（2-2）中，英语分别通过根项的词缀添加而获得不同概念之间的切换，而汉语用轻重上大体对等的双音节加以对应。汉语的特色更为明显地体现在音节的分组方式上。

（2-3）　a. 看了/看　　b. 说一/说　　c. 偷着/乐　　d. 说得/对

　　　　e. 房地/产　　f. 公交/车　　g. 手拉/手　　h. 洗脸/盆

　　　　i. 拍拍/手　　j. 乌龟/爬　　k. 任务/重　　l. 帮个/忙

（2-4）　a. 真/男人　　b. 慢/悠悠　　c. 泥/菩萨　　d. 学/知识

　　　　e. 过/家家　　f. 走/楼梯　　g. 弹/钢琴　　h. 冰/淇淋

　　　　i. 过/马路　　j. 在/化妆　　k. 好/老师　　l. 太/粗心

例（2-3）中所有实例均按2+1模式读，例（2-4）中所有实例均按1+2模式读。尽管例（2-3）和例（2-4）内各实例的韵律分组具有一致性，但有的分组具有语义上的直接动因，例如"拍拍手"中，"拍拍"提示过程，而"手"提示实体，二者的区分较为明显。但同时也要注意到，虽然"拍手"与"拍"也可独

---

① 前三章中未标注来源的例子为笔者自造。

立使用，但如果读成"拍/拍手"则显得不自然。这种差异显示"拍拍"更具有分组的优势。这种优势既可以是形式上的，也可以是语义上的。形式上的优势驱动体现在"房地产"只能读成"房地/产"，而不能读成"房/地产"。这里的关键是，"房"与"地产"均具有完整且独立的语义，但仍然不足以改变2+1的模式。这种强制性体现于"说一说"上则是将其强行切分为"说一/说"的非对称二分。

不同于例（2-3），在例（2-4）中所有实例均可分组为1+2模式，在此，分组方式明显受到了语义的驱动。但这种语义驱动并未排除2+1模式的适用性，例如"冰淇/淋"或"走楼/梯"也有一定程度的可接受性。这说明2+1是一种规约度较高的韵律模式。在一些表达中，这种特定模式的偏好呈现为有些单位的作用只是为了满足偏好的音节模式，如例（2-5）所示。

（2-5）　a.他端坐着不动，仿佛石像。

　　　　b.他端坐不动，仿佛石像。

　　　　c.他坐着不动，仿佛石像。

　　　　d.*他坐不动，仿佛石像。（马书东、梁君英，2021）

"着"在例（2-5）a中可省略，变为b，但在c中却不可省略而变为d。这里的韵律动因是，从a到b的变化是从3+2到2+2，而从c到d的变化是从2+2变为1+2。当然，d不可接受不仅存在韵律动因，还存在语义动因。在语义上，"坐着"中"着"凸显"坐"的拮抗之义，这可与"动"形成对照。这些都说明韵律与概念存在着动态的关系。

韵律的另外一个功能是以轻重读的差异来消解歧义，这对于英汉语而言均适用。

（2-6）　a_1. She washed and brushed her hair$_{重读}$.

　　　　a_2. She washed$_{重读}$ and brushed her hair$_{重读}$.

　　　　b_1. He asked$_{重读}$ himself.

　　　　b_2. He asked himself$_{重读}$.

　　　　c. Cut yourself.（Tench, 1996: 21-23）

在例（2-6）a_1和a_2中，重读hair提示其是wash和brush共同的宾语，或共同的受事。而如果将washed和hair均重读，则提示hair只是brush的受事，而非wash的受事。在b_1和b_2中，重读asked提示其为及物动词，而重读himself提示ask并非及物动词，而是表达he自身执行了ask这个动作。这种表达与c类似，yourself不是cut的受事，而是cut执行者的反身代词。这些轻重对于英语句的语义调整模式无法在汉语中重复。如果将 He asked himself 译为"他问自己"或"他自己问"，意义均是确定的。同样地，如果将 a₁ 译为中文，无论是"她洗梳头发"，还是"她洗澡梳头"，均是确定的语义。尽管英汉语在轻重韵律上并不存在一对一的对应，但汉语中也需要通过轻重来明示语义。

（2-7）　a₁. 一天早上就写了三_{重读}封信。

　　　　a₂. 一天早上就_{重读}写了三封信。

　　　　b₁. 孙子_{重读}在读兵法。

　　　　b₂. 孙子_{轻读}在读兵法。（网络）

在例（2-7）a₁ 和 a₂ 中，重读"三"获得的语义是信的数量比预设的常规量多，而重读"就"获得的语义是信的数量比预设的常规量少。在 b₁ 和 b₂ 中，重读"子"指称著名军事家，而如果轻读"子"则指称家族谱系中的某类成员。

汉语还存在一个更具特色的断句歧义。不同于轻重歧义，断句歧义中，语窗的不同分组方式会带来不同的语义表达。

（2-8）　a₁. 山上的水有限，我们把它留给晚上/来的人喝。

　　　　a₂. 山上的水有限，我们把它留给晚/上来的人喝。

　　　　b₁. 姑娘，脚不大，好头发，没有麻子。

　　　　b₂. 姑娘，脚不大好，头发没有，麻子。（网络）

在例（2-8）a₁ 中，"晚上/来"提示"来"动作的特定时间点，而 a₂ 中的"晚/上来"则表达多个"上来"动作的先后。在 b₁ 中，对于"姑娘"的描写是正面的，而在 b₂ 中，对于"姑娘"的描写是负面的。这些歧义产生的根源在于不同主从关系以不同的韵律分组方式得以实现。在此，韵律组合用以建构组配。

简言之，虽然韵律与概念表达密切相关，但这种相关并不是一以贯之的规则，而是复杂的动态规约关系。

2.1.3　语法与依存

依存体现于依存语法和认知语法中。依存语法和认知语法的共同之处在于二者均承认语法是复杂动态系统，承认各个语言单位的基本关系是依存，但依存语法的研究主要集中于句法依存，而认知语法主要关注概念语义依存。

在依存语法中，依存是一种主从关系（Tesnière, 2015: xxxviii），例如 Alfred speaks 中，speaks 在地位上优于 Alfred。理由之一是时态变化体现于 speak 上，而非 Alfred 上，这样，在语法形成中 speak 承担了比 Alfred 更多的功能。这种分析句法主从关系的思路就是以动词为中心的思路。动词中心论在英语中的证据是：句法上，副词需要修饰动词，但动词并不必然需要副词修饰；一些词具有澄清或限制其他词语义的功能（Kruijf, 2006）。

以动词为中心实则是拒绝以主谓为中心的分析方法。逻辑上，主语是描写的对象，而谓语是描写。因此，上段的例句中 Alfred 是主语，而 speaks 是谓语。依存语法拒绝主谓二分的理由是，主谓原本是命题逻辑，而并非语言结构。最主要的是，对句子进行主谓二分时，人为地设定了主语与谓语的关系比谓语与修饰语的关系松散。例如，[Alfred主语] [speaks动词 [slowly限定]] 谓语的切分承认了主语与动词的依存关系比动词与限定词的关系要松散，而以动词为中心的分析方式确认主语与动词的关系与动词与限定词的依存关系是同等的。如图 2-1 所示，以动词为中心的分析（b）不同于传统的主谓分析（a）。

图 2-1　传统的主谓分析与以动词为中心的依存描写
图片来源：Tesnière（2015. xxxix）

以动词为中心的分析确认的依存成分的平等关系会带来一个规约上的问题：不同的词语与中心动词具有相同的依存紧密度。这从某种程度上承认了不同词语与中心词的依存具有同质性，而这未必符合语言使用的事实。这种同质性假设未能揭示出不同分组所带来的语义差别。

在英语的实际使用中，尽管两个词在线性维度上并不相邻，但是二者可能存在直接依存关系，如图 2-2 所示。

图 2-2　层级句法树的线性化
图片来源：Liu et al.（2017: 172）

I 依存于 saw，二者在线性维度上相邻，而 girl 也依存于 saw，但二者不相邻，中间间隔了 a beautiful。这种以动词为中心的句法结构可描写整个句子的架构，这样，主词与从词在句法上呈现出以动词为中心的依存，但在线性维度上相隔了一定距离，这被称为依存距离。在依存语法中，依存距离专指主词与从词的线性距离。

　　依存距离提示语言使用在句法依存层面上具有动态性，即任何被视为具有依存关系的两个单位在线性维度上具有间距的动态变化。这种动态变化一方面会影响二者的句法依存关系，另一方面也会影响二者的语义关系。例如在"一一道别"中，"一一"自然地形成依存关系，表达逐次进行，而"一心一意"中复现的"一"也具有依存关系，但"一-一"只是提示"心"与"意"在量上的对应关系。这里更为重要的变化是，这种复现结构可充当整个完整表达的架构，例如"一车一杆""一天一个"，在此情况下，"一-一"已经从修饰"心-意"转变为一种框架。这种复现不仅在汉语中广泛存在，在英语中也存在，例如the more X-the more Y。依存地位的切换表明，依存地位在语言使用中具有动态性。依存地位的动态性不同于依存距离的动态性，也超出了动词中心论描写的范围。

　　不同于成分语法和依存语法，认知语法将语言使用描写为一个动态复杂系统，如图 2-3 所示。

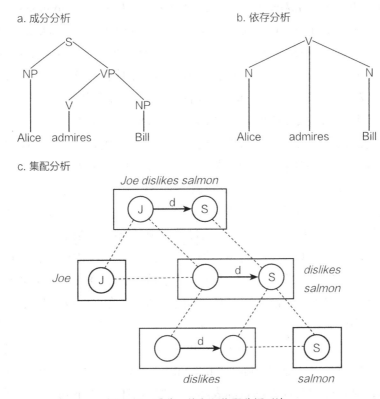

图 2-3　成分、依存和集配分析对比

图片来源：Langacker（2008: 210；2012: 558）、Langacker（2020）、Osborne（2019）

图 2-3 中，图 a 所采取的分析策略是主谓策略。Alice admires Bill 首先被分析为名词短语 NP 与动词短语 VP 的组合，之后动词短语再被分析为动词 V 与名词短语 NP 的组合。图 b 展示了依存语法以动词为中心的分析方案，其中 Alice 和 Bill 均依存于 admires。图 c 展示了认知语法中语窗集配的分析方案，其整体上继承了主谓结构的分析策略，但其依据是词语的概念内容。最核心的是，动词 admires 提示射体与界标的非对称概念结构，即作为射体的主语的凸显度高于作为界标的宾语，与 Bill 组配时，界标获得阐释，而与 Alice 组配时射体获得阐释。主谓结构对于认知语法而言只是一个可容纳的结构，认知语法强调的是形式与意义的二分。在此架构下，主谓结构和动词中心的分析只是语言动态浮现中的一种构型。认知语法对于非相邻的整体性组配也可进行描写，如例（2-9）所示。

（2-9） a. Most commentators *take* it *for granted that* money is the primary source of political influence.

b. It has been *taken* more or less *for granted* by most commentators *that* money is the primary source of political influence.（Langacker, 2008: 208）

虽然 take for granted that 被视为一个规约整体，但是其在例（2-9）a 和 b 中具有不同的间距呈现。无论是哪种，均不影响其整体性。这种情形难以通过预设形式−意义一体的成分句法结构进行描写，这表明非相邻语词依存的真实性，同时也说明形式与意义在两极对立的基础上兼容成分与依存。

语窗动态依存的现象在汉语中体现为框式结构，例如"一A一B""想X就Y""半X半Y"。这些结构的共同特点是，非相邻的两个单位存在语义上的依存，充当整个表达的架构。汉语的这种长距离依存实则并不限于这些，在汉语中广泛地存在复现的现象，例如"说话说得累了""你干什么你"，也体现了成分与依存的共存。这些复现结构很难通过动词中心或成分结构充分描写。

此类现象也可从对言语法的角度加以审视。对言语法中的对言存在两层含义：各种形式的对话和成对的言辞表达（沈家煊，2019：81）。对话强调汉语中两两相对格式的根源是对话交际，即启动的对话需要存在回应的对话。简言之，交际本身成为语法结构的一个框架性知识结构。例如"说起老刘呀，我知道一些"分为前后两个部分，"呀"提示整句的结构是一问一答。从认知语义学角度看，可将该例视为一种虚拟交际（fictive interaction）（Pascual, 2006, 2014）。从结构上看，对言体现为成对的言辞表达，例如四字格、上下句、互文回文、对仗排比、骈文、叠词等等。这些对言强调的是成对结构中各种单位在概念上的相互参照和依存。在这些依存中，对言的两个部分间存在整体和内分两个层面的依存。在整体上，对言格式的前后两个部分具有整体概念关系，例如"说着说着，就睡着了"，前后两个部分存在时序上的联系，但从结构上看，除了四字对应，并不存在对照，在此，对应度较低，但结构的自由度相对较高。在"你一言，我一语"中，"你-我""一-一""言-语"均呈现对应参照，这种结构中，对应度得以最大化，而结构的自由度则最小化。

简言之，从主谓结构到动词中心，再到对言语法，实际上呈现出了形义依存组配的动态变化。

2.1.4 概念与依存

在认知语义学或概念语义学中，语义被视为概念化。这种概念化是动态性的，即"伴随着语言表达的产出和理解的是多方面的复杂概念化过程"（Langacker, 2008: 36）。在这种观点中，人被视为概念主体，时刻不停地处于概念化互动中。这是在强调概念的动态性。之所以强调动态语义，根本原因是人的认知活动是动态过程，脱离了动态过程，不仅仅意义不存在，人也是不存在的。这实质上是主张时间是人的存在方式和主观经历（Evans, 2013）。

当然，承认概念语义的动态性并不是说语义不存在一定的恒定性。在动态概念中，恒定的是反复出现的依存模式。语义认知的研究实际上均承认存在反复出现的模式。本研究认为，依存是反复出现的模式之一，这在具体的语义分析中体现为概念与概念域的关系。"概念域就是使得至少一个概念得以成形的基底。"（Croft, 1993: 272）因此，概念和概念域就形成了概念依存关系，或者说，依存关系是概念得以形成的前提。

认知语法提出了一个基本域与非基本域的差别。"基本域在认知上不可再简化，既不衍生于其他概念，也不可被分析为其他概念"，是一种经历潜势（experiential potential），而非概念或概念化本身（Langacker, 2008: 44）。以这样的标准，时间、空间、温度、颜色、音高、味道等等，均可被视为基本域（Langacker, 2008: 44; Taylor, 2002）。尽管Langacker（2008）声称并未列举出所有的基本域，但他显然并未将object视为基本域，而是将其视为基本的描写对象。同时，thing在认知语法中被视为自主概念，而relationship具有依存性。不同于thing，Szwedek（2011, 2019）将object视为完全物理意义上的物体，是具有独立性的概念，对物体认识的一个证据是孕期中婴儿与母体的接触。这实际上是在承认，object本身是一种身体与物体互动依存所呈现的结果。

概念域与概念依存关系的典型实例是直角三角形的斜边。斜边之所以为斜边，是因为其处于直角三角形中（如图2-4所示）。如果将斜边移离直角三角形，而置于空白处，斜边则被称为斜线。

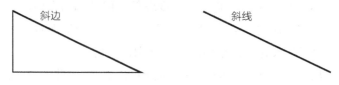

图2-4　概念与概念域关系示例

一个线段概念的意义依赖于其所处的情景域或概念域中。或者说，一个被关注内容的意义依赖于未被关注的内容。Langacker（1987a）将概念域分为基本域（basic domain）和抽象域（abstract domain），而Langacker（2008）又将后者的说法改为非基本域（non-basic domain）。这种表述上的转变表明该问题的非确定性和争议性。Clausner和Croft（1999）总结了各种不同的概念域与概念的关系，如表2-1所示。

表2-1　概念域中构型凸显与局域凸显总结

概念域（domain）	构型（configuration）	参照点（reference point）	局部（location）
空间（space）	cube, triangle	here	there, home
时间（time）	daytime	now	tomorrow, then
音高（pitch）	chord	（calibrated）	note, A#
响度（loudness）	noise	silence	loud, quiet
相似度（similarity）	correlation	identity	same, different
温度（temperature）	（*）	lukewarm	hot, cool
颜色（color）	（?）	（focal colors）	red, dark, light

注："*"表示温度概念域内不存在构型概念，"?"表示颜色概念域内的构型概念存疑。

根据概念与概念域的依存方式，Langacker（1987: 152-154）区分了构型域（configurational domain）和局部域（locational domain）。构型域指概念不受空间位置约束，例如三角形或圆形可以位于空间内的任何位置，均不影响形状本身；局部域指概念受位置约束，例如"这""那"受到空间位置的约束。当然，既然构型域和局部域均以空间域为形成基础，二者的区别并不是域本身的区别，而是概念类型的区别，或者说是凸显（profile）层面上的区别，而非域层面上的差别（Clausner & Croft, 1999: 6-7）。不过，构型域与局部域只用于描写概念与概念域的依存方式，并非要将某个概念限定为构型域或局部域，例如三角形可以是构型性的，也可在具体框架中具有方位性，尤其是当其充当另外一个结构的参照点时（Langacker, 1993）；一个物体的方位具有构型性，同时对于说话人而言该物体被视为确定的方位，成为其他物体移动的参照物。例如"院子里跑进了猪"，院子是猪移动方位的参照，是局域性的，但"里"提示其具有容器构型。因此，构型性和局域性是概念与概念域的两种依存方式。考虑到每一个概念和概念域在语言和认知中均处于复杂的概念依存网络中，概念与概念域的某个依存是否能够用来进行排他性的分类，这取决于研究者或观察者所选择的概念网络范围。如果单纯用来分类空间，实际上构型性或局域性均是不适用的。设想，为识别三角形必须有空间本身，但空间本身是无所谓型也无所谓位的。

必须注意的是，构型性和局域性是基于空间的依存方式，用这种依存方式描写时间域、颜色域、情感域、味域时可能存在着不匹配的问题。或者说，这种描述本身就假设了空间域具有描写其他域的优势。这是从空间域来寻求所有域的一般性属性的过程，实际上是需要用实证方法加以验证的。

根据概念与概念域的依存方式，Gärdenfors 和 Löhndorf（2013）对 Langacker（1987）的构型域与局部域的分类提出了质疑，并给出了维度（dimensional）和分区（meronomic）两种概念域分类。维度域中，概念的区分依赖于量级（Walsh, 2003）的差异，例如"高/tall"与"矮/short"的关系；在分区域中，概念的差别在于其位于不同域中的位置，例如"手/hand"与"指节/knuckle"的关系。

之所以存在这样的分歧，核心的原因是一个知识结构既可充当域的角色，也可充当概念的角色，至于在即时条件下会充当什么角色，这取决于说话人的关注。换言之，语言表达本来就是用来动态地调整关注的，语言学家用语言表述概念本身时就伴随着注意的调整。表达中的概念间注意角色的非对称只有经过语言规约才能固定下来。当语言学家要指定所讨论的知识结构是概念还是概念域时，实际上是在不断地切换概念和概念域对于他们而言是概念还是概念域，这会造成语言学家的即时关注与规约关注的混淆。从概念现象角度看，真正存在的稳定关系是概念与概念域的依存，例如汉语中非常知名的虚实依存，在外国语言学里被称为功能与内容之别。在语言使用中，某个特定的词并不固定是虚词或是实词，而是存在切换使用的情况，例如"向"可以是虚词，表达"向着"，也可是实词，表达"方向"。

当时间和空间被视为基本域时，实体由空间来描写，实体并不被视为基本域，而是浮现于时空基本域的概念。这样的观点跟 Szwedek（2011）提出的终极源域观点存在差异。在终极源域假设中，空间被描述成实体，例如to give space、long space、"给我点空间"。当然，在认知中，空间离不开实体，而实体也离不开空间，二者相互依存而存在。空间与实体之间的凸显地位可相互转换。无论域的认知地位或角色如何，域都不能脱离与其他域形成的知识结构而存在。"概念域由其在理解其他概念域中的角色所组构。"（Taylor, 2002: 198）据此，任何域均处于依存中，概念域的单向性也不复存在。

　　基本认知域之间依存的单向性与双向性议题中，受到较多关注的是时间与空间的关系。根据概念隐喻理论，空间比时间基本（Lakoff, 1993），表现为时间的空间表达，例如 "the good day is still **ahead**/好日子在**前头**"。但这样的表达实际上并非纯粹体现空间与时间的互动，而是体现时间被描写为运动。类似地，对于 Next Wednesday's meeting has been moved forward two days 之类的表达，不同的文化具有不同的解读倾向。当然，这并非一定能表明在语言上空间比时间基本具有绝对优势。在英语中，实际上还存在另外一种时间比空间基本的架构（Langacker, 2012b）。例如在 The future is approaching 中，is 提示 approach 动作相对于话语参与者经历的时间方位，在此，the future as moving object 的隐喻以主观经历为概念域。

　　除了关注概念间的依存类型，不同的学者也通过不同的概念域术语来强调概念域的不同方面。突出概念域结构性的是"框架"（frame），用以描述一个物体内在的结构，即"框架是一类架构，有点像有着很多空格或空项的申请表"（Minsky, 1988: 243-252）。框架不提供物体的具体细节，而是提供一个实体的静态抽象结构，例如当我们看到一个人时，虽然不能看到全部的细节，但仍能想象出所看到的是一个结构整体。这种观察到的结构可用作表达单词的语义，例如"桌子/table"能够激活认知中桌子的一些结构，包括桌面、桌腿以及相互之间的关系，但并不会提示桌子的大小高矮。这种框架被 Fillmore（2006: 374）扩展到一切语言搭配中，即"欲理解一个概念需要理解其所处的整体概念结构"。例如 "John is Mary's husband ＿＿ he doesn't live with her." 中的空格可填入 but 或 yet，二者的意义没有太大差异，而当填入 or 或 and 时，整体意义与填入 but 或 yet 时存在很大差异。我们对 but、yet、or、and 的理解只是结构性的，而非具体内容的，是将物体结构扩展到事件主观逻辑关系上。在扩展中，"框架"已经开始转化为技术性术语，指任何可分析出的用以支撑语义的知识结构。

　　另外一种概念域是"脚本"（script）。在感应产生注意和注意诱发意识的过程中，已知世界是由生命感应进行涂色的系列画面，这些感应的注意和集配就是脚本（Tomkins, 2008: xi）。简言之，脚本就是"刺激—感应—回应"的系列（stimulus-affect-response sequences），可用来描述生命过程。在生命脚本中，并非生命中所有的经历均能被记忆为意识注意范围，经历是动态性地和选择性地被记忆的。中国古人也注意到这种循环，例如："凡音之起，由人心生也。人心之动，**物**使之然也"（《礼记》）；"不以**物**喜，不以己悲"（《岳阳楼记》）。这种人与环境的动态互动可用以支撑概念语义的形成。

还有一种概念域是"心理空间"（mental space），"是为了当前的理解和行为，对于所思所说的部分集配"（Fauconnier & Turner, 2003: 58；Brandt, 2005）。心理空间主要是在表达过程中所建立的特定结构，这样的结构是为了当前的交流和表达需要，未必是真实的。最为典型的是条件句，例如在"If I don't see you before Thursday, have a good Thanksgiving!"（Dancygier & Sweetser, 2005: 16）中，if用来建构一个未发生但可能发生的情形。这个情形是一个言语行为情景，具有自身的特定结构，即以程式化的语言表达问候的意图。心理空间之间的联系方式是投射（mapping）。心理空间建构在话语和交际中获得了很好的应用（Oakley & Hougaard, 2008）。心理空间的提出主要是相对于现实事物而言。在语义描写中，真值条件的观点认为意义在于客观世界，这样，语言表达就是直接的符号与现实物体的直接匹配投射，语义研究的任务就是探究符号与现实世界匹配的方式。而心理空间与概念类似，均认为在现实世界与符号之间存在心理表征层，这意味着语义是主体与客体互动（Bliss, 1917；Lektorsky, 1984）中浮现出的主观映像。换言之，语言就是在不断的心理空间建构的过程中动态演进的，心理空间是语义主观建构的基础。

虽然概念域、框架、脚本、心理空间均被视为支持语义建构的知识，但它们在学术实践中各自具有不同的关注倾向。概念域最重要的工作是将时间确定为比空间更为基本的域（Langacker, 2012b）。这样的做法的直接结果是，在认知语法的理论描写中所有的语义均是在时间维度上展开的空间格局；框架被Fillmore（2006）引入到语言中，强调了语言配置中语言知识会形成结构性的依存；脚本强调经验的时间性和系列性；心理空间强调概念的想象性和非现实性，适于描写概念语义在表达中的动态演变。另外，概念域实际上吸收了框架、脚本、心理空间的主张，使得"域"成为包含一切的技术性语言。

概念域的理论意义在于其为语义的建构提供了认知基础。当然，作为语义基础的各类概念域十分庞杂，这涉及一个非常重要的问题：不同的概念域是否具有相同的认知地位？对此问题的回答存在对称与不对称这两种观点。不对称的观点主张概念域存在基本域和非基本域的差别。上述说的物体框架、空间域、时间域等等，均被视为基本域，而我们一般讨论的心理和社会（Kövecses，2000；Talmy, 2000），被视为非基本域。这是基于体验哲学的基本假设：概念结构建立在基本经验的基础上。最典型的体现是，空间比时间基本（Lakoff & Johnson, 1999）。然而，这样的观点在心理学上并不能获得充分的支持（Cai & Connell, 2015），在语言分析上也具有片面性（Iwasaki, 2009；Huumo, 2017）。Kranjec 等（2013）的研究表明，在声音域中时间与空间相互影响。在语言现象的分析中，虚拟运动和时间框架均表明，时间也可用来组构空间（马书东，2018）。实际上，在语言中，也存在用社会结构讨论身体结构的现象，例如"身体就是一个王国"（张其成，2021：9），在此，身体内部结构被描写成社会运行的部分（Clausner & Croft, 1999: 6）。该例也指出，特定的心理表征或知识，其概念或概念域的角色可转化。虽然基本域与非基本域的地位可相互转化，但转化后的域之间的关系依然是非对称的。

当然，认知域之间也存在对称性。一方面，对称是身体的基本结构，例如我们有双手、双脚、双眼、双腿、双耳等等；另一方面，对称是中国文化思维的一部分，例如"好事成双"。另外，中国的对联、古诗，比如"上联：青山绿水百花苑；下联：聚龙醒狮万年城"，均能体现对称。对称并不限于对联和古诗，实际上具有一般性。林庚（1957）认为，汉语存在"半逗律"（参见：沈家煊，2019；周韧，2019），即在汉语中给定一个完整的语段，如果进行一次切分，则会倾向于音节数的均匀分配。这种对称不仅体现在格式上，而且还体现在范畴上，例如"阴阳""虚实""天地""善恶"等等。沈家煊（2019）指出，所有的汉字均具有等价的地位，无论是所谓的虚词还是实词。这种现象被沈家煊（2020b）总结为"对言"。对言最主要的特点是体现对立依存。

2.1.5　图式与依存

在对语言单位进行语义分析时，往往并不能单纯将某个语言单位的概念语义归结为体、时、空之类的基本认知域，而需要通过复杂的概念组配来进行分析。这些复杂的概念源自知觉或运动互动中反复出现的动态模式，这些模式赋予经验以连贯性和结构，称为意象图式（Johnson, 1987: XIV；Clausner & Croft, 1999: 15；Lakoff, 1987: 29, 267, 453；Johnson, 2005: 18-19；Johnson, 1987: 122；Evans, 2006: 199；Clausner & Croft, 1999: 15；Mandler, 1992: 593-596；Hampe, 1999: 2；Antonova, 2020；De Preester & Knockaert, 2005；Forceville & Jeulink,

2011；Hampe & Grady, 2005；Liu & Mo, 2020；Saslaw, 1996；Alessandroni & Rodríguez, 2017）。

意象图式是对 image schema 的翻译。该术语分为两个部分：意象（image）和图式（schema）。意象指具体可观察到的图像，而图式是对具体图像进行一般化的过程（Kant, 1998: A140, B179-180）；图式是意象的抽象结构（Buroker, 2006: 139)。意象图式是缺少事件细节的心理表征（Mandler, 2004: 81）。在此，意象并不是单纯的视觉图像，而是一般性地用作指称所有在经验中反复出现且具有结构性的感知觉运动经验。从依存角度看，意象图式在概念的依存性互动中具有两个作用：一是为源域和靶域提供结构性；二是为表达提供语义值（Velasco, 2001）。从上述参考文献中总结的一些意象图式如表 2-2 所示。

表 2-2　部分意象图式

空间（space）	上下（up-down），前后（front-back），左右（left-right），远近（far-near），中心-边缘(center-periphery)，接触（contact），直（straight），垂直（verticality）
容器（container）	容纳（containment），内外（in-out），表面（surface），满-空（full-empty），内容（content）
运动（locomotion）	动力（momentum），起点-路径-目标（source-path-goal），非生命运动（inanimate motion），生命运动（animate motion），自我运动（self motion），致使运动（caused motion）
平衡（balance）	轴平衡（axis balance），双盘平衡（twin-pan balance），点平衡（point balance），均衡（equilibrium）
程度（scale）	力度（degree of force），密度（intensity），数（number），量（amount）
力（force）	平衡(balance)，反作用力(counterforce)，迫使(compulsion)，限制(restraint)，使能（enablement），妨碍（blockage），偏离（diversion），吸引（attraction）
单位（unit）	合并（merging），聚集（collection），分离（splitting），反复（iteration），部分-整体（part-whole），质-量（mass-count），连接（link）
身份（identity）	匹配（matching），叠加（superimposition）
存在（existence）	移除（removal），界（bounded space），循环（cycle），物体（object），过程（process）

表 2-2 列出的是综合了文献中提出的各种不同版本的意象图式。事实上，每个版本给出的意象图式均有所差异，这些列出的意象图式是一个共识版本。尽管这里列出了如此之多的意象图式，但令人惊奇的是，太极图并未被列入其中。如果一定要将其列入，那么太极图属于程度图式，理由在于，太极图的黑白在颜色对立维度上属于两个极端。这种程度上的差异，也可解释太极图中黑中有白、白中有黑，但不能解释太极图中黑白部分由曲线分割所形成的两个鱼形。一种解释是，两个鱼形形成于一年中太阳在日晷上的投影。该解释的优势

在于，其为体现抽象哲学观念的太极图赋予了一个具体的经验情景，劣势在于，这种经验情景并不是即时情景下所能观察到的，而是长期观察的结果。当然，如果忽略太极图的具体形状，单纯从对立双方共存的角度，黑白共现、黑中白、白中黑均是日常经验的现象。对太极图的忽视从某种程度上体现了对于意象图式文化差异的关注度不足。

一方面，意象图式可形式化为概念依存的概念基元（conceptual primitive）（Macbeth et al., 2017），而另一方面，意象图式与基于使用的方法相结合，用以揭示使用模式内在的语义内容（Peña, 2008）。当然，意象图式与概念基元是两种不同的描写语义的模式。意象图式强调知识表征的动态性和拓扑性，而概念基元强调知识表征的充分必要性。前者强调知识的整体性，而后者强调知识的可分性和建构性。意象图式浮现于身心一体的主观概念化，而概念基元用于搭建复杂概念的基本元素，这分别体现了从整体到部分和从部分到整体的看待知识结构的思维方式。

意象图式是概念认知面向的认知语法进行概念语义分析的实操工具。在认知语法中两个基本意象图式是物体与过程。物体是英语名词的核心概念，而过程是英语动词的核心概念。基于此，名词原型和动词原型分别是：

名词原型

1. 物体由物质实在构成；
2. 物体处于空间中，有边界，有方位；
3. 在时间中，物体的持续具有不确定性，物体不具有特定的时位；
4. 物体在概念上自主，独立于其所参与的任何事件。

动词原型

1. 能量互动本身不是物质的，而是由变化或能量传递构成；
2. 事件位于时间内，有时间边界，有自身的时位；
3. 在空间中，事件是离散的、衍生的，因为它依存于参与者的位置；
4. 事件在概念上非自主，不概念化其参与者，就不能概念化事件。

（Langacker, 2008: 104）

物体和事件均可通过时间和空间加以描写，换言之，物体和事件是从时域和空域中浮现的存在，物体和事件均依存于时空。在此，物体提示主体时空经历中恒定的存在，而事件提示主体时空经历中变化的一面。在此基础上，物体与事件的单向性依存关系才有效。由此，物体体现主体在主观上将所观察到的内容进行整体性操纵的能力（Langacker, 2008: 105），事件被描述为主体在主观上对复杂关系的系列式扫描过程（Langacker, 2008: 112）。这样，名词在时空中凸显物体，而动词在时空中凸显过程。

名词和动词并非孤立存在，而是具有基于事件依存于物体的单向性自主-依存（autonomous-dependent）关系，这与词缀-词干的关系类似（Tuggy, 1992）。两极对立共存的配置中，物体与过程相互渗透的中介是实体间的互动——力图式，即对立双方相互拮抗的抽象概念结构。认知语法中，力图式的描写方案是力动态（Talmy, 1988）。力动态依存于实体和过程，其特色是在实体互动的概念化过程中浮现出潜势（tendency）。

力动态不仅体现于一般的英语动词中，还体现于介词短语（despite of）、情态动词（may、should、can）中，但难以发现其体现于时态和物体中。实体和时态为力动态设定了扩展的边界。另外，实体与过程也会相互渗透，实体可表述为过程（She *eyed* me warily.），关系可表述为实体（The kids need to get home, so we have an *out* if we need it.），过程也可表述为实体（Let's go for a *run*.），情态也可表述为实体（If you live in the suburbs a car is a *must*.）。尽管物体和过程的渗透是双向的，但情态的名词化是单向的。另外，时态由于在形式上依存于动词，本身不具有独立性，也不能转化为名词。同时，鉴于时态、情态、介词均具有封闭性，这在宏观上呈现出名词的描述或渗透优势，如图 2-5 所示。

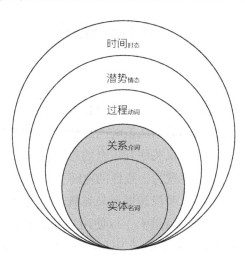

图 2-5　英语概念图式层级依存

提示实体的名词由提示关系的介词建立起联系，这些联系经过主观扫描或施力实现为过程。当过程被视为主体意志、意愿、意图时则充当潜势，潜势通过时态被赋予时间以与交际主体经历确立关系。在此，时间提示所有的概念内容均预设主观经历，时间比空间基本（Langacker, 2012b），这是时间的空间性表达的基础。

在此层级依存框架内，实体和关系被视为恒定方面，而过程、潜势和时间被视为变化方面。这种二分可由形容词和副词来标识。形容词用来修饰名词，可凸显实体射体，而副词用来修饰形容词、动词和介词，用来凸显过程方式（Langacker, 2008: 116）。在英语中还存在可穿越恒定与变化的介词，最典型的是to。to可将两个实体建立起联系（stand back to back），可将实体和过程建立起联系（There's an awful lot of work to be done.），可将两个过程建立起联系（She agreed to help.），可将情态与过程建立起联系（She dares to say.）。当to后接动词时，其实际上具有去时间化、去过程化或实体化的功能。to之所以可以跨越如此之多的概念，是因为其承担了指向-意图双重功能。

概念层级依存模式在语言表达中需要在线性维度上加以实现。在线性实现中存在两个过程：形式与意义在概念意义上的互动浮现出多样化的符号图式，核心是对情形的识解；各个符号图式需要相互组配以形成更复杂的组配来表达更丰富的语义，核心是形义符号图式的分合，是概念的识解。

2.2 识解与依存

识解指对相同概念内容的不同描写（Langacker, 2008；Pleyer, 2012；Divjak, et al., 2020；Brown & Chen, 2013；Taylor & MacLaury, 1995；Lederer, 2019）。在语言使用中，基于识解，不同的语法范畴凸显情形的不同方面。如果将这些范畴视为充分必要的整体，并且仅关注其组合的规则和方式，那么就会进入句法规则的研究。这些范畴很难体现为一般性的范畴（Croft & Van Lier, 2012）。相对应地，如果仅将每个语法范畴视为提示某类概念的原型，语言范畴只是获取更复杂概念认知的线索，那么就进入了以使用为基础的研究路径（usage-based approach）（Tomasello, 2005；Beckner & Bybee, 2009；Ibbotson, 2013）。从以使用为基础的角度看，语法范畴仅仅是语言这个复杂动态系统中浮现出的一类现象，语言的本质是通过激活复杂的认知操作以实现社会交际目的。在此，概念认知体现语言认知的稳定方面（Langacker, 1987, 1991），而社会变异体现语言的变化方面（Kristiansen, 2008；Harder, 2010）。

从依存角度看，识解体现主体与客体的依存，即知识浮现于主体与客体的互动。在语言使用中，识解主要涉及两个方面：一个方面是通过调节对事物整体认知的注意精度，包括关注（focusing）、凸显（prominence）、视角（perspective）等，从而产生不同的概念；另一方面是通过参照一事物来涉入另一事物，从而产生虚拟或想象的建构。从更一般的角度看，可称识解为依存激活，指在概念整体之内，整体与部分、整体与整体通过某种方式形成高度规约的或临时的整体，从而可相互参照形成对特定内容的激活过程，这涉及转喻、隐喻和整合过程。

2.2.1 注意识解

注意识解是人的一般认知过程，指人的认知可将不同的注意结构强加于观察对象之上，从而对相同的对象进行不同的观察、理解或表述。这种一般认知过程体现于语言的语法结构上，包括精度（specificity）、关注、凸显和视角（Langacker, 2008: 55-89）等识解类型。

从依存角度看，精度涉及具体与图式二分。在语言使用或规约中，不同的表达对相同事物的描写存在具体和图式之别。具体和图式是相对的。不同的语言通过不同的表达来实现对相同内容在不同精度上的描写。具体与图式之别体现于实体与过程的描述中，如例（2-10）和例（2-11）。

（2-10）a_1. rodent → rat → large brown rat → large brown rat with halitosis

       a_2. 啮齿动物→老鼠→大褐鼠→带口臭的大褐鼠

       b_1. hot → in the 90s → about 95 degrees → exactly 95.2 degrees

       b_2. 热→ 90 多度→大约 95 度→正好 95.2 度

       c_1. thing → object → tool → hammer → claw hammer

       c_2. 事物→物体→工具→锤子→鱼尾锤（Langacker, 2008: 56）

（2-11）a. Something happened. → A person perceived a rodent. → A girl saw a porcupine. → An alert little girl wearing glasses caught a brief glimpse of a ferocious porcupine with sharp quills.

     b. 有事发生。→有人注意到一只啮齿动物。→一个女孩看到一头豪猪。→戴着眼镜的警觉的小女孩瞥见了一头带着锋利棘刺的凶猛豪猪。（Langacker, 2008: 56）

在例（2-10）中，"rodent/啮齿动物"是"rat/老鼠"的上级范畴，"rat/老鼠"是对"rodent/啮齿动物"的具体描写，而"large brown rat/大褐鼠"是对"rat/老鼠"的具体描写，"large brown rat with halitosis/带口臭的大褐鼠"是对"large brown rat/大褐鼠"的进一步具体化。在这种逐级具体化中，图式性或抽象性的范畴逐步地实质化，直至达到具体的指称物。这种具体-图式之别也适用于描写如例（2-10）中b所示的温度以及c所示的实体的精细化描写。这样，具体-图式之别以循环往复的方式进行适用。这也体现于主谓结构中，如例（2-11）所示，从"happened/发生"到"perceived/注意到"，再到"saw/看到"，再到"caught a brief glimpse of/瞥见"，主体对于所发生情况的观察结果和观察角度逐步明晰。从英语句的汉语翻译来看，具体-图式的动态变化在英汉语中具有一定的对应性。当然，汉语在实现精度变化上有自身的特色。

（2-12）a. 吃饭→吃饭了→我把饭吃了

　　　　b. 吃→吃上→吃得上

在例（2-12）a中，"了"提示过程的主观呈现，而"把"可提示过程的施事。这种通过介词"把"提示施事与受事关系的精细描述在英语中不具有同类体现。在b中，"上"提示结果，而"得"提示"吃上"的潜势，对"吃"进行更为精细化的描写。

不同于精度，在信息流中说话人意图要表达的内容存在关注度的差别，并且相同成分的关注度在语流中存在动态的变化，从依存角度看，关注度体现前景-背景二分，如例（2-13）所示。

（2-13）a. Victoria would, *I think*, make a good candidate.

　　　　b. Victoria would make a good candidate, *I believe*.

　　　　c. *I think* Victoria would make a good candidate.

　　　　d. I definitely anticipate that Victoria would make a good candidate.

　　　　e. Jason stated that Victoria would make a good candidate.（Langacker, 2008: 59）

在例（2-13）a、b、c中，I think/I believe所表达的个人态度构成交际的背景，这并非全句的焦点；而在d和e中，I definitely anticipate/Jason stated构成交际的新内容，成为整句的焦点。焦点也体现在词语层面上，例如，lipstick由lip和stick两个单词组成，但在整体上凸显的是stick，而lip充当背景。这在汉语中也有类似体现，例如，"唇膏"关注的是膏而非唇。

（2-14）a. body > arm > hand > finger > knuckle

　　　　b. body > head > face > eye > pupil

　　　　c. house > door > hinge > screw

d. car > motor > piston > ring（Langacker, 2008: 64）

焦点还能用来确定关注的范围。当面对一个情景时，说话人往往会聚焦在一个整体的某个部分上，如例（2-14）中，不同的词语可用于提示话语参与人关注实体的某个部分，明示的部分凸显，指称概念内容，而未凸显的部分或整体充当基底。这在认知语法中被称为基底–凸显（base-profile）的依存关系（Langacker, 1987: 183）。不同的基底产生不同的描述或词语，例如，"掌"有"手掌""脚掌""鸭掌"等等，当"掌"处于不同的基底中时，其所指称的语义不同。

凸显在经验中呈现出前景–背景之别，这种差别依赖于主观的调整。在前景–背景的切换中，可获得不同的知觉经验，始终不变的是前景–背景二分之别。如图 2-6 所示。

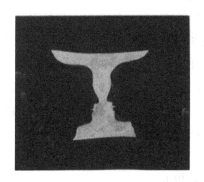

图 2-6　前景–背景切换图例
图片来源：Pind（2014: 215）

在图 2-6 中，如果关注白色部分则可看到酒杯或啃咬之后的苹果，而如果关注黑色部分，可观察到对脸。这种切换在语言使用中会带来语义的转换，例如，"有动静"关注"动"，而"没动静"关注"静"。注意上的调整也会体现为在相同内容上强加较为复杂的注意配置，从而形成不同的语义。

如图 2-7 和例（2-15）所示，不同的表达将不同的注意结构强加于相同的内容之上。例如，同样是涉及杯子和水的情景，图 2-7 中识解 1 用作指定和凸显杯子，识解 2 用作指定和凸显水，识解 3 用作指定和凸显水量与满杯的差距，识解 4 用作指定和凸显水量与空杯的差距。这些不同的识解以不同的方式建构实体的凸显度配置，在此主要涉及水与杯子的关系，不同的描述凸显概念内容的不同方面，从而形成不同的语义。

图 2-7　识解实例

图片来源：Langacker（2008: 44）

（2-15）a. the glass with water in it　识解 1

b. the water in the glass　识解 2

c. the glass is half-full　识解 3

d. the glass is half-empty　识解 4（Langacker, 2008: 43-44）

凸显度的差异，在认知语法中被称为射体–界标的对立。射体是评价和描写的对象，最为凸显（Langacker, 2008: 70-71），相对应地，界标处于次凸显地位。这种凸显度的级差可共存于经验和语用上。例如，在"院子里跑进了猪"中，从经验角度看，"猪"是射体，而"院子"是界标，这种凸显度配置与"猪"后置作为全句的语用焦点一致。语用焦点可进行切换，例如"猪跑进了院子里"关注的是"院子里"，这与经验中的凸显配置相反。

（2-16）a. Where is the lamp?

(i) The lamp (tr) is above the table (lm).

(ii) *The table (tr) is below the lamp (lm).

b. Where is the table?

(i) The table (tr) is below the lamp (lm).

(ii) *The lamp (tr) is above the table (lm).（Langacker, 2008: 71）

语句中焦点的配置在有些情况下呈现出前置优势。在例（2-16）中，空间结构的参与者对调受到限制，据此，above 与 below 的区别在于射体（tr）与界标（lm）的选择。这种强制性也体现于真实的语言使用情景中。

（2-17）a. 种植蘑菇要求很严，所有操作都要在无菌情况下进行。如果试管里跑进一个细菌/*一个细菌跑进试管里，所有努力都将前功尽弃。

b. 嘴里却呐呐地前言不搭后语地说："唔，唔，你们说什么？我屋子里跑进人/*人跑进我屋子里来啦？啊，那，你们找吧！来，我帮你们找。"

c. 她跑进卧室/*卧室跑进她，把桌上的一个洋娃娃抱在怀里。（北京大学中国语言学研究中心语料库CCL）

如例（2-17）所示，调换语序后出现了注意焦点的冲突。在a中，"一个细菌"是整个语篇关注的焦点，而如果将其置于"跑进"之前，则发生句式焦点与语篇焦点的冲突，不易接受；在b中，"人"是意图要表达的焦点，如果将"人"置于动词前，则提示说话人预设某个具体的人，这容易产生说话人知道所找之人的解读。而在c中，"她"是整个表达确立的行为者，如果置于动词后将转变为关注的新内容，难以解读为"跑"动作的施事。

当然，界标–射体非对称依存会高度规约于特定语言单位上。例如，"墙上挂着画"可接受，而"*画挂着墙上"不可接受，如果要保持"画"与"墙"的顺序，"画挂在墙上"可接受，而"*墙上挂在画"不可接受。既然"着"和"在"是唯一的差别成分，两组对比对表明了"着"与"在"规约相反的界标–射体配置。"在"具有"射体'在'→界标"的配置，而"着"具有"界标'着'→射体"的凸显依存配置。

（2-18）a. 山坡上走来兔子。

　　　　b. Up the hill **came** the rabbits.

在对某对象进行描写时，说话人有时会用自己所在的方位作为参照点，来实现对所描写对象的定位。在例（2-18）中，"来"和come均提示移动物体兔子向着说话人运动。

在不同的表达中，说话人在话语中的可识别度或可意识性存在着差别，或者说，一个表述存在着主观性（subjectivity）与客观性（objectivity）的差别。例如，在"我认为车在动"中，"车在动"的负责人由"我"明示为说话人，提示所描述事件的主观性，而在"车在动"中，没有明示说话人，相比较而言就具有客观性。

（2-19）a_1. I lay in the middle of the kitchen floor.

　　　　a_2. 我躺在厨房地面中央。

　　　　b_1. ?*In the middle of the kitchen floor lay I.

　　　　b_2. *厨房地面中央躺着我。

　　　　c_1. ?*In a garage sat an old truck.

　　　　c_2. 车库里停着辆旧卡车。

　　　　d_1. There was a garage behind the house, and in this garage sat an old truck.

　　　　d_2. 房后有个车库，车库里停着辆旧卡车。（Langacker, 2008: 81）

对于说话人的明示，也存在着表述上的限制，如例（2-19）。在常规表达中，预设说话人——I，往往这种预设的内容均在先表述。在a_1中，I前置可接受，而在b₁中I后置不易接受，由问号和星号提示。类似地，在c₁中，In a garage前置不易接受，但在d₁中，由于已在前文被表述为已知信息，故而in this garage的前置可接受。

对于说话人的这种语序预设，汉语也类似。例（2-19）中，英语的a₁和b₁在汉语中的对应项a₂和b₂的可接受性类似。不过，英语和汉语在注意结构预设配置上存在差异。在c₁中，英语句子不可接受，而在c₂中，汉语句子可接受。

（2-20）a. The hill gently rises from the bank of the river.

b. The hill gently falls to the bank of the river.（Langacker, 2008: 82）

除凸显外，还存在着视角的识解差别。在例（2-20）a中，说话人从河岸的视角来观察山；在b中，说话人从山的位置来观察山的走势。从经验角度看，此例涉及的是现实性的静态与描述性的动态。在现实中，山与河的相对位置具有静止性，而此处却用了rise和fall两个提示动态过程的词，从而产生现实与虚拟之别。这种差别说明，在语言使用中必须通过主观认知活动才可确定语义。此类现象被称为虚拟运动。

（2-21）a. An ugly scar extends from his elbow to his wrist.

b. An ugly scar extends from his wrist to his elbow.

c. An ugly scar {extends/goes/runs/reaches/stretches} from his wrist to his elbow.（Langacker, 2001: 9）

虚拟视角的调整在语言中具有一定的普遍性，如例（2-21）所示。在a中，观察伤疤的视角是从elbow到wrist，与b相反。在扫描架构下，也可通过调整动词从而实现不同精度的虚拟过程，如c所示。

2.2.2 转喻依存

转喻指在一个认知域中从一个部分通达另外一个部分的认知过程，换言之是认知域内概念间的依存。认知语义学主张转喻是语言使用中普遍存在的认知过程。

（2-22）a. The ham sandwich is waiting for his check.（Lakoff & Johnson, 2003: 35）

b. 小红帽走到门前送餐。（网络）

在例（2-22）中，ham sandwich和"小红帽"均不是语境情形的参与者，而只是与语境情形存在着内在的联系。具体而言，ham sandwich不是wait的执行者，执行者是拿着sandwich的顾客。当然，用ham sandwich的效果是，凸显了顾客准备买单的食物，对于服务员来说，则有利于事先掌握应该收取的钱数。

类似地,"小红帽"不仅可以用作代表个体的人,还可能代表一个群体,提示职业化特征,提高其行为的可预测性。据此,转喻可定义为,在一个被认定为整体的情景中,某个实体被用作达及另外一个实体的过程。这种意义上的转喻不仅在词汇的即时使用中发挥作用,也可在词汇的形成中发挥作用。Janda(2011)以俄语、捷克语、挪威语三种语言为例,说明转喻在词汇形成中发挥作用。不过,关于转喻的范围是否应具有严格的限制学界还存在争议。Brdar 和 Brdar-Szabó(2014)指出,依据 Janda(2011)的观点,bake 和 baker 提示 action for agent 的转喻,若如此,动作谓语与执行主语之间形成转喻关系。Janda(2014)的回应确认了 Brdar 和 Brdar-Szabó(2014)的分析,重申了转喻在语言上的一般性。

汉语较少通过词缀形成词汇,但也存在词汇形成中的不对称现象。在这个过程中,不可避免地会涉及转喻过程。

(2-23)a. 这把刀没开刃。

b. 兰手刃了一条凶恶的巨鲨。(CCL)

c. I have a stone.

d. They were stoned to death.(英国国家语料库 BNC)

在例(2-23)a 中,"刃"指用于处理外物的刀的锋利的一部分;在 b 中,"刃"通过((刀刃)杀)依存提示"杀"的过程,而"手"通过与"身体–器官"的((部分)整体)依存形成联系,从而驱动"手"被解读为"亲自"。这种基于((工具)过程)依存的转喻也体现于英语中,如 c 中 stone 表达实体,而 d 中,stone 提示"石刑"过程。

简言之,从依存角度看,转喻提示在同一个认知整体中不同概念存在着依存度上的差异。

2.2.3 隐喻依存

不同于转喻,隐喻是在不同域之间建立起非对称的依存。隐喻是以类比为基础将属于一物的名字赋予另一物(Aristotle, 2002: 21)。基于此,Katz(1989)提出了隐喻相似性假设(similarity hypothesis)。依据此观点,隐喻就是用来创造类似(Lakoff & Johnson, 2003: 147)。不同于修辞隐喻,概念隐喻主张"隐喻的核心是用一物理解和经历另外一物"(Lakoff & Johnson, 2003: 5)。隐喻的概念视角的核心观点是 Black(1977)的隐喻互动论。Black(1977: 28)指出隐喻主要涉及三个方面:基主题促使听话人选择次主题的属性;基主题促使听话人建构符合主题的平行暗示复合体；基主题与次主题相互诱发平行的变化。

从具身角度看，概念隐喻体现从具体概念投射到抽象概念的单向性，或者说，抽象概念或抽象推理基于身体经验（Lakoff, 1987: 267；Johnson, 2007；Low et al., 2010）。最为知名的是容器经验可用于抽象和社会推理，例如，"大不列颠是容器"的隐喻（Charteris-Black, 2006）。更进一步看，还存在一些基础隐喻（primary metaphor），例如，"接受是吞咽"（accepting is swallowing）、"无法接近是内在"（inaccessible is inside）、"基本方面是内在特征"（essential aspects are internal features）、"欲望是饥饿"（desire is hunger）、"吸引的是可口的"（appealing is tasty）（Grady, 1997: 136-137）。Grady（1997, 1999）认为，日常经验的相关过程是形成隐喻的动因，其跨语言的证据是不同语言的单词具有类似的隐喻模式。

（2-24）a. I felt a great **weight** taken off my mind by this promise.

b. 由于这一许诺，我感到卸去了心头重负。（词都网）

英语和汉语均用重力表达心情。由于这两种语言彼此没有亲缘关系，二者在隐喻模式上的类同说明，人类某些共同的东西在驱动语义的形成。就例（2-24）而言，这个基本经验就是，身体负重前行往往伴随着不愉快的情绪。

尽管Lakoff和Johnson（2003）主张的概念隐喻投射是单向性的，但隐喻并非一直是单向的。例如，在"人在旅途"中，存在"生命是旅程"的隐喻，其难以颠倒为"旅途是生命"。不过，在其他的隐喻中，存在双向的组构，例如，既存在"时间是金钱"的隐喻，也存在"金钱是时间"的隐喻。不仅如此，在"边走边吃"中空间组构时间，而在"时高时低"中时间组构空间。

隐喻的最新定义是，"概念隐喻是经验域的系统性通联"（Kövecses, 2020: 2）。该定义并不强调源域与靶域的非对称性。该定义过于宽泛，甚至可将对言格式也纳入其中，例如，"一杆一车"中"一杆"与"一车"之间虽然是相互通联的，但这种通联并非隐喻，也就是并不存在用一方描写另一方，其与隐喻是两个不同的过程。再例如，"你不理财，财不理你"，其中隐喻体现于"财不理你"中，而不存在于"你不理财"中。另外，"财不理你"与"你不理财"通联的方式是"你"与"财"调换位置。

概念隐喻对隐喻的重新理解最主要地体现于，原本被认为是副产品的隐喻被重新认定为语言表达中具有核心地位的认知过程，甚至被提升为一般认知过程加以对待。隐喻在西方哲学中原本被认为是一种修饰，是对事物真实描写的破坏；事物的真实描写在于字面表达，就是假定语言可基于范畴，以充分必要条件的方式通过符号与外在世界建立联系。根据上述定义，符号和事物可分别属于两个不同的域，这样，用符号去描写事物，也属于概念隐喻。

从概念隐喻角度看，充分必要条件推理逻辑的基础是容器图式（container schema）（Johnson, 1987; Antonova, 2020; Bowden, 1993; Ioannou, 2017; Pollak, 2009）。具体而言，范畴被看作容器集合：位于容器之内，属于该范畴；位于容器之外，不属于该范畴。因此，既处于该范畴容器内又不处于该范畴容器内的范畴成员并不存在。

在概念隐喻研究中，关键的是如何确定隐喻。也就是如何将字面意义和隐喻区分开来。Lakoff（1993: 205）给出的标准是"通过概念隐喻进行理解"。据此标准，March comes earlier than April 中，earlier 应被认定为隐喻。理由是，Boroditsky（2001）的实验已经表明了横向和水平刺激对于英语和汉语母语者理解 earlier 的速度存在影响。这就证明，运动隐喻实际上参与了 earlier 的理解过程，但 early 从词汇表达角度看被认为是非隐喻的或字面的。

这里真正涉及的问题就是，early 是否能脱离运动框架而独立存在。显然，如果我们承认任何语言单位绝对依存于框架知识，就不应该存在 early 的字面意义或隐喻意义的问题，只能有 early 参与的是什么框架的问题。当 early 从高规约框架切换为低规约框架时，我们只需要确定这种框架模式，至于该框架是否能获得属性，要视框架与 early 的共现规约的动态程度而定。简言之，在分析时，需要区分单词自主与依存的连续性和离散性问题。就此例而言，early 与运动情景共现规约度较弱，另外，空间方向调解英汉语者对此类句子的理解，并未涉及 early 所提示的事件之间的顺序关系，所涉及的只是该关系的响应速度。因此，一定要追求非此即彼的隐喻认定是没有必要的，这是语言与认知体现在不同经验域的干涉效应。

当然，对于 early 在汉语中的对应项"早"而言，情况就更为复杂了。从词源角度看，"早"由"日"和"十"两个部分组成。"日"指"太阳"，而"十"在甲骨文中记作"甲"，指皮开裂。"早"并非指所有事件间的顺序，而是指一天中的某个时段，该时段由初次可观察到太阳时来界定。这样，当用"早"来描述事件之间的顺序关系时，例如，"三月早于四月"，这是用一天中从早到晚太阳与地面的空间演变关系来描述"月"这一更长时间跨度之间的关系，是一种类比。这种类比也体现于"秦朝早于清朝"这种事件关系上。既然"秦朝"和"清朝"并非现在的人所能观察的事件，而每天的早中晚的反复交替变化是每日经历的事实，那么，用"早晚"描述"秦朝"和"清朝"，从某种程度上看，就是使用现实来描写想象，是将想象经验化或现实化。

如果比较"天"和"历史进程"两个事件，可发现二者均有"顺序"这个特征。也就是说，顺序结构是事件的内在结构。当我们用"天"的顺序结构来描写"历史"的结构时，实际上也是在利用"顺序"类结构。在这个结构中，必定存在某个事件先于另外一个事件。从这个角度看，此即使用隐喻对某事件进行描述，并未赋予被描述事件以结构和特征，而只是有助于抽象出类结构。

概念隐喻核心关注的是如何通过隐喻过程将身体经验投射到其他的经验域上。概念隐喻所要强调的是，两个不同的经验域之间存在某种相对稳定的结构，两个经验域的隐喻适配或投射发生在稳定结构之间。在这种双域共享类结构的隐喻中最终获得的是类结构——意象图式。

（2-25）a. Her parents pushed her into marrying him.（*Cambridge Dictionary* 网页版）

b. 她的父母强迫她嫁给他。

push 在表达身体经验时，表达施事对受事的力作用过程，存在方向性。当其用作描述父母与女儿的社会交流方式如例（2-25）时，体现的是"态度是动作"的隐喻。在隐喻投射中，父母物理上施为于女儿的指向性与父母态度上施为于女儿的指向性具有一致性。基于类似的观察，Lakoff（1990: 215）提出了"一致性原则"（invariance principle），即在隐喻投射中，源域对靶域的投射不能违反双方的基本结构角色。不过，一致性假设在语义演变中很容易被打破。

（2-26）a. 我要闷[1]死了！咱们两个喝一喝！

b. 这屋里真闷[2]死人了。

c. 我得工作，否则要闷[3]死。

d. 我用手闷[4]住琴弦。（CCL）

在例（2-26）中，"我要闷死了"体现的是某人长时间处于屋内所产生的一种情绪效果，作用的方向是从外物到主体，但在"闷住琴弦"中，"闷"已经演化成主体对外物的作用。这样，指向性被颠倒，主体从受事变为施事。如果将情绪效果视为"闷"的字面用法，而将"闷住琴弦"作为"闷"的隐喻用法，那么会出现参与者角色的逆转。

实际上"闷"的使用涉及复杂的动态调整，如表 2-3 所示。"闷[1]"涉及主体心理状态的对抗，"闷[2]"涉及物理实体对主体的控制，"闷[3]"涉及社会关系对主体心理状态的影响，"闷[4]"涉及主体的物理控制。整体上，"闷"通过隐喻从心理域扩展至物理域和社会域，呈现出指向性的灵活。当然，这只是基于汉语的分析，一致性原则是否更多体现于英语而非汉语的使用上，这需要更深入的研究。

表2-3 "闷"的概念域分析

汉语	实体	关系	认知域
闷[1]	我 / 我	主体$_1$ → 主体$_2$	心理状态
闷[2]	人 / 屋子	主体 ← 屋子	物理控制
闷[3]	我 / 工作	工作 → 主体	社会心理
闷[4]	我 / 琴弦	主体 → 琴弦	物理控制

此外，当我们用一个域来描写另外一个域时，发生的是源域赋予靶域某种结构。例如，"a long time/长期"中，对于时间而言，本身并不存在长短的问题，用长度来描写时间，是使用另外一事来衡量当前所经历之事。再比如，"big time/巨大成功"中，big和"大"提示空间范围，往往提示立体的物体，例如a big stone和"大块头"，而时间并不存在知觉可见的立体形象，在此情况下，空间源域将抽象靶域置于自身的框架内加以描述。这里的隐喻也是基于基本的身体经验。例如，当一个人举起一块重量很大的石头时，就这个动作而言，"大"是衡量该行为的最核心特征，是描述该事件的一个指标。如果这个设想是正确的，那就意味着，在隐喻投射中，我们将源域的突出特征或"主要关注"（main meaning focus or foci）（Kövecses, 2000）投射到靶域上，以实现对靶域的理解。

对于概念隐喻，还存在几种批评。第一种是，概念隐喻的论证过程是循环论证。概念隐喻的基本逻辑是，既然隐喻在语言中广泛存在，那么隐喻也该是一种思维过程。这种观点被概括为language as a window into the mind。同时，概念隐喻又主张，正是由于隐喻是一种思维过程，隐喻才会在语言中普遍存在。

第二种是，"概念隐喻的运作依赖于人类经验是连贯性的这一观念，涉及认知域、框架、意象图式或心理空间"（Kövecses, 2020: 17），但何为认知域、框架、意象图式和心理空间，显然并不存在明确的界定。

第三种是，概念隐喻所面向的思维过程并不能揭示文化模型（Quinn, 1991；Holland & Quinn, 1987: 9-11）。不同的文化存在着不同的理解方式，不同的文化意象在文化间以不同的方式影响隐喻理解的过程。这与以身体经验为假设性源域存在着差别。在汉语和英语中，"狗"与dog分别是贬义和褒义，这直接带来不同的隐喻效果。例如，当用动物来描述人时，a lucky dog就是褒义，而"狗东西"就是贬义。由此，隐喻表达并非像概念隐喻所描述的那样是一个纯粹的认知过程，还是一个文化过程。

再比如，汉语与英语均有自身的文化意象。汉文化中具有代表性的意向包括阴阳。阴阳是中国人重要的思维方式，这是由文化传承带来的。虽然该意象也是一种基本的人与环境互动的经验，但其已经广泛地渗透于中国人思想、语言和生活的各个方面，相对于西方文化，阴阳是中国的文化模型，也是一种思维模式。从这个意义上来说，文化模式应该比体验更为基本。因此，在语言描写方面，更应该重视文化隐喻的个体差异性、使用情景（Cameron, 2003）、文化差异（Wee, 2006），而非普遍性，否则难以对语言进行充分的描写。当然，必须强调的是，在语言中，各种语义架构依托的是隐喻网络（Trim, 2007）。

凡此种种，关于语言和思维，概念隐喻研究最重要的发现是，各种心理表征或各种知识结构存在着非对称依存的倾向。

2.2.4 整合依存

从概念依存角度看，不同于隐喻的高规约性，整合用于解释在即时交流、行为、认知中概念依存方式的创生。整合不同于隐喻之处在于，隐喻通过将两个不同的域建立起关系以凸显一个域的某个方面，而整合是通过两个域的部分输入建立一个新的空间以进行交流、推理或想象。

在语言中，一旦某个隐喻固定下来，就可形成整合效果。例如，在经济学中存在"看不见的手"（invisible hand），这将经济运行描述为机器运行。在此，"看不见的手"可指经济运行中的价格机制，例如供需均衡模式，即供需相互制约，可自动调节，从而维持市场的均衡，这类似于控制机器的手在时刻调节机器的运行，而隐喻一旦形成便可充当稳定的描述和推理框架。以此为基础存在"看得见的手"（visible hand）、"消失的手"（vanishing hand）、"人文的手"（humanistic hand）等一系列的推理创生（Tomer, 2019）。例如，"看得见的手"可以指美国经济处于垄断阶段时，在市场资源的调配中垄断公司的主管逐步发挥主要作用；"消失的手"可以指互联网经济中，由于技术的进步，垄断公司为减少运行成本而外包业务，从而出现垄断公司解体的趋势，原本可由垄断公司主管进行调配的资源重新通过市场竞争进行分配；而"人文的手"可指市场自主运行中出现的用人成本过高、医疗成本高、环境污染严重等市场失灵现象，需要通过重塑经济和文化模式来减少或去除市场经济的负面影响。在此，不同的手就是不同的经济模式，这是用手的推理来描写经济形态的变化。在这种学术创新情形中，机器域与经济域形成了更为精细化的依存关系，呈现出更高的整体性。当然，这种整体性也构成了经济学术推理的心理空间。

（2-27）a. A Buddhist monk begins at dawn one day walking up a mountain, reaches the top at sunset, meditates at the top for several days until one dawn when he begins to walk back to the foot of the mountain, which he reaches at sunset. Making no assumptions about his starting or stopping or about his pace during the trips, prove that there is a place on the path which he occupies at the same hour of the day on the two separate journeys. (Fauconnier & Turner, 2002: 136)

   b. 一天的清晨，一个和尚出发上山，在日落时到达山顶，在山顶冥想了几天，直到一天清晨他开始步行返回山脚，于日落时到达。不考虑行程中的起点、终点和速度，请证明，在路上存在一个地点，当和尚位于此处时，在两趟行程中也是处于同一时刻。

  整合充当推理基础的典型实例之一是例（2-27）中和尚的冥想情景。在整个故事中，一个和尚在不同的时间在同一条路线上执行了上山和下山的行为。这两个不同的时空整合成为一个时空，只有在这个整合出的想象时空中和尚与自己相遇于一天中的同一时刻才具有意义。在这个时空中，两个现实场景中的一个和尚分别投射为两个和尚，并且，一个上、一个下，相向而行，并在特定的位置相遇，如图 2-8 所示。

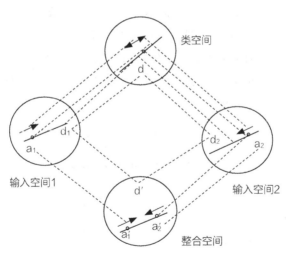

图 2-8 和尚冥想整合模式

图片来源：Fauconnier & Turner（2002: 43）

  除整合空间（blended space）之外，两个输入空间（input space）还贡献于一个类空间（generic space），其中存在路径图式、实体图式、方向图式。只有在整合空间中，相同的地点与相同的时间重合。整合空间中的内容是一个现实实体被想象性地区分为两个，二者的相遇借助于相遇框架才具有意义。从宏观上看，不同类型的心理空间也会呈现出依存的整体性。

从依存角度看，上述四个空间均体现((实体)运动)依存，但在每一个空间中，依存的方式存在着差异。从精度角度看，存在类空间与具体空间之别，其中，具体空间为输入空间和整合空间；而从主观-客观角度看，存在着虚拟空间与现实空间之别，整合空间和类空间为虚拟空间，而输入空间为现实空间。

整合现象在很多认知过程中均有体现，例如发明行为（inventive action）、类比（analogy）、戏剧表演（dramatic performance）、反事实（counterfactual）、整合语义（integrated meaning）、语法构式（grammatical construction）（Fauconnier & Turner, 1996, 2002, 2003）。

尽管概念整合可分成不同的心理空间，但从宏观角度看，各种类型的心理空间均可形成不同程度的依存关系。在这种空间依存网络中，无论是语法结构还是即时语义均可置于一个描写体系之内。

（2-28）《满江红》大战《流浪地球》，预示着两种赚钱趋势。（网络）

在例（2-28）中，单纯从形式上看，逗号直接将整个表达切分为两个部分。前半句本身可自成一体，同时又在语义上参与后半句。从语义角度看，前半句提示的是战争空间，而后半句提示经济空间。在战争空间中存在对战的双方——《满江红》和《流浪地球》。但在现实中，二者只是两部放映的电影，并不能成为现实中的对战双方，二者的对战是建构出的想象空间，"大战"并非指战争，而是被激活的商业竞争，基于此，前半句才具有合理的意义。这种意义来自概念整合，如图2-9所示。

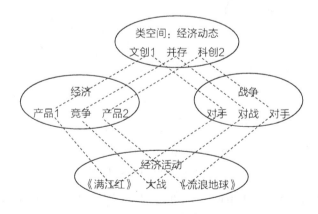

图 2-9 "《满江红》大战《流浪地球》，预示着两种赚钱趋势"的概念整合分析

当这种整合出的商业竞争充当后半句的主语角色时，则进入了经济心理空间，进而成为动态变化的一个阶段。"预示着"将即时的商业竞争活动提升为"赚钱趋势"的类空间。在类空间中，两种趋势分别由《满江红》与《流浪地球》代表。《满江红》电影的内容主要是基于历史，通过演绎编撰而提供影视产品，故而代表文创经济；而《流浪地球》的内容是基于科技创新，通过关注科技进步而提供产品，故而被称为科创。

简言之，整合是依存创生的过程，关注即时的话语交际过程，强调心理空间之间依存关系的建构和演化。

2.3　动态语义

2.3.1　语义浮现

语义是语言使用中说话人表达而听话人理解的内容。虽然对于日常交流而言，通过交流双方的共同协作，语义内容似乎容易获得共识，但对于语义的描写而言，这并非想当然地简单、易行。在语义研究中存在两种较为典型的观点，一种观点认为语义指向外在的客观世界，而另外一种观点认为，语义指向主观世界。当然，从语言的使用看，语义在交流中有时不可避免地指向客观实体，例如"请把杯子递给我"，在真实情景中，"杯子"和"我"都具有真实的外在指称，这是假设主客观二分的形式语义的出发点。但在有些情况下，虽然语义具有确实的外在指称，但是这种指称也是模糊不清的，例如，公园门前的标牌 NO VEHICLE 中，vehicle 的范围处于不确定状态。这种不确定的状态源于在新科技和应用不断出现的时代，各种玩具车也具有一定的机动能力，它们是否属于vehicle 处于模糊状态。这是法律适用中的典型问题（Hart, 1961: 126）。不仅如此，在有些情况下，语义的外在指称本身就不具有确定性，例如"水"，在地球上从分子角度看，可指 H_2O，而从经验角度看，是用以维持生物生命的流动的物体。但也存在这种可能，即在另外一个星球上，也可能存在具有与 H_2O 的化学结构不同，但却可像 H_2O 一样实现维持生命的功能的"水"，这时出现了化学结构上的水与功能上的水的分离，这意味着，"水"的指称并不是单纯的功能或单纯的结构，还依赖于主观的选择，也就是依赖于"识解"过程。

在各种语义观点中，一个核心的问题是概念。语义是否在于概念，也是一个有争议的问题（Langacker, 2008: 27-36）。如果认为语义指称客观世界，那么可认为语言形式与客观事物通过某种规则直接相连，不需要任何主观的心理表征。但在各种识解活动中，尤其是概念整合中，不可避免地需要将客观或真实的内容表征为心理概念。在此，语义是概念，概念就是语义。但定义概念存在两种思路，一种思路认为概念可被充分必要定义，关注真假的判断，而另外一种观点认为概念具有主观性、社会性、原型性。

充分必要条件的语义思路涉及以下几个方面：

（1）真假陈述

（2）谓词符号和论元符号

（3）世界的状态

（4）模型理论：从可能世界到真值之间的函数

（5）使用元素和关系的有限表征

（6）连续的经验类比模式，可进行推理（Johnson, 1990: 3）

充分条件（sufficient condition）和必要条件（necessary condition）的定义基础是主观和客观是否相符的问题，也就是命题与现实的真假关系。

充分条件：当且仅当A为真（不存在/不出现）可确保（或引起）B也为真时，条件A是条件B的必要条件。

必要条件：当且仅当A为假（不存在/不出现）可确保（或引起）B也为假时，条件A是条件B的必要条件。（参见：Swartz, 1997）

尽管有这样的定义，但在真实的推理中并不容易确定充分条件和必要条件，而是会呈现出无穷无尽的情况。例如，听随身听的充分必要条件可是：工作指令，电池优良，耳机插入，磁带完好，等等。这些列出来的条件当然并非充分的，如果进一步细察，可理出更多的条件，例如：听众是正常人，戴着耳机，等等。如果想列举更多，也是可能的，只是必要的条件难以充分地列举出来。当然，充分的条件在有些情况下也并非必要的。例如，如果想从一个地方到达另外一个地方，那么可以乘坐飞机，这可成为去某地的充分条件，但去某地实际上可有多种选择，没有必要限于一种，如：

You could take VIA rail; or

You could travel by car; or

You could hike; or

You could ride a bicycle; or

You could travel on horseback; or

..., ... (Swartz, 1997)

上面列举的是从一个地方去另外一个地方的充分条件，但这些充分的条件也并不是完全的列举，也可以列举出更多。在充分必要条件的寻找过程中，无穷无尽的列举说明"充分"和"必要"本身的范围是不确定的，无法对"充分"和"必要"进行充分必要的定义。充分必要条件并不是客观存在的状态，而是一种主观心理活动。在这种活动中，"推理依赖于对可能性的设想"（Byrne & Johnson-Laird, 2009）。例如，在从一个地方移动到另外一个地方的情形中，可成行的充分或必要条件受限于当事人对于当时条件的认知。如果行程是从一个岛屿到大陆，那么必要条件是乘坐飞机或船，而开车并非必要条件。但之所以选择交通工具是必要条件，是因为在出行条件下，交通工具对于一般的个体而言最为凸显。当然，这种一般性的条件并非对所有人均适用，而是存在很大的个体差异。在一般条件下，交通工具是出行的必要条件，但对于婴儿而言，必要条件是需要一个监护人同行。鉴于此，语义或意义是一个心理动态过程，体现的是人与外界环境的相互依存。

人与外界的依存是人认知活动的基本特征，这不同于计算机所依赖的计算。对于计算机而言，其本身依据自身所设定的规则运行，而与外界的环境无关。但认知的运行不同于电脑，认知的运行需要时刻考虑外界与主观的观察是否处于拟合状态，具有意向性（intentionality）（Searle, 1980; Searle, 2004: 159）。认知的意向性与计算机的计算的区别体现于以"中国屋"为例的思想实验中（Searle, 1980）。该实验设想存在一个屋子，在那里有所有的汉字、一个不懂任何汉语的操作员和一套汉字组合规则手册。每次进行交流时，在外面的人只需要将一个汉语问题递给操作员，而操作员根据规则手册返回一个汉语回答，在这个过程中，操作员完全不懂汉语的意义，但仍可给出汉语回答，且该回答对于外面懂汉语的人而言是可接受的。在这个过程中，操作员就是电脑，而规则手册就是电脑程序，在整个运行过程中，被视为电脑的操作员不懂任何跟汉语有关的意义，而只是在完成符合内在规则的任务。

不同于电脑的规则运作，认知或意向过程体现命题内容（propositional content）与心理模式（psychological mode）的二分（Searle, 2004: 166）。例如，"我认为明天会下雨"中，"认为"提示心理模式，而"明天会下雨"提示命题内容。在此，可判断外在是否拟合于主观判断，也就是一个拟合方向（fit direction）的问题。如果外在符合或拟合于主观，则为真，而如果外在不符合或不拟合于主观则为假。当然，Searle（2004）提出的意向虽然用以解释人脑与电脑的区别，但在本质上提示语义是主体与环境互动依存的结果。这种程序与意向的区别也是基于规则与基于使用两种语言研究的差别所在。前者的逻辑是"认知是计算"（cognition as computation），而后者的逻辑则是"认知是生成"（cognition as enaction）（Miłkowski et al., 2018；Núñez et al., 2019）。

2.3.2 依存语义

在语言使用中浮现出多种多样的依存模式，这些模式以不同的方式贡献于语义的呈现和运作，即虚拟–现实、形式–意义、基底–凸显、前景–背景、射体–界标、自主–依存、基线–阐释、具体–图式、重复–差分、源域–靶域。下面用"猪上树"作为实例，对这些不同依存空间的运作方式加以呈现（图 2-10）。

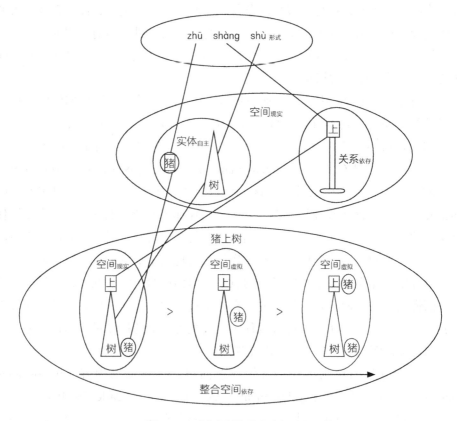

图 2-10 "猪上树"依存空间分析

"猪上树"首先体现形式与意义的依存，即 zhū shàng shù 与"猪上树"。由于有这种依存关系，形式可诱发意义的激活。在这个诱发过程中，形式可在共同关注的基底中凸显特定部分。"猪上树"这个表达分别凸显"猪""上""树"，三者共同依存于空间基底。如果"猪上树"描写的并非即时发生的情景，那么其本身具有虚拟性，浮现出虚拟–现实的对立，这也是语言的可移位性的体现。

伴随着虚拟–现实二分的是每个激活的可分单位形成各自的图式，这与现实中的具体事物存在着依存。具体而言，虽然"猪""上""树"在现实中可分别被观察到，但是"猪上树"所表达的整体意义则取决于猪的能力本身，这在正常情况下不容易被观察到，提示虚拟空间。在这个虚拟空间中，"猪""上""树"三个图式的地位并不等同，其中，"上"预设不确定或抽象的参与实体角色，这些角色相对于"猪"和"树"具有抽象性。于是，"猪/树"与"上"不仅存在具体–图式之别，还存在自主–依存之别，即，关系依存于实体，没有实体，不存在图式。

在这种自主–依存关系中，关系图式"上"将两个入列的实体以不同的注意地位加以识解，也就是，"猪"是关注的前景，而"树"是关注的背景，同时，由于"猪"是移动体，而"树"是路径，还实体二分呈现出射体–界标之别。

"猪上树"所提示的虚拟非对称图式结构，并非单纯用于构拟出一个想象的空间，而是往往用作源域从而凸显某种特定事件的不可能发生。例如，"男人靠得住，母猪会上树"中实际上用"猪上树"描述"靠得住"，也就是以"男人靠得住"为基线，而用"猪上树"对其进行阐释。这种投射中存在着重叠与差分之别。二者重叠的是事件发生的难度，而差分之处在于"男人可依赖"的社会关系与"猪上树"的空间位移之别。这种重叠与差分之别也会体现于形式–意义的依存中，也就是形式与意义通联的任意性与象似性中（Haiman, 1983, 1985a）。在任意性中，形式与意义随意依存从而形成符号，而在象似性中，形式与意义需要系统性地相互临摹，甚至词汇长度与概念复杂度也存在关联（Lewis & Frank, 2016），从而实现符号系统的有效运作。

各种依存关系是一个相互依存、相互激活的连续整体。尽管在"猪上树"中各种依存展示出如图 2-11 所示的彼此激活关系，但在识解中，各种不同的依存关系形成一个整体，在不同的层次上贡献于语义的运行。

51

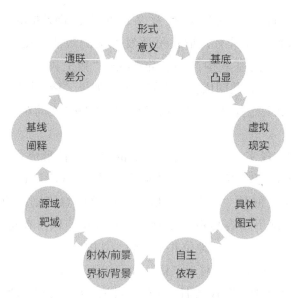

图 2-11　依存结构的连续性激活图示

需要说明的是，图 2-11 所示的连续激活模式只是一种激活可能性，主要是用以总结出语言使用中可能出现的依存模式。这些模式的存在表明语义运行过程的复杂性，这种复杂性的根本原因是语义范畴的动态性。

2.3.3　动态范畴

范畴是对事物进行分类的结果。从范畴角度看，图 2-11 所示的连续性激活系列中的所有依存对的两个方面均是范畴性的，但二者是否是同一范畴，这并不是依存本身所关注的，无论二者是否是同一范畴的不同成员，均不影响对立双方的依存。或者说，对立依存是在进行范畴化之前的认知操作。将不同的事物置于同一个关注内为范畴化提供了前提条件。

范畴化的核心目标是将不同的概念视为同类，这在语言使用中体现为直接用不同符号来分别标识不同单位的范畴和成员关系。这在传统语法中体现为名词、动词、副词、形容词、介词、代词等不同语法范畴，但这种抽象的语法范畴在语言使用中并不是与语言单位对应的，或者说，这些给出的范畴对于所有的单位并不是一致性地获得体现的。例如，在a bottle of water中，water是名词，而在The horses had been fed and watered中，water是动词。另外，在I put my hand up to ask the teacher a question中，up既可以提示宾语my hand的位移，也可以提示put动作的指向，其是副词还是介词具有不确定性。副词和形容词也表现出可识别的模糊性。例如，在"一个一个的友伴群就出现了"中，"一个一个"用以修饰实体，而其在"他一个一个地回忆"中用以修饰动词"回忆"，应视其为副词。这种过程与实体中性的表达（即一个表达兼具"过程"和"实体"两种特征）在英语中也存在。例如，在 He is running fast 中，-ing 提示一个过程的进行，而其在 metaphoring 中则将名词性的单位转化为一个过程性的概念，这个过程中存在 -ing 必须限定于动词或名词上的规则。语法范畴的动态性表明，语言单位的依存并非基于充分必要定义的范畴，而是具有更为复杂的动因。

　　范畴的动态性并不限于语法范畴，在所有的范畴认知中均体现出动态性。更为具体的是，范畴在社会条件下呈现出原型效应（prototype effect）（Rosch,1978）。例如，在日常经验中存在着分类系统（taxonomy），在这个系统中，不同的动物属于不同的类别，并且会层层抽象，越一般的表达越抽象。

（2-29）

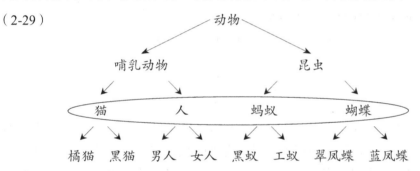

　　在例（2-29）这个分类中，每个个体并非对所有的类别均具有同等的认知度。例如，对于"翠凤蝶"可能了解的人比较少，而如果说"蝴蝶"，那么几乎所有人都会展示出认知度。而如果提起"哺乳动物"或"昆虫"，那么可能过于宽泛，甚至可能影响交流中信息的传递。这些情况显示，可能存在一个基本的抽象度层面，从认知经济性角度看，该层面具有交流和认知的便利性，也为特定社群所熟知，体现出识别的高效性，在此例中，可能是"猫/人/蚂蚁/蝴蝶"。这种分类并不是充分必要的，而是存在个体的差异。虽然在科学归类中人属于动物，但在日常交流中，将人归类为动物可能不被接受，例如，"你才是动物呢，你禽兽不如"。实际上，在中国文化思维中，人是与禽兽或动物区分开的，如例（2-30）。

（2-30）鹦鹉能言，不离飞鸟；猩猩能言，不离禽兽。

　　　　今人而无礼，虽能言，不亦禽兽之心乎？

　　　　夫唯禽兽无礼，故父子聚麀。

是故圣人作，为礼以教人。

使人以有礼，知自别于禽兽。（《礼记》）

在中国传统观念中，可通过"礼"来讲人与动物或禽兽的区别。在这种分类中，人与动物直接区分开，这说明分类的原型可能依赖于文化观念。最典型的例子是游戏（game）。game范畴的成员只存在家族象似性（Wittgenstein, 1958: 32e; Merchant, 2016; Medin et al., 1987），而并无充分必要联系。所有具体的游戏并不存在共享的属性。例如，虽然"围棋"与"象棋"的共同特征是棋子和棋盘，或者共享((射体)界标)依存，但是在"猜拳游戏"中不存在界标棋盘。另外，在"角色扮演"游戏中，既不存在棋子，也不存在棋盘，在现场参与的人就是角色本身。在游戏中，游戏的运行完全取决于临时社群的集体确认。而在语言使用中，情况更为复杂。

（2-31）a. a game of chess

b. love is just a game to him.

c. She went on the game to pay for her drug habit.

d. 打牌游戏

e. 游戏人生

f. 逢场作戏

在例（2-31）中，三个game分别表达"娱乐活动""不认真对待的行为""卖淫行为"；汉语三个例子分别表达"娱乐活动""快乐的行为""不认真对待的行为"。我们很难去总结这三组"game/游戏"使用中共享的特征是什么。当然，可以认为它们均是一种行为，但这太抽象，不足以把游戏与其他行为区分开，不可能是"game/游戏"的基本特征。另外，规则只有在打牌和下棋时才存在，而在涉及个人的行为时，没有必要出现。不过，love game与go on the game也共享"不认真的态度"，这与"游戏人生"和"逢场作戏"类似；但同时，进行游戏比赛时，是否认真对待只是选择性的特征。

为了检验家族象似性主张，Rosch（1975）对范畴做了实验研究，结果发现，在范畴化过程中存在原型效应[①]，即某些范畴成员具有该范畴的最多特征，而另外一些范畴成员具有少部分特征。这意味着，不同成员是否属于某个范畴存在程度上的差异。Geeraerts（2006: 146-147）对此总结如下：

（i）典型范畴不可能由一套充分必要属性所定义；

---

① 原型理论的形式化方案是 fuzzy set。该方案的基本假设是，范畴成员并非同等地属于该范畴。

（ii）典型范畴呈现出家族象似结构，一般而言，其语义结构采取放射状的形式，由相互聚集和重叠的语义构成；

（iii）典型范畴呈现出范畴成员的程度性；并非每个成员都同等地代表该范畴；

（iv）典型范畴具有模糊的边界。

原型范畴被用在建构语义理论上（Geeraerts, 1986; Lakoff, 1987; Langacker, 2008）。例如，认知语法对名词和动词的定义是基于类典型的。名词典型地表达物理实体，而动词典型地表达动作过程。典型效应可体现在语言使用频率上，例如，对于某种使用情况而言，该用法往往集中于某个特定的用法上，而其他用法相对较少。

原型范畴观所涉及的根本问题是，语义与百科知识没有实质性差别，或者说，我们无法把语义从百科知识中区分开来。最典型的问题是教皇是否是bachelor。一般意义上，教皇不属于bachelor，但如果把bachelor的特征设定为单身男人，教皇符合此特征。又如在汉语中，"单身狗"的说法当然不会指和尚、尼姑和道士，而是指普通的人。

另外，英语和汉语中存在不同的动物对应类似的意义的表达。例如，在英语中lion可表达"勇敢的人"，而在汉语中则使用"虎"。之所以如此，是因为语义扩展的背后是文化环境。在西方，狮子是最为常见的凶猛动物，而在中国，老虎是最为常见的凶猛动物，这种语义的产生涉及的是动物的百科知识。

原型理论在描写语义方面存在自身的优势，符合描写的充分性、解释力和能产性的特征，但在形式化方面却略有欠缺（Geeraerts, 2006: 144）。虽然心理学关注的概念和范畴化与数学的模糊逻辑可进行对话，但是概念和范畴化对于演绎逻辑是巨大挑战（Rosch, 2011: 89-90; Rosch, 2013）。具体而言，模糊逻辑采取的推理方式是演绎推理，其要求一旦基本元素设定，便不能再增加新的材料；而相对应地，在范畴化中并非如此，例如，pet fish组合中移除了pet与fish不兼容的属性，而在pet rock中则需要将pet的属性添加到rock上。

在Lakoff（1987: 68）看来，原型范畴只是一种认知的表象，并不是用来解释认知过程的理论。认知理论应该是给出认知过程如何运作的方案。为解释所谓的原型范畴，Lakoff（1987: 68）提出理想化认知模型（idealized cognitive model），即人在社会互动中形成的对于特定事物的主观知识与客观知识之间的拟合度所表现出的原型效应。理想化认知模型包括命题结构、意象图式、隐喻投射和转喻投射。

命题结构就是框架结构，简单地说就是节点与连接所形成的有关客观世界的网络；意象图式是一种反复经验所内化的主观结构；隐喻投射是从基本经验到抽象概念的主观操作；转喻投射是认知域内各单位的相互激活。

一个单词的概念范畴可能是认知模式的集群，例如，根据Lakoff（1987:76），"mother/妈"的语义实际上至少涉及基因模式（贡献遗传物质的女性是母亲）、抚养模式（抚养孩子的成年女性是母亲）、婚姻模式（丈夫的妻子角色是母亲）和谱系模式（一个人最近的女性长辈是母亲）。这些不同模式聚集在一个概念上，这说明，语义的架构是不同认知模式不断建构的结果。

理论上，语义的描写面临一词单义（monosemy）和一词多义（polysemy）（Cuyckens & Zawada, 2001）的问题。或者说，需要揭示的问题是依存对如何存储语义、如何适应语境的变化。这样，就存在依存对作为概念框架与其所描述的对象的差别。即使概念框架本身是一对一的，概念框架所描述的对象也会呈现出多样化。这与Evans（2006）的观点类似，但后者认为，词项可表达确定的概念，但其意义是多变的。这是一种一词单义的观点。La Mantia（2017）认为，词项的使用本身就是一种再现的过程：既然词项的任何再现的环境不同于以往，那么自然该词项的任何一次再现均需要做差异化的调整，只不过，不同的环境差异化调整的程度有差别而已。这种观点建立于创设认知（enactive cognition）（Bottineau, 2010）基础之上。这体现了一种语义的创生性，也就是将词项视为一个生命体。

这种生命自创的理念某种程度上也体现于中国传统哲学中，例如，"穷则变，变则通，通则久"（《易传》）。该句的意思是说，当事物发展到某个极端时，则需要改变，这样才能摆脱妨碍，从而长久地存在。这实际上可作为语义描写的原则。另外，《道德经》也有经典陈述："道，可道，非常道；名，可名，非常名。"对于该句的解释当然是多种多样的，笔者的解释是，此句的核心是语言是一个变与不变共存的整体。

实际上，在语言使用中能够观察到词性改变的情况。古川裕（2021）观察到汉语中存在"凸凹切换"的现象，例如，"可爱"从结构上看是动词性的，而从使用上看是形容词性的。这种切换恰恰说明了汉语各个词项单位的灵活性。这也体现在依存结构上，例如，"边走边吃"中"边-边"表达的就是框架性的结构，而其在"这边那边"中表达的就是两个在指称中共存的方位。

这种变通的观念是体验哲学的初创观念。Johnson（2007）以法律为例，将变通的观念描述得非常详尽。Johnson（2007）的基本观点是，"变"（change）是人类的基本经验，法律实践中的情况是，法律如果被视作固定的，则无法面对新的情况，而如果法律完全是不稳定的，那么法律会成为权力的工具。这体现了恒定–变化依存的思想。鉴于此，法律运行中的根本问题就是如何既保持法律的稳定又容纳其生长变化。

考虑到法律是一种语言，因此，语义描写就是一个处理变与不变并存的问题。不变存在两种描写方式：一种是命题，另外一种是意向图式。命题描写方式的路径是寻找可以描写语言的形式机制，这种形式机制被认为体现人的基本属性，而被认为是稳定的。意象图式的描写方式是将人的基本经验中形成的抽象结构作为语言规约的起始点。

目前，对于哪种方式对语义的描写更具有优势，仍未达成共识，并且二者也可能共存于语义描写中。但从中国传统哲学中能发现，意象图式具有核心地位，例如阴阳。基于阴阳哲学可以发现，概念依存是贯穿整个意象图式描写系统的最为恒定的部分。

单纯的依存还不能解释变化的问题，这需要求助于丰富的意象图式和认知识解。一旦二者与心理固化或社会规约相结合，就会得到理想化认知模型。或者可以说，"概念或范畴一直处于连续变化之中"（concepts are continually in a process of being brought forth）（Parthemore, 2013: 172）。

2.4　语窗与集配

2.4.1　语窗

语窗指在意识中，语言形式引导注意调整的过程里所形成的形义组配。语窗的提出是基于"语言是心灵之窗"的假设（Pinker, 2007）。心灵之窗假设存在两个版本：一是作为认知的语言不同于其他认知能力，可称之为语言认知模块化；二是作为认知的语言依赖于其他认知能力，可称之为语言认知一般化。狭义认知语言学基于语言认知一般化发展起来，主要关注一般认知能力（诸如记忆、注意、类比、整合等等）如何塑造语言的使用。

语言形式用于将交际中的注意分配于特定的事物上，例如，当两个人在马路上行走时，其中一人突然说"狗"，以将同行者的注意聚焦于其所观察到的事物之上，并在此基础上形成二者的共识以采取共同的行动。话语在交际环境中所调节的是共同注意（joint attention）（Diessel, 2006）。原则上，这种共同注意的交际框架为所有的语言使用所预设，例如 "Develop a 'Yes, I can do it' attitude" 用于提示商家与顾客的对话，提醒顾客商家提供服务的态度，而 "Yes, I can do it" 原本用于会话中对于问题的回答，而在此用于提示attitude的交际情形。这种内嵌于交际中而想象出来的交际情景被称为虚拟交际（fictive interaction）（Pascual, 2006, 2014）。从现实交际到虚拟交际的转变说明交际已成为语窗所预设的结构性知识。因此，语窗在意识层面的独立性和完整性并非完全独立于交际层面。在此强调的是，语窗既是个体意识的，也是交际规约的。

从认知角度看，语言单位可被视为通过符号调节共同关注中的注意分布和指向的意识活动，这被称为注意窗（windowing of attention）（Talmy, 1996a; Handl & Schmid, 2011）。由于注意窗是在认知和社会层面上通过语法符号实现注意调节的，笔者将其译为语窗。语窗是一次性意识活动中的完整形义组配（Chafe, 1994），因此可成为语言描写的技术性单位。基于语法是形义组配在线性维度和精度上的动态展开，在认知语法中，语言单位的符号化、组合化和范畴化呈现出多层架构的集配。语窗集配在认知语法中可通过阐释、通联、凸显和成分加以描写。阐释用以关注语窗间的基本范畴化关系，通联用以关注语窗间的指称和内容上的重叠，凸显用以关注语窗间在注意凸显度上的分布，成分用以关注语窗参与复杂结构的方式。

考虑到语窗之间形成连贯性的方式不只限于这些维度，尤其是在汉语中，还可通过语窗间概念内容的对立形成整体，鉴于此，笔者将对立纳入语窗描写的因素。从集配角度看，给定两个语窗，二者所参与组配的复杂语窗之间的关系与给定语窗在线性维度上依存的距离存在一定的相关性，这就是间距效应（马书东、梁君英，2015；马书东，2018）。简言之，间距效应可通过语窗集配而获得描写。语窗集配的核心特征是，各种层级和线性单位在集配中通过各种语义识解而并存。由此，间距效应可解释为，在并存性的集配中，非相邻的、词汇性的依存单位对于整体结构具有一定的预测性。

虽然认知语法提供了阐释、通联、凸显和成分四个语窗集配的描写因素，但这并未穷尽所有描写因素，至少并未考虑对立隐喻。鉴于汉语中对立对于对言格式的重要性，笔者主张可将其单独视为一个描写因素。下面逐一介绍语窗集配的描写因素。

2.4.2　阐释

当面对两个事物时，人一般能够判断出二者的异同，这是一般的认知能力。在异同判断中可出现相同、不同、阐释和对比等四种情形，如图 2-12 所示。

a. 相同（same）　　b. 不同（different）　　c. 阐释（elaboration）　　d. 对比（contrast）

图 2-12　异同判断图解

图片来源：Culicover & Jackendoff（2012）

在图 2-12 的图 a 中，两只小鸡不存在差异，可判断为相同。在图 b 中，前者为小鸡状，而后者为 U 形，难以找出相似之处，可判断为不同。在图 c 中，前者为没有鸡冠的小鸡，而后者为有鸡冠的小鸡，二者除了鸡冠上的差异外，再无其他的差别，可判断为阐释，在此出现了异同共存的情况。在图 d 中，前者与后者呈现出相同的小鸡主体，但具有不同的鸡冠样式，可判断为对比。

在语言使用中，异同判断可体现为语窗的异同。由于语窗是形式、语义和结构的完整单位，因此，语窗间的异同判断会关注语窗间在形式、语义和结构上的相同与不同。在形式上，"说说"呈现出相同，而"说得"呈现出不同，"尘土"呈现出阐释，"乒乓"呈现出对比。在语义层面上，"嚷嚷"呈现出相同，"天地"呈现出不同，"白色"呈现出阐释，"跑跳"呈现出身体动作之间的对比。在结构层面上，"跑来跑去"中的"跑来"与"跑去"具有相同的结构，"心心相印"中的"心心"与"相印"具有不同的结构，"爱说啥说啥"中的"爱说啥"与"说啥"形成阐释关系，"得过且过"中的"得过"与"且过"形成对比。

这些不同层面的异同并不是彼此独立的，而是同时共存的。例如，在"中国，大胜"中，形式上前后形成相同的音节数，但是不同的音节内容在语义上形成，"中国"用以阐释"大胜"的施事角色，在结构上，"中国"与"大胜"均为非对称结构，表现出同，但"中国"是实体性的，而"大胜"是过程性的，表现出异。简言之，对于一个表达而言，异同是在不同层面上共存的判断。

对于认知语法而言，阐释并不被视为一个结果，而是被视为一个认知过程。阐释针对的是已在交际或认知中确立的内容，即确立的基底通过阐释过程形成基线-阐释依存结构，即 ((B)E)（Langacker, 2016）。这种基线-阐释可连续反复适用，形成更为复杂的概念结构，即 $((((B)E)_B E)_B E)_B \cdots$。也就是对某个特定基线进行阐释后，可获得新的结构，这个新的复杂结构也可被视为基线，从而继续适用阐释，且无限往复，理论上可获得无限的结构。在基线–阐释结构中，任何复杂的结构不会凭空产生，而是要基于特定的基线或基底内容。

在基线–阐释结构中，被视为基线的概念必然在内容上参与阐释之后的概念。尽管在理论上，各种参与情况均呈现出同等的意识度，但是在动态线性维度上，不同层面的基线存在着不同的意识度，也就是基线–阐释结构体现于语窗上时需要在系列–总括注意结构上运行。

在图 2-13 的图 a 中，各种语窗在阐释基础之上形成复杂的结构。这些结构可在认知中同时存在。不同于图 a，在图 b 中，各个项目彼此对立获得凸显，本书称之为"系式"。在图 c 中，各个项目形成成对模式，本书称之为"叠式"。在图 d 中，各个项目之间一层一层的关系获得凸显，本书称之为"积式"。

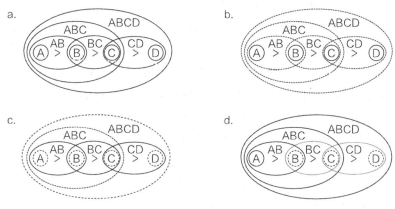

图 2-13　系式、叠式、积式语窗模式图示

图片来源：Langacker（2016: 4）

需要强调的是，对于一个概念内容而言，不同的概念模式均存在，之所以呈现出不同，是由于有不同的注意识解模式。从系列–总括对立的角度看，系式凸显各个单位的独立经历，而积式凸显各个单位之间复杂结构的经历预设基底结构。在叠式中，尽管新结构需要预设基底的内容，但是却并不充分预设参与项的所有内容。而从异同角度看，系式最大程度凸显参与项的异，积式最大程度凸显参与项的同，而在叠式中，同异均能获得同等程度的凸显。

当然，这三种模式只是三种理想状态，很难找到完美匹配这三种概念模式的集配。从动因角度看，积式驱动主谓格式，而叠式驱动兼语格式。

（2-32）a₁. ((He) slept).

　　　a₂. ((他)睡了)。

　　　b₁. (We try to **help** (all students) **realize** their full potential).

　　　b₂. (我们努力帮助(所有的学生)充分发挥他们的潜力)。（网络）

　　　c₁. Red, orange, yellow, green, blue, indigo, purple.

　　　c₂. 红橙黄绿青蓝紫

　　在例（2-32）a₁中，he提示已确立的内容，而slept提示一个过程。当he与slept组合时，伴随的阐释过程是，he充当基线，而slept描写基线，这由一个括号嵌入另一个括号中表示。具体呈现的阐释是，he实现主体角色，slept实现行为，而行为预设不确定的主体角色，也就是主体he阐释slept过程的主体角色。在此浮现出的是((主体)动作)的积式模式。不同于a₁，在b₁中呈现出we try to help all students与all students realize their full potential共享all students的成对模式，由两个交叠的括号表示。这种模式也呈现于汉语译文中。在c中，各语窗间并不呈现出明显的组配关系，彼此通过系列的方式独立地分列于线性维度之上，呈现出系式模式。

（2-33）a. 走，快走。

　　　b. 天呀，我的天呀。

　　　c. 完了，彻底完了。

　　　d. 草原，美丽的草原。

　　　e. 来，你来。

　　在集配中，阐释让不同的语窗形成范畴化的关系。如果一个语窗表达的内容与另外一个语窗表达的内容完全一致，这种阐释以线性方式呈现。在例（2-33）的各句中，前半句的内容完全与后半句的部分重叠，其中，前置语窗的语义内容用于阐释后置语窗的某个语义角色。这是将隐性的阐释关系显性化。这种阐释关系不同于主谓格式中典型的((实体)过程)模式，极大地丰富了基线–阐释结构的实现方式。阐释并非形成此类结构的唯一动因，重叠的内容提示通联是另外一个动因。

2.4.3　通联

　　阐释关注语窗之间的范畴化关系，而通联关注语窗之间在内容上的重叠。对于一个表达而言，二者是共存的，共同驱动特定规约模式的浮现。例如，在"来，你来"中，一方面存在"你"用以阐释"来"的主体角色，而另一方面则是"来"与"你来"在结构层面上呈现出以"来"为标志的概念上的重叠。这种过程上的重叠不同于传统上的配价理论。配价理论以"动词是原子"的隐喻为基础，配价是一个原子的组合能力，一个动词的配价就是其能带题元的数量（Tesnière, 2015: 239），其中，题元就是成分，一般为单词或短语。动词的配价潜势会限制动词与名词的组合。

（2-34）a₁. Now I can _____ to work instead of going by car.

　　　a₂. I could just _____ a little something.

　　　a₃. I'll _____ you a key so that you can let yourself in.

　　　b₁. 现在我可以步行去上班，而不必开车了。

　　　b₂. 我只能吃一点点东西。

　　　b₃. 我把钥匙给你，你可以自己开门进去。

在例（2-34）a₁至a₃中分别只能填入一价的walk、二价的eat和三价的give。在依存语法中，具有配价的动词是主项，而充当动词题元的名词则是从项，基于此，语法体现词语以动词为中心的直接依存或联系。

尽管从配价角度看，动词是一个句子的核心，但是从概念形成角度看，概念语义建构的源域是实体，因此，动词与题元之间关系的背后是过程与实体之间的概念依存关系。在此，过程依存于实体。这种依存与被依存的关系在认知语法中被描写为自主–依存配置（autonomous-dependent alignment）（Langacker, 2008）。自主指概念在形成中可被独立认知，而依存指概念在形成中必须依赖于自主概念才可被认知。当然，无论是配价还是自主依存，均强调不同的语窗存在着内容上的重叠，这构成连贯表达的基础。

自主–依存或配价依存的最大优势在于可以对不同单位之间的关系做出统一的描写。自主–依存配置本身并非只限于过程的参与者，还可根据阐释而适用于任何概念结构之间的非对称关系。在这种关系中，不仅仅动词可呈现出中心的地位，名词也可呈现出中心的地位。例如，在that ugly cat with fleas中，cat是整个短语中概念结构的主窗，而所有其他的语窗均依赖于cat，从而形成一个依存集配，如图2-14所示。

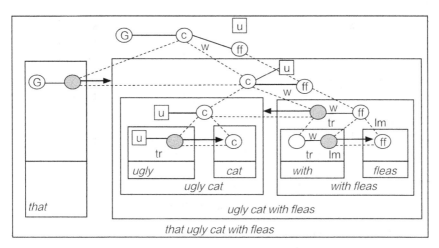

图2-14 that ugly cat with fleas 的语窗集配图示

图片来源：Langacker（2020: 16）

在此集配中，每一个语窗（方框）分为上下两个部分。上部提示概念语义，而下部提示形式。这样，所有的语言使用均是形式与意义两极的组配。在此，that ugly cat with fleas 可切分为 that 与 ugly cat with fleas，ugly cat with fleas 可再进一步切分为 ugly cat 和 with fleas，二者可再切分至 ugly、cat 和 with、fleas。其中，that 指示以说话人为参照的不确定的实体，充当阐释（箭头）的基底（灰圈），ugly 指示不特定实体的细节特征，该实体由 cat 阐释，同时，that 的基底、ugly 的基底与 cat 在不同层次的语窗之间通联（虚线）。另外，with 提示实体之间的射体tr与界标lm的关系，在此，射体由 cat 阐释，而界标由 fleas 阐释，从而形成 fleas 在不同语窗内的通联。从宏观上看，所有的主窗均是 cat，但从局部上看，ugly cat 中 cat 为主窗，with fleas 中 with 为主窗，ugly cat with fleas 中 cat 为主窗。

在这样的集配中，虽然最基本的通联是实体通联，但通联并不限于实体，也可能是结构通联。图2-15展示了 tall giraffe 的概念图式，其中，tall 与 giraffe 均预设相同的概念内容：维度和实体。tall 凸显的是实体与高度的关系，而 giraffe 凸显实体本身，当 tall 与 giraffe 组合成一个完整表达时，由 tall 与 giraffe 分别激活的高度次结构和实体次结构形成通联。这样，认知语法将语窗的配价扩展至语窗内概念整体中的次结构，也即通联指不同语窗之间的重叠内容。

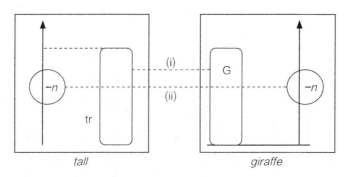

图 2-15　tall giraffe 的概念图式

图片来源：Langacker（2008: 187）

（2-35）a_1. You snooze, you lose.

　　a_2. 先下手为强（后下手遭殃）。

　　b_1. no zuo no die

　　b_2. 不作不死

　　c_1. Five times experiences. One *Times* subscription.

　　c_2. 一次订购，五倍体验。

　　d_1. Those items are "buy one get one free".

　　d_2. 这些东西都是"买一送一"。

　　语言使用中存在着多种类型的通联方式，尤其体现为不同语窗间成分的共享。在例（2-35）a_1 中，两个分语窗中通联you；在 b_2 中，通联的内容是"不"；在 c_1 中，通联的内容是times，只不过前一个times是倍数，而后一个 *Times* 指报纸的名字；在 d_1 中，两个one虽然在数量上通联，但是所指称的内容存在着差异。所有这些表达还存在另外一个通联——前后分语窗共享同类结构。从指称的角度看，这些类同结构并不是通联，但从概念重叠的角度看，是通联。从异同对比的角度看，通联也存在多种层次。这提示语窗集配关系的复杂性，图 2-15 所示的语义关系只是复杂语言认知的某些方面。

2.4.4　凸显

　　在语窗集配中，不同语窗在组合中的地位可均等也可不均等。当不同的语窗间形成不对称关系时，存在主窗（head/profile determinant）与从窗（dependent）之分，可通过省略、替换、移位、问答等方式来确定不同语窗的地位。

（2-36）a. 问：你吃了吗？答：吃了。

　　b. 问：你吃了吗？答：*你。

　　　　c. 问：你吃了吗？答：*了吗。

　　　　d. 问：我吃了。你？答：吃了。

　　　　e. 问：我吃了。你？答：*我。

　　当对一个主谓结构的句子进行回答时，比如在例（2-36）中，只能用"吃了"进行回答，而所有其他的语窗均不能进行正确回答。从信息传递的角度看，"吃了"具有完整性和独立性，因此被视为主窗。从认知的角度看，主窗指共同关注中的核心内容，相对而言，其他的语窗均依存于"吃了"这个核心内容。

（2-37）a. 我们去吃饭可以吗？

　　　　b. 我们吃饭可以吗？

　　　　c. 我们去吃饭可以吗？

　　　　d. 问：我们去可以吗？

　　　　　　反问：去哪儿？/去干什么？

　　也可从省略上对主从关系进行检测。例如，在例（2-37）b中，当省略"去"时，整个表达依然可完整地实现交际功能，而在例（2-37）d中，如果省略"吃饭"，那么，整个表达不能实质性地传递出"去"之后的是行为还是地点。这说明，"吃饭"是整个表达的核心内容。

（2-38）a. 走着走着迷路了。

　　　　b. 迷路了。

　　　　c. 走着走着。

（2-39）a. 我买了苹果树。

　　　　b. 我买了树。

　　　　c. 我买了苹果。

　　在陈述句中，不同语窗间也呈现出有差异的关注度。在例（2-38）中，当"走着走着"省略时，"迷路"依然可传递实质内容，但如果省略"迷路"，整个表达就缺少核心内容。类似地，在例（2-39）中，如果省略"苹果"，变为"我买了树"，依然不违背"我买了苹果树"的命题，但如果是变为"我买了苹果"，那么"买"的对象出现了实质性的差别。也就是，"苹果树"是"树"，但不是"苹果"，由此可认定，在"苹果树"中"树"是主窗，而"苹果"是从窗。

　　当然，以省略为依据来判断语窗的主从关系也可能出现矛盾之处。例如，the tall person可以通过省略获得the tall，也可表达原句的实质内容，但如果表述为the person，交际中关注的内容就未获得表达。

（2-40）a. Forget her birthday he may, but...

　　　　b. *Forget he may her birthday, but...（Hudson, 1980: 184）

（2-41）a. On that bike you'd go faster.

　　　　b. *On you'd go faster that bike.（Hudson, 1980: 184）

英语还可通过移位来判断语窗间的地位，如例（2-40）和例（2-41）：当he may提前时，整个表达不可接受；当you'd提前时，整个表达不可接受。这表明，当主窗移动时，从窗必须同步移动。Hudson（1980: 189）总结了不同句法结构中主窗的表现，如表2-4所示。

表2-4　主窗的语法范畴

修饰词	主词	例子
object	verb	likes (H) biscuits (M)
subject	verb	John (M) drowned (H)
prep. obj.	preposition	in (H) London (M)
adjective	noun	big (M) hands (H)
genitive	noun	my (M) hands (H)
determiner	noun	the (M) end (H)
adverb	adjective	very (M) big (H)
rel. clause	noun	people (H) who think that (M)
comp. clause	comp. adj.	bigger (H) than Mary was (M)

注：H为head，指框架，即主项；M为modifier，指修饰项，即从项。

这些不同的分类提出预测，即各种句法组配中存在单一的主从关系。这种情况忽略了使用中关注重心的动态性，如例（2-42）所示。

（2-42）a. I saw a flock of geese. {It was/They were} clearly visible against the blue sky.

　　　　b. She stacked three bags of mulch in the wheelbarrow.

　　　　c. She spread three bags of mulch around the roses.

　　　　d. *The bags of mulch were plastic.（Langacker, 2008: 342）

在a flock of geese中，geese与flock可轮换充当关注的焦点，但在bags of mulch中，结构的语义重心只落在mulch上。这种动态主窗在对话中较为常见。

（2-43）a. 问：谁去踢球？答：我。/我去。/我去踢球。/*去。/*踢球。/*去踢球。

　　　　b. 问：去踢球吗？答：去。/我去。/*踢球。

　　　　c. 问：你去干什么了？回答：*我。/*我去。/我去踢球了。/踢球。

在例（2-43）a中，"我"是整个表达关注的核心，只有当"我"出现时，所有的回答才是有效的；在b中，主语是否出现，并不影响回答的有效性；在c中，"踢球"是关注的重心。

依存语法与语窗集配的最根本差异在于，依存分析虽然宣称语言是个自适应系统（The Five Graces Group et al., 2009），但其分析的起点仍是静态句法。当然，依存语法与复杂系统是兼容的，其核心的问题是需要解决语义的描写问题。在依存语法基础上发展出认知面向的词汇语法（word grammar），将语义描写纳入依存语法中，将语言视为一个概念网络（Hudson, 2007）。

认知语法兼容依存语法的描写，同时也兼容成分分析。本研究从认知语法角度关注语窗的依存关系，强调语窗依存在使用中的动态调整。认知语法一方面并不否认静态主从关系分析的合理性，而另一方面也强调，在范例式样的基础之上，在使用中也会呈现出各种语窗相对地位的切换。简言之，具有不同规约度的语窗组配模式均可体现于语窗集配之中。

必须明确的是，在主谓格式中，例如He smiled中存在((实体$_{he}$)过程$_{smiled}$)的阐释关系，从主从关系角度看，实体为主，而过程为从，而如果从信息凸显的角度看，过程为主，而实体为从。这种认知的理由是，实体用于确立已知的内容，建构基线，而过程用于细描基线，为表达所关注。以此观之，主从关系是在一个语窗集配内特定概念间所具有的两种对立趋势状态，这两种状态分别是构成和凸显。相对而言，概念的构成具有稳定性，而凸显具有实时性。

2.4.5　成分

对于成分（constituent）的一种理解是不同的单位由于某种原因组合在一起，但排除其他的单位；另外一种理解是，在一个结构中，一个层次的组合是更高层级组合的单位（Langacker, 1997: 2）。这种成分不同于形式句法上的成分（参见：Farrell, 2005）。Osborne（2019: 67）将成分称为短语结构（phrase structure），并将依存和短语结构分别定义如下：

依存：一对一的投射（词到词组）形成基于根项的句法结构。[Dependency: A one-to-one mapping (words to groupings of words) resulting in syntactic structures that are entirely headed/rooted.]

短语结构：一对一（或一对多的）投射（词到词组）形成基于根项或不基于根项的句法结构。[Phrase structure: A one-to-one-or-more mapping (words to groupings of words) resulting in syntactic structures that may or may not be headed/rooted.]

基于两种不同的思路，对于同一个句子可进行层级和依存两种描写，如图 2-16 所示。在该图中，所有单词存在直接的联系，形成相互依存的关系。在图a的依存树中，情态动词can是整个依存树的根项，trees和show依存于can，structure依存于show，syntactic依存于structure。不同于依存树，在图b的成分树中，形容词syntactic与名词structure组成名词短语，该名词短语再与动词show组成动词短语，该动词短语再与情态动词can组成动词短语，该动词短语再与名词trees组成句子。两个分析的最大差别在于，在依存分析中没有层级成分节点，而在成分分析中存在成分节点。就该句而言，每一个成分均形成于在线性维度上即时相邻的两个成分的组合。在成分树中语言单位或范畴的主从关系不可见，而在依存树中主从关系可见，二者的共同之处在于均通过语法范畴来标记树图。这种做法的结果是将词汇视为语法最终的实现单位，而语法范畴是对词汇的抽象。这种思路不同于认知语法将语言视为形义二分集配的方式。依据认知语法，该句可按图2-17分析。

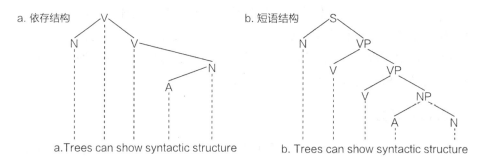

图 2-16　依存结构与短语结构对比分析

图片来源：Osborne（2018：2）

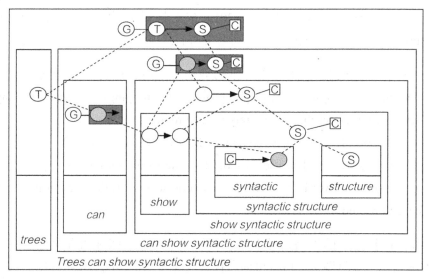

图 2-17　Trees can show syntactic structure的集配分析

在图 2-17 中，can 提示过程潜势，show 提示射体与界标的非对称关系，syntactic 提示实体的属性，而 trees 和 structure 分别提示两个实体。整体上，语窗集配一分为二，语窗间概念的联系通过通联实现，同时伴随着跨语窗的阐释过程。在该语窗集配中，成分体现为形义组配的语窗，每一个语窗之内为一个短语结构或成分，而依存体现于语窗的通联。在这个集配中，不同精度的语窗上并未呈现出概念的依存关系。

（2-44）a. Most commentators **take** it **for granted** [**that** money is the primary source of political influence].

b. **It** has been **taken** more or less **for granted** by most commentators [**that** money is the primary source of political influence].

最重要的是，当有些单位在使用中呈现出规约上的相互依存时，即使不能被描写为成分或依存，但整体上依然可被视为词汇性的整体，这在语窗集配中可获得描写。在例（2-44）中，take... for granted that 被视为整体，但并不是即时成分，其完全可在使用中分开。这种表达如果绘制成图示，会变得非常复杂，尽管有简洁性上的劣势，但语窗集配确实为各种组合模式的描写提供了可能性，能最大可能地描写在语言动态使用中所浮现的多样使用格式。

2.4.6　对立

从语窗集配的角度看，汉语使用中广泛存在的对言格式，由于其本身的存在受到强大的韵律驱动，因此必须在形式层面与语义层面上进行二分处理，方可体现二者的互动关系。不同于阐释和通联强调语窗间概念的相同，即同类、同指、同构，语窗间的对立强调概念内容上的差异，这在认知语法中被称为差分（differential），如例 2-45 中的大写字母单词所示，并由图 2-18 中的△提示。

（2-45）a. She DEVOURED the CAKE. She ate it GREEDILY.

b. She GREEDILY ATE the CAKE. She DEVOURED it.

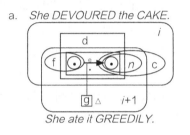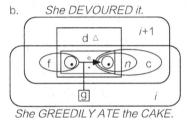

图 2-18　语窗集配中的差分

图片来源：Langacker（2012a: 582）

（2-46）Ann came with, and Bob without, a date.（Langacker, 2012a: 556）

差分对立可以揭示英语省略句中动词的省略。在例（2-46）中，came出现于省略从句的前分窗中，而未出现于后分窗中。在后分窗中出现的是与前分窗对立的内容，即Ann-Bob的对立、with-without的对立。相同的内容用以确立已知的内容，而不相同的内容则用以提示新增加的内容。这种同异相间是语窗得以组合成整体的必然内容，但在英汉语中体现出不同。最大的不同就是，英语通过差异来增加新关注，这在汉语中不能完全对应。

（2-47）a_1. Alice bought a car. A Mercedes.（Langacker, 2016: 33）

  a_2. 爱丽丝买了辆车。奔驰。

  b_1. More people came than we could accommodate ~~people~~.（Osborne, 2019: 400）

  b_2. 来的人比能容纳的人多。

  c_1. We invited many more people than ~~people~~ showed up.（Osborne, 2019: 400）

  c_2. 邀请的人比出席的人多。

在例（2-47）a中，"Mercedes/奔驰"阐释前面的"car/车"的具体品牌，构成表达中的差分。在此，英汉语可对应。在b和c中，people和"人"均可省略而不影响表达的完整。

（2-48）a_1. 音乐沉闷枯燥毫不动人，表演也是。

  a_2. The music is dull and uninspiring, and the same is true of the acting.

  b_1. If the cap fits, □ wear it; if it works, □ use it.

  b_2. 如果□认为别人的指控属实，□便应该承认□。

  c_1. The attack, however, must be imminent, if not already underway.

  c_2. 然而，这种攻击必须**要么**正在进行，**要么**迫在眉睫。（网络）

英汉语在省略句上也存在差异。在例（2-48）a中，汉语的"沉闷枯燥毫不动人"在"也是"后没有出现，相对应地，英语中the same is true of提示the acting与the music具有同等的属性。在b中，英汉语均省略主句的主语，由方框提示，但汉语对应译文同时省略了主句宾语。在c中，尽管"the attack/这种攻击"在主句和从句中共享，但英语通过if条件句实现主语共享，而汉语通过"要么-要么"的复现依存实现主语共享。这些实例显示，尽管英汉省略句均受到"同为底、异为显"的驱动，但英汉语也存在一定的差异。就a和b而言，英语为不重复表述前分窗相同内容，倾向于使用代词，而汉语则并非如此。c显示，汉语的省略伴随着复现补偿，而英语不需要。复现实则体现一种逆省略的趋势，并呈现出强制性。

（2-49）a. 他说要来，当真来了。

b. He said he would **come** and, sure enough, he **did**.（百度翻译例句库）

（2-50）a. 没有人派我来，我自己来的。

b. No one sent me, I **am here** on my own account.（百度翻译例句库）

汉语的"来-来"复现在例（2-49）和例（2-50）中均有强制性，如果省略，则整个表达不完整。而相对应地，在英语译文中未使用重复策略。显然，伴随着复现的是对立，即例（2-49）中存在言语-事实的对立，例（2-50）中存在受动-自主的对立。这些均说明，同与异具有对立依存趋势。

2.4.7 间距

语窗集配的最大优势是通过阐释、通联、凸显、成分和对立等因素将生成语法的层级和依存语法的长距离联系集中到一个动态描写框架之内。在此框架中，主从关系与对言充当架构上的竞争。从经验上看，主从关系存在的动因是底显互换，而对言架构的概念动因是阴阳往复。底显是指人的知觉经历，尤其是视觉经历，总是关注物体的某个部分，而不关注的部分则充当基底。这种经历体现于日常经验之中，例如，在观察一棵树时，红色的果实比绿色的叶子更为显眼，绿叶充当基底或背景，而果实充当凸显。不仅如此，例如在天地间，如果除土壤之外，只存在一株秧苗，那么这株秧苗充当凸显，而土壤充当基底。从注意的角度看，秧苗对人而言更为凸显。不仅仅在静态经历中，即使在动态经历中也存在这种基底-凸显的非对称经历。例如，在乘坐火车时，可观察到旁边的火车在动，而自己所在的车是静止的，但也可能在现实中动的不是观察者所在的列车，在此发生了基底-凸显或前景-背景的切换。这种普遍的经历可通过知觉实验进行检测，如图 2-19 左图所示，如果关注的是黑色部分，会观察到花瓶，而如果关注白色部分，会观察到两个相对的脸庞。

图 2-19 前景-背景图式与阴阳图式对比

图片来源：网络

　　除了这种底显的非对称经历，人类经验中还存在阴阳循环往复的经历。最典型的是白天和黑夜的经历，在白天经历中也存在黑暗的地方，这样，即使是在白天里光亮超过黑暗，但光亮与黑暗共存，而在黑夜里，即使整体上均漆黑，也可能观察到月亮或星星所发出的光亮。当然，从一般意义上来看，在这种黑白经历中体现的是黑与白互相切换凸显地位的变化。这样，无论是白天还是黑夜的经历均是一种底显经验，白天和黑夜的循环往复就是底显不断进行切换的往复经历，如图 2-19 右图所示。底显往复图示与底显切换图示最基本的差别在于，前者将转换进行总括性展示，即一次可观察到对立的状态，而后者将切换进行系列性展示，即一次只能观察到一种状态。当然，从文化上还可总结出，在阴阳图式中，两种对立的状态存在多种关系，例如互补、对抗、呼应等等（Wang, 2012），而在底显图式中，两种状态并未呈现出复杂的关系。另外，阴阳图式更倾向于被视为一种客观状态，而底显图式更倾向于被视为主观能动地调整对于客观的观察。

　　这种一般性的底显往复通过时空概念也规约于语法结构之上。Pinker（2007）认为，在语言中名词体现物质，动词体现因果，介词体现空间，时态体现时间。这种思路在认知语法中的体现是实体、关系、过程、潜势和时间（Langacker, 2008）。当这种关系具体体现于表达中时，从系列-概括的视角看，则形成了层层阐释的关系，如图 2-20 所示。

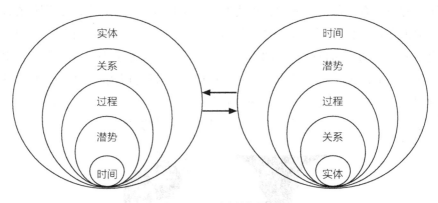

图 2-20　时空往复图示

　　这种概念依存浮现于英语使用中，可一次性地体现于特定的表达中。例如，在 He$_{实体}$ would$_{(潜势)时间}$ come$_{过程}$ back$_{关系}$ 中，he 指称实体，back 提示实体与说话人指定位置的关系，同时这种关系提示过程 come 的运动路径。从凸显的角度看，时间最接近主体经历，而实体外在于主体，关系细描实体，过程细描关系，潜势细描过程，时间细描潜势。从概念的构成性角度来看，实体阐释关系，关系阐释过程，过程阐释潜势，潜势阐释时间。在这两个过程中涉及的共同经历就是注意的拉远和拉近，并且表现出成对的对立。在这两个过程中，存在以时间为参照看待物体和以物体为参照看待时间的区别。

以物体为参照，也就是以物体为已经确立的内容，再通过注意拉近模式来逐步观察实体的内在层面。从系列和总括角度看，就是先给予一个观察对象以总括性的感知，之后逐步观察其内部的动态过程。例如，当观察一个人时，如果从远处看，只是一个静态的整体，而如果关注到身体之内，则是跳动的心脏和流动的血液。

以时间为参照，也就是以自我经历某事为参照。例如，观察某人/某物/某事是否处于观察者的经历之内时，首先需要确定观察对象与观察者当前经历的关系，也就是现在、过去和将来，之后再确认这个过程相对观察者来说是相对静止还是相对运动，在此基础上可进一步定位观察到的人、物、事相对于观察者的方位及其运动路径，再分析事物内在或外在的特征。

在这种拉远和拉近的循环中，从注意角度看，存在系列和总括之别，这与时间和空间经历相对应。在时间经历中，事物的演变被经历为一个系列，这体现为时间、潜势和过程；而在空间经历中，事物的呈现被经历为一个整体，这体现为物体和关系。

基于时空经历和注意精度则浮现出一个往复模式，即((空间)时间)((时间)空间)，可简洁地表述为时间和空间的底显往复。

尽管在日常经验中时空往复是每个人的共同经历，从概念表征看，可将其视为一种意象图式（Johnson, 1987），但其在具体的语言规约中，呈现出跨语言识解的差异性。这种差异体现为实体、关系、过程、潜势、时间这些不同注意层次的概念以差异化的循环方式分布于线性维度的语窗之上。这种差异化的最直接体现是不同概念在线性维度上的间距存在着多样化。

（2-51）a.（她_{实体}张开_{过程}双臂_{实体}）_{时空}，（孩子_{实体}向_{关系}她_{实体}跑来_{过程}）_{时空}。

b.（She_{实体}spread_{过程}her arms_{实体}）_{时空}and_{关系}the_{关系}child_{实体}ran_{过程}towards_{关系}her_{实体}。（网络）

在例（2-51）中，实体、关系、过程之间形成各种不同的线性距离。在 a 中，"她"与"双臂"两个实体由过程"张开"隔开，形成由"张开"标记的线性距离，同时，"孩子"与"她"由"向"隔开，产生间距。这里存在两个视角对立的时空："她张开双臂"中是以"她"为起点达及"孩子"，而"孩子向她跑来"中是以"孩子"为起点达及"她"。两个时空语窗形成一个注意上的往复。在这两个时空语窗内部，实体、关系和过程在不断地进行相互间距的调整，从而形成丰富的表达。英汉语的差异就体现在这些多样化的间距调整中。通过对比a句与b句可发现，汉语中"向"以短间距可直接将"孩子"与"她"建立联系，相对而言，英语中ran towards以长间距将the child与her建立联系。另外的差异是，英语通过明示的、关系面向的and将两个分语窗进行连接，而汉语不需要任何明示联系，这说明英语和汉语在时空实现上存在着显与隐的差异。

（2-52）a.（孩子_{实体}呀_{情态}），（歇歇_{过程}吧_{情态}）。

　　　b.（一馆一展_{实体}）_{空间}，（惊艳亮相_{过程}）_{时间}

　　　c.（晴天_{时间}一身灰_{实体}），（雨天_{时间}一身泥_{实体}）

　　　d.（女人/男人_{实体}的嘴_{实体}　骗人_{过程}的鬼_{实体}）_{实体}

　　　e.清清水_{实体}，哗啦啦_{过程}；小毛巾_{实体}，擦擦擦_{过程}。

　　　f.小雪花_{实体}，飘呀飘_{过程}。

　　　g.东西(街_{实体})，南北(走_{过程})。（网络）

　　在往复模式中，往复为时空的底显非对称提供对称的可能性，这以增加间距为前提。在例（2-52）a中，实体"孩子"与过程"歇歇"形成对立，其中，语气词"呀"和逗号增加了"孩子"与"歇歇"的间距；在b中，实体"一馆一展"与过程"惊艳亮相"形成对立，以逗号为间距标记；在c中，时间与实体形成底显性的时空，并在时间的往复切换中形成对立，以逗号停顿为间距标记；在d中，实体面向的"女人/男人的嘴"与过程面向的"骗人的鬼"形成对立，以空格停顿为基础间距；在e中，存在实体-过程的基底-凸显的往复，基底实体"清清水/小毛巾"与过程"哗啦啦/擦擦擦"成对对应，其中的基础间距是逗号和分号的交替；在f中，实体"小雪花"与过程"飘呀飘"形成对应，以逗号停顿为基础间距；在g中，前语窗表达实体，而后语窗提示过程，形成实体"街"与过程"走"的对应，同样以逗号停顿为基础间距。

　　在这些实例中，时间和空间既可分别处于不同的分语窗内，被视为成对一体的语窗集配，从而形成跨语窗的整体对等性对应，也可共现于分语窗，但形成的是跨语窗的局部对应。二者的差异在于时空的成对是通过语窗内的底显来实现，还是通过语窗间的通联对应来实现，这种差异呈现于动态间距中。

　　从集配角度看，时与空在线性维度上的相邻依存与非相邻依存实则伴随着时与空在整个概念集配中地位的动态变化。或者说，时空之间的依存在多大程度上可决定其所处的集配的架构，这涉及的问题就是通联与阐释在语法结构中的相对凸显地位，换言之，就是描述什么和何以表述的问题。

（2-53）a. The more (that) you think about it, the more (that) it makes sense.（Osborne
& Gross, 2012: 204）

b. 越想，越有道理。

在例（2-53）a 中，the more-the more 充当整个表达的架构，如图 2-21 所示，其他的成分需要依存于其上才可获得表达。这是用依存主导通联的分析。

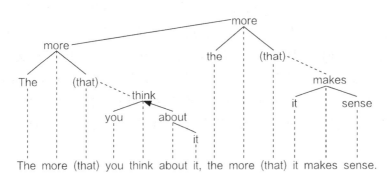

图 2-21　the more-the more 依存分析

图片来源：Osborne & Gross（2012: 204）

这种分析也可适用于汉语的译文。此分析的道理在于，无论是英语的 the more-the more 还是汉语的"越-越"均通过复现提示整体结构的相关关系。这种分析虽然揭示了整个表达的架构，但忽略了分语窗的丰富语义联系。例如，"越来越好"中存在用自我移动的位移描写程度变化的隐喻性投射，这种关系通过通联而实现。这意味着，为了充分描写结构中的语义，需要将依存架构与通联语义相结合，而这正是认知语法的优势。

（2-54）a. 哪来哪去

b. 哪来□哪去

c. 哪来□□哪去

d. 哪来□□□哪去

不仅如此，依存语法架构的描写还忽略了依存对与概念整合的关系，此类关系是间距效应最核心的体现之一。如例（2-54）所示，"哪来哪去"存在整合的解读与非整合的解读（方框代表可能的间隔音节）。整合解读中，"哪来哪去"中浮现出潜势的解读，表达某人对某人的指示；在非整合解读中，"哪来哪去"解读为两个并置的问题。马书东、梁君英（2016）的研究发现，如例（2-54）所示的复现结构中时间性整合语义与非时间性非整合语义在间距上呈现负相关。这表明，间距会调节语窗间的概念整合方式，这是强调单位之间具有离散关系的依存语法所不予关注的。

（2-55）a. 里边外边，都由宫中人打扫一遍。　　方位

　　　　b. 老师会边讲边提问。　　隐喻（马书东，2017: 58）

（2-56）a. 他又下又输，更加愤怒。　　先后

　　　　b. 道静的声音又安静又清脆。　　同时（马书东，2017: 59）

类似的现象也体现于"边-边"和"又-又"两个框架结构中，如例（2-55）和例（2-56）所示。"边-边"的字面方位义与隐喻同时义呈现负相关；"又-又"的先后与同时呈现负相关。不同于汉语复现语窗间距调节其语义表达，英语中间距主要体现为主词与从词的依存距离，如图2-22（Ferrer-i-Cancho et al.，2022）所示。依存距离是所有主项与从项线性距离的总和。以往的研究核心关注不同语言之间依存距离的异同，几乎不关注依存距离与语义的动态关系。

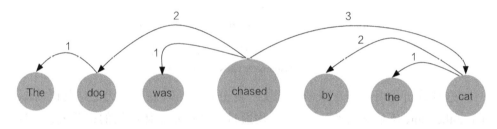

图2-22　句法中主词与从词的依存距离图示

（2-57）a. *John brought back him.

　　　　b. John brought him back.

　　　　c. John brought back peace.

　　　　d. ?John brought peace back.（Gries, 1999: 132）

事实上，在英语中，主项与从项间距的调整伴随着注意结构的调整（Gries，1999: 132）。Gries（1999）认为，在例（2-57）中，将back置后（如b），说话人意图凸显整个事件的重要性，而将peace置后（如c），则意图强调宾语的重要性。

形式上的间距涉及语窗间的依存度问题。整体上看，依存度可体现为形式与意义两个层面。一种情况是，形式依存独立于意义依存，例如，"一衣/带水"中，"一衣"和"带水"虽然在此不具有完整的语义配置，但是依然在形式上被自然地分为两组，原因是汉语习惯于2+2注意结构配置。而为了理解该表达，需要将该表达重新分析为"一衣带/水"，或将其视为整体。在此情况下，形式

依存与意义依存出现错配，在此过程中间距难以发挥作用。形式与意义在有些表达中所起的作用有时也难以区分，例如，"经历些/有趣的事，遇见些/难忘的人"中，"些"从意义上表达"事"的量，但却需要与"经历"分为一组，这种分组带来了与原句在韵律以及间距上的差别，却不影响整体语义的表达。

另一种情况是，即使在概念上存在依存关系，在语言表达中，这种依存也未必获得体现，例如，吃饭的动作预设主体和实物的参与。比如在交际情景下，某人提醒同伴吃饭，既可说"吃"，也可说"饭"，甚至也可通过称呼"老王"表达。这种简洁表述之所以可以达意，最根本的原因是实体与过程存在概念依存而非句法关系，可彼此相互激活。对于这种表达，间距被压缩为零，难以在形式上观测到间距的调节作用。

间距能发挥调节作用的情况是不同语窗各自具有一定的自主性又相互组成具有整体性的依存关系。这是因为，在微依存系统中，不同的语窗或不同语窗的依存关系对于整个微系统的贡献存在着差别。例如，在 Susan has either read *Frankenstein* or *Dracula* 中，如果省略 read，其他各个语窗间的关系就无法确定，而如果省略 either，并不影响整个结构。在这种以动词为中心的依存中，在不同的用例之间，不同的语窗表现出与动词的依存间距的差异，这种差异是否对语义的规约具有影响是本书关注的。在语窗间距的考察上，本书并不是完全否定依存语法原本的分析，而是要给原本的句法分析提供一种概念语义的描写或解释。

在微依存系统中，理论上各种语窗间可呈现出各种依存关系。除了以动词为中心的主从依存，还存在一种较为普遍的对言依存。不同于主从依存中动词对于微依存系统的决定或支配作用，在对言中，成对依存起到支配作用，该格式的破坏意味着整体结构的瓦解。例如，在"哪说哪了"中，2+2 的对称格式是不能破坏的，一旦破坏，整个微依存系统也会遭到破坏。例如，"哪说了"或者"哪说哪"均完全不同于原句。

在对言架构中，语窗间的距离在一定程度上约束而非决定整个微依存系统的扩展。不同于以往的依存距离研究，语窗间距研究关注间距与语义的关系，对于某些依存的分析，可能与依存语法一致，但本质是用概念语义重新解释以往的分析。另外，语窗依存强调语窗间依存的多样性，而不预设只有一个主项，从而可以更细致地刻画各个依存单位之间的复杂关系。

（2-58）A. 一开门我看见一个光影，嗖一下从咱家阳台上窜出去了。

　　　　B. 什么光影啊？

A. 一个光不出溜的人影。（网络）

（2-59）a. Mary doesn't think he'll leave until tomorrow.

b. Mary thinks he won't leave until tomorrow.

c. Laura watched *My Fair Lady* and decided to study phonetics.

d. Laura watched *My Fair Lady* and as a result decided to study phonetics.

（Jaszczolt, 2007: 42）

例（2-58）通过将"光–影"中的间距拉大，从而将"光影"阐释为"裸体"，这从本质上改变了"光影"指光照射下形成的阴影的本义，从而形成创造性的表达。这说明，间距的变化并非单纯地意味着精度的变化，而是具有更复杂的语义调整和重构。在这种基于间距的语义调整中，Lakoff和Johnson（1980: 129）观察到，如例（2-59）a和b所示，否定距离leave越远则否定效果越弱，而否定距离leave越近，则否定效果越强。间距也会带来不同的语用效果，如例（2-59）c和d，as a result更明晰了watch与decide之间的因果关系。

2.5　语窗集配与语义扩展

语窗集配一旦在认知和社会层面上形成，便具有一定的独立意义。一方面，语窗集配可以充当描述新内容的模板、基底或架构，而另一方面语窗集配还可在社群之内通过接受–效用（Harder, 2010: 310-325）的循环应用得以形成社群成员的共识。本质上，这是用已知的符号和概念来描述未知或新的经历，是范畴化过程，此过程中出现了选择、转喻、隐喻、整合、演化等识解过程。

2.5.1　选择与集配

集配的选择性集中体现于翻译过程中。在翻译条件下，就需要表达的内容而言，虽然其与原文内容相同，但是由于语言各自所规约的语窗集配存在很大的差异，译者也只能根据自身的知识结构、语言能力和翻译目的做出对特定内容的选择。在选择中，有的选择是基于原语与靶语之间的系统性规约，而有的选择是基于译者自身的知识结构。

（2-60）a₁. 用铁锹背面把土拍平。

a₂. Press the **soil** flat **with** the back of a spade.

b₁. 他用刀在皮腰带上又扎了一个洞。

b₂. He **pierced** another hole in his belt **with his knife**.

c₁. 任务太重，把我们都吓倒了。

c₂. **We** were overwhelmed by the **sheer immensity** of the task.

从线性角度看，最基本的集配选择是语序的选择。英汉语在集配系统上存在着明显的语序之别。在例（2-60）a中，汉语句子的表述顺序是关系揪—实体揪—关系把—实体土—过程拍—关系平，而英语译文的顺序是过程press—实体soil—关系flat—关系with—实体spade。在概念的线性实现中，"拍"对应press，press位于句前，而"拍"位于句后；"用"对应with，"用"位于句首，而with位于句中；另外，"把"在英语中并未获得对应。这种现象并非个例。在b中，"扎"对应pierce，pierce位于主语he之后，而对应的"扎"位于实体"一个洞"之前。在c中，"我们"位于句中，而we位于句首。

英汉语序差异体现出英汉概念配置上的差异。核心的一点是，汉语的"把-用"所提示的控制图式将施事与受事的线性距离拉近，在两者间建立起直接的关系，动词过程用以细描整个过程的结果。相对应地，这种控制图式在英语中集中于动词之上，而介词用以提示实体之间的方位关系。

（2-61）a₁. 用实例来证明你的论点是重要的。

a₂. It is **important** to cite examples to support your argument.

b₁. 他们的推理是以一系列未说明的假定为基础的。

b₂. Their reasoning was **based** on a set of **unstated assumptions**.（网络）

以控制图式与空间关系图式为基底形成的英汉语窗集配的差异具有系统性的结果。在例（2-61）a中，"重要的"后置对应于important的前置；在b₁中，"以"作为"假定-基础"的中介使句子形成与b₂中base-assumptions相反的语序。从整个句子的重心来看，在a中，英汉句中均是强调"重要的"，但汉语通过尾焦点加以实现，而英语通过谓语位置加以实现。同样地，在b中，"基础"的重要性在汉语句中的结尾处得以凸显。

（2-62）a₁. We will muddle through and just play it **day by day**.

a₂. 我们会应付过关的，就一天一天地演吧。

b₁. Wrestling is a passion to win, a **one on one** fight.

b₂. 摔跤需要有对胜利的渴望，它是一对一对抗。（网络）

除了语序上的差异，英汉语还存在对称与非对称的强制性选择问题。在例（2-62）中，day by day和one on one均是非对称的复现，即by day修饰day，on one修饰one，而对应的汉语的译文是对称性的，即"一天一天"中"一天"与

"一天"对称,"一对一"中"对"将两个"一"并置为对称。

(2-63) a. I have a friend who has a friend who knows Michael Jackson.

b. 我朋友的朋友认识迈克尔·杰克逊。(金山词典)

例(2-63)中,英语句子通过从句层层嵌套的往复模式形成完整的句子,但汉语以层层凸显的方式形成完整的句子。在此,英语呈现出主谓往复模式而汉语呈现出底显往复模式。

(2-64) a₁. 我们开车去剑桥看一些朋友。

a₂. We motored over to Cambridge to see some friends.

b₁. 转过身去让我看看你的后背。

b₂. Turn around and let me look at your back.

c₁. 我给你十分钟时间准备回答。

c₂. I'll give you ten minutes to prepare your answer. (百度翻译例句库)

英汉语也存在集配对应的模式。在例(2-64)中,实体与过程的顺序在英汉语中保持一致,即时间顺序和致使方式一致。在 a 中,"开车/motor"先于"看朋友/see some friends"。在 b 中,"转过身/turn around"先于"看/look"。另外,"让/let"所引导的致使表述呈现出英汉语的一致。换言之,在时序集配与致使集配中,英汉语均表现出一致性。在例(2-64)中,英汉语中的施事—动作—受事—动体—目的均表现出一致性。这种一致性并不应该理解为凭空产生的,而是体现了英汉语序均在一定程度上临摹经验上的顺序和指向。

(2-65) a₁. 这个餐车卖烧烤。

a₂. The food truck sells barbecue.

b₁. 花瓶破了。

b₂. The vase broke.

c₁. 树倒在地上。

c₂. The tree fell to the ground. (词都网)

在例(2-65)中,实体与过程的顺序在英汉语中均保持一致,这体现了英汉语均可通过实体–过程来提示"基底在先、凸显在后"的注意梯度模式。当然,并非所有的英汉集配均可实现匹配。在这种差别中,特别需要予以关注的是汉语的控制框架与英语的空间框架之别。

(2-66) a. 我得找人说说。我心里憋不住。

b. I have to tell someone. I can't keep it to myself. (网络)

在例(2-66)a 中,"找"在译文中没有体现,在此所呈现的概念结构是施事—控制—受事—过程，这种控制结构在自然的英语中没有必要。另外，"憋不住"体现了"致使憋—否定不—结果住"的顺序，在英语中对应的是"否定can't—致使keep—结果to"。汉语表达中，前后两句均可分析为尾部重心，也就是凸显概念内容，即"说说"和"憋不住"，而英语则均落在谓语动词上，即have to tell和can't keep。从句子结构看，汉语两句体现(((潜势)控制)动作)与(((方位)致使)结果)两种异质性的概念集配，而英语的对应句均体现((潜势)致使)的概念集配。这种差异化对应体现为在汉语中，潜势与过程的线性实现距离和方向存在差异，而在英语中，潜势与过程的线性距离和方向均一致。尽管如此，汉语表达体现出音节数的对称，前后句均是6个音节，而相对应的英语表达体现为音节上6与7的对应。当然，这种差异并不大。从宏观看，此例体现英语与汉语在表达相同内容时，均有自身内在系统的特异性调整方式，并伴随着同类概念间距的调整，而最为显著的特征是英语的叠式与汉语的段式对应。

（2-67）a₁. They spent the whole day wandering about seeing the sights.

　　　　a₂. 他们花了一整天，到处跑跑，参观名胜古迹。（词都网）

在例（2-67）中，所有的概念以动词spent为重心组织成一个直接依存的集配，而在汉语的对应句中，主语所做的三个行为依次分列并举，体现汉语相较于英语具有一定的泛化对等过程的倾向。泛化倾向的核心是过程变化的对比。

（2-68）a₁. 我们吃饭吃得晚。

　　　　a₂. We were late (in) having dinner.（网易博客）

　　　　b₁. 一群人一起吃饭总是容易吃得很多。

　　　　b₂. People **eat** more in groups.（可可英语）

　　　　c₁. 你连吃饭都比以前吃得快。

　　　　c₂. You even eat more quickly than you used to.（中国教育文摘网）

在例（2-68）a₁中，"吃饭吃得"提示"吃"过程的变化；在b₁中，"吃饭-吃得"虽然提示同一个过程，但"吃得"在量级上细描"吃饭"的结果；而在c₁中，"吃饭-吃得"虽然提示一个过程，但"吃得"在速度上细描"吃饭"。不同于汉语句子中"吃"的复现，英语通过省略eat通联的方式形成表达，呈现出英汉语在过程间距上的选择性差异。

2.5.2　转喻与集配

在认知语法中，语法本身就是非确定性的，其根本原因在于，语法所提示的概念是高度图式化的，当与具体的情景结合时，需要具体加以确定。

（2-69）The cigarette in her mouth was unlit.（Langacker, 2009: 48-49）

在例（2-69）中，the cigarette用以具体化或阐释in的射体，而her mouth用以阐释in的界标。但在此事件中，真正关注的并不是整个cigarette，而是cigarette的前端。同时，参与这种关系建构的也并不是整个的mouth，而是嘴唇的部分。这意味着，在该句中由in所建立起来的the cigarette与her mouth的关系具有不确定性，只能通过unlit之类的具体事件才可确定。这种直接参与事件关系的部分称为"活动区"（active zone）（Langacker, 2008: 331）。

实际上，所有的语法均处于未确定的状态。这背后的关键假设是"整体比部分更凸显"（Langacker, 2009: 50）。对于处于未确定状态的整体，需要通过百科知识才可确定未确定的内容或理解确定的内容，如例（2-70）所示。

（2-70）a. The boy {blinked/waved/coughed/meditated/ached/stretched/smiled/urinated}.

b. She hit me (in the {arm/stomach/mouth/back/leg/knee/neck}).

c. She hit me (with {her left hand/her right elbow/the top of her head/a stick/a baseball}).

d. I can {hear a piano/see the elephants in the distance [only a cloud of dust being visible]}.（Langacker, 2009: 50）

在例（2-70）a中，各种动词过程凸显the boy的各个方面。在b和c中，hit本身并不提示受事在什么部位承受击打，也不提示任何击打过程实施过何种击打，这需要通过更进一步的描述加以逐步确定。在d中，I所执行的各种动作所需要调动的部位均不同。另外，从远处看，实际上只能观察到象群过后的尘土飞扬，而未必能看清楚the elephants的具体数量。

（2-71）a. The milk tipped over.（cf. Peirsman & Geeraerts, 2006: 281）

b. 牛奶倒了。

语法的转喻不确定使得我们必须借助于百科知识才可确定或理解真实的语义。这体现于词汇性的转喻中。在例（2-71）中，"milk/牛奶"本身是液体，不存在"tip/倒"的状态，真正翻倒的并不是牛奶，而是装牛奶的容器。但由于容器的翻倒可无损恢复，而牛奶泼洒了难以恢复，所以在整个事件中关注的是牛奶，但前提是需要容器的参与才能获得该句语义。

语法转喻的另一典型体现是词性转换。词性转换存在两种方式，一种方式是直接转换，例如，bottle既可用作名词也可用作动词，而public在作动词时需要通过形态变化变为publicize。这种形态变化的基础是转喻性的操作。

（2-72）a₁. They turned and **ran** when they saw us coming.

　　a₂. 他们看见我们过来，转身就跑。

　　b₁. I decided to make a **run** for it.

　　b₂. 我决定逃跑。

　　c₁. I often go **running** before work.

　　c₂. 我常常在上班前跑步。

　　d₁. Stop trying to **run** my life for me.

　　d₂. 别老想**操纵**我的生活。（网络）

在例（2-72）a中，ran用作动词，通过形态变化提示过程，译为"跑"，一种日常生活中经常使用的普通动作；在b中，run用作名词，译为"逃跑"，这增加了负面的社会关系；在c中，running用作动名词，其本身并不是名词，但也不是动词，主要是去时间化后而接在动词之后，译为"跑步"，是一种训练动作；在d中，run用到to之后，不能用作表达时间性的动词，但是依然提示过程，译为"操纵"，已经不再关注物理动作，转而关注人与人之间的社会控制关系。在run的这些不同语法位置变化中伴随着run本身意义的变化差异，隐喻发挥着衔接作用。需要指出的是，当run通过各种变化进入不同的语法角色时，从概念角度看，这涉及在(((((实体)关系)过程)潜势)时间)这些连续梯度上的分别实现，这种实现可被视为语法对不确定的run进行确定化操作。

此处也呈现出词汇与集配的错配问题。这里存在(((实体)过程)时间)的集配，其中各个概念角色彼此相互区别，但在词汇层面上，原本提示过程的run在不断地变换着自身的角色。在这个变换中呈现出的范围是实体性总括与系列性过程的连续统。例如，当run在make a run中充当一个实体角色时，呈现出的是将过程匹配于实体。而如果将make a cake与make a run进行比较会发现，虽然make均涉及身体动作，但是，make a cake凸显的是手部动作，而make a run凸显的是腿部动作，而同时，make和run均提示"施事→身体"的非对称致使结构，基于这个概念重叠或通联，make实际上将run提示的致使关系具体化，而run相对应地以整体充当致使过程的对象。在make的过程背景下，其自身的过程性不凸显。从实体与过程分立角度看，这类似于隐喻，但如果从实体与过程概念的具体与图式角度看，这涉及用过程激活整体的认知转喻，而如果从组合的角度看，make的实体要求与对象过程存在冲突，发生了整合。

（2-73）a₁. He **handed** me the document without comment.

　　a₂. 他未做任何解释就把文件交给了我。

b₁. Put your **hand** up if you know the answer.

b₂. 知道答案就举手。（网络）

在身体经验中，实体与过程的相互激活也体现于通过身体部位直接激活过程的表达中。从翻译角度看，例（2-73）a中，handed译为"交"，而hand译为"手"，分别凸显过程和实体。在b₁中，身体部位hand充当put的实体受事，而在a₁中，hand充当动作角色，必须有实体激活过程的转喻，否则整个表达无法被理解。

需要注意的是，原本的转喻指词汇现象，但从认知角度看，转喻被视为一种认知现象，被定义为"一概念激活另一概念"（Kövecses & Radden, 1998: 39-40; Radden, 2009: 202），可泛化至语法现象。二者最大的不同在于，在语法转喻中，结构或集配本身依赖于概念间的相互激活，而在词汇转喻中概念间的相互激活可在一定程度上独立于集配。

（2-74）a. He likes to read the Marquis de Sade. (= the writings of the marquis)

b. He's in dance. (= the dancing profession)

c. Acrylic has taken over the art world. (= the use of acrylic paint)

d. *The Times* hasn't arrived at the press conference yet. (= the reporter from *The Times*)

e. Mrs. Grundy frowns on blue jeans. (= the wearing of blue jeans)

f. New windshield wipers will satisfy him. (= the state of having new wipers)

（Lakoff & Johnson, 2003: 35）

在例（2-74）a中，the Marquis de Sade指的是该作者的作品；在b中，in dance通过动作指代职业；在c中，acrylic是丙烯酸纤维，指该材料的使用；在d中，*The Times*指《泰晤士报》的记者；在e中，blue jeans指牛仔裤的穿着状态；在f中，new windshield wipers指代拥有性行为。所有这些转喻更大程度上是基于词汇的，即词汇通过规约的内容摄入即时的内容。

从词汇转喻到语法转喻的转化并不是想当然的扩展，其根本动因是，规约内容需要借助于认知过程才可完整表达语义。简而言之，语言是动态的，而非静态的，语言是非确定的，而非确定的。当转喻被广义地解释为一种认知现象时，其并非只停留于词汇，而是渗透于语法的各个层面之上。

据此，词汇转喻与语法范畴转喻的差别在于，词汇上的转喻用以确定词汇的规约语义，而语法范畴上的转喻是将词汇以更为灵活的方式纳入集配之中。这表明语法和词汇具有连续性（Janda, 2014）。这种连续性也体现于集配上的间距调整。

（2-75）a₁. 南希一直跑啊跑，穿过沙地。

    a₂. Nancy **kept running**, plunging through the sand.

    b₁. They spent the whole day **wandering about** seeing the sights.

    b₂. 他们花了一整天，到处跑跑，参观名胜古迹。

    c₁. 这就要到各地方跑一跑。

    c₂. This makes **visits** to various places necessary.

    d₁. 我手忙脚乱地跑来跑去，想把家务活干完。

    d₂. I **rushed around manically**, trying to finish the housework.

    e₁. Today it **made one trip** and tomorrow another.

    e₂. 今天跑一趟，明天跑一趟。（词都网）

在例（2-75）a_1 中，"跑啊跑"通过重复"跑"从而以无限切分的方式对连续的奔跑过程进行模拟，所依赖的转喻是"往复系列指代连续过程"的转喻。在 b_2 中，"跑跑"也是通过两个单位的复现提示即时连续过程，但与"跑啊跑"的不同之处在于，"跑跑"具有时长或涉入程度的限制，并不关注是否间断或连续。不仅如此，"跑啊跑"提示身体的高速运动，而"跑跑"强调在空间中的位移，而是否存在身体的高速运动不是关注的内容。在 c_1 中，"跑一跑"与"跑跑"类似，但并非单纯地涉及位移，而是通过位移激活"了解情况"之义。在 d_1 中，"跑来跑去"通过用两个相对于自我的位移方向代表性地提示整个过程的连续性，即存在"两极代连续"的转喻。在 e_2 中，"跑"表示到达意图地点的执行，存在"跑指代执行任务"的转喻。

从英汉对比角度看，"跑"用于关注身体动作时可对译为run，而用于关注具体任务时，可译为wander about、visit、rush around、make one trip等等。另外，汉语"跑-跑"在间距上调整各种方式，通过不同的转喻以表达各种相关的语义内容，而相对应地，英语以(((实体)关系)过程)为基线，通过转喻过程，实现意图表达的内容。

2.5.3　隐喻与集配

从定义上看，转喻是通过源概念通达靶概念，而隐喻是用源概念对靶概念进行描写。对于一个表达，例如"前天"，从隐喻角度看是通过空间方位来定位时间点，而如果从转喻角度看是"前"通过提示某个方位来激活以自我为参照的运动框架。而"天"通过"人的头顶"激活日升日落的循环框架，在

"前"与"天"形成以"前"修饰"天"的集配中,"天"阐释"前"方位上的实体,从而获得相对于说话人(自我)的方位。在这个过程中,转喻通过部分-整体关系激活特定框架,而隐喻将一个框架的凸显模式投射到另外一个框架,从而产生意图凸显的意义。一个表面上的隐喻表达实际上涉及的是转隐喻(metaphtonymy)的过程,例如,I should/could bite my tongue off(Goossens, 1990; Ruiz de Mendoza & Galera-Masegosa, 2011)。tongue用以激活言语能力,体现转喻,而咬断舌头的反事实行为用以投射到情绪上的负面指向,体现隐喻。当然,隐喻和转喻在隐喻和转喻集合中相互影响,例如,"Over the years, this girl won my heart"中存在从获奖到获得爱情的隐喻,其中奖项投射到心,而心在注意度上弱化为情绪,指向爱的情感(Ruiz de Mendoza & Galera-Masegosa, 2011: 13)。

从隐喻的现象实现上看,"前天"中"前"提示运动空间框架与"天"提示的白天黑夜或日升日落的时间循环框架以相邻的方式实现于线性和层级语窗上。这种相邻实现也可突破词汇范围,而实现在语句上。

(2-76)a. Every family is said to have at least one skeleton in the cupboard.

b₁. 据说家家户户多多少少都有自家丑事。

b₂. 据说每户人家的壁橱里至少都藏着一具骷髅。

b₃. 常言道:壁橱里藏骷髅,家丑事家家有。(转引自:文旭、肖开容,2019:313)

在例(2-76)中,基于have提示的所属框架,身体域中one skeleton凸显every family中的负面方面,这在汉译中需强制性地将源域和靶域分别置于不同的语窗中,如b₃所示,实体-方位源域置于前,而社会关系靶域置于后。相对于汉语的线性隐喻实现,英语隐喻处于层级结构中,即靶域置于主语处充当基线,而源域置于宾语处用于描写或凸显靶域的某个方面。此处实际上也呈现了靶域与源域在线性维度上的距离。这意味着,概念隐喻既可挂载于层级集配之上,也可挂载于对言集配之上。

英汉使用中典型地浮现出(((((实体)关系)过程)潜势)时间)的层级依存集配模式。该模式是物体时空运动识解模式的一种。在观察者经验中,一个物体具有自身的延展性,占据一定的空间和时间,可与观察者或其他物体形成某种关系,可运动,可静止。在观察中,一个物体既可被视为运动的,也可被视为静止的。这种可验证的经验形成记忆或语言规约后,便出现现实(factive)与虚拟(fictive)之别(Talmy, 2000: 100)。这种差别驱动在描述中将不同的知识分别视为现实的或虚拟的,从而浮现出虚拟运动(fictive motion)(Talmy, 2000;

Matlock, 2004；Langacker, 1986）。只是，该类隐喻通过层级角色的替换来实现，而非依存单位的间距来实现，因此不易从间距角度观测隐喻的实现与否。

（2-77）**The tree** threw its shadow down into/across the valley.（Talmy, 2000: 114）

　　例如，throw原本提示动体施为于客体，但在例（2-77）中，动体角色由静体the tree充当。这种替代并未带来构成成分间距的变化。这说明，形式间距只能部分调节概念语义。

2.5.4　整合与集配

　　尽管间距在调节隐喻上有限制，但其与概念整合的关系非常密切。不同于概念隐喻中域间单向投射，在概念整合中存在着多个空间的输入、整合与浮现（Turner & Fauconnier, 1995），这是语窗建构的动因（Turner, 2020）。

　　整合对于语言使用的基础性地位体现于将事件时间压缩为话语时间，这是动态语窗集配的基础。在时间的压缩整合中，最典型的是阴阳往复的表征。整合在用周期循环的钟表表达一天又一天时间的线性变化中发挥作用。从经历来看，我们经历的每一天均是不同的，并不存在完全相同的两天。但通过对每一天的类比，可抽象出每一天的共同特征，例如，日升日落、白天黑夜。当忽视天与天的非类比或不同（disanalogy/difference），而将类比或相同（analogy/same）压缩至一个新的知识结构整体时，则会形成周期性的日升日落变化，用于对应非类比性的每一天的连续性变化。鉴于整合类周期和线性现实时间均是无限的，在这个过程中也浮现出"连续无限是往复无限"的对应，如图2-23所示，不同类型时间的对应在中国传统哲学中表述为"阴阳往复"。

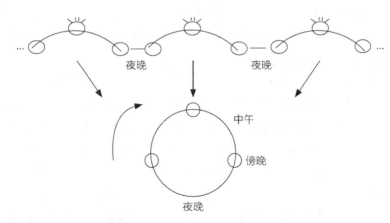

图2-23　每天循环经验图式

图片来源：Fauconnier & Turner（2002: 197）

在阴阳往复中，两个对立现象在一天当中交替出现，一天就是一个交替周期。而从类比的角度看，可视其为异同往复：一天中阴阳地位之别即为异，一天中阴与阳两种元素共存即为同。这种在既同且异中呈现循环与系列的整合运作是语窗集配动态推进的基本过程。

（2-78）a₁. Like father, like son.

a₂. 有其父，必有其子。

b₁. One story, a day.

b₂. 一天，一故事。

c₁. The more you say the more muddled I get!

c₂. 你越说，我越糊涂。

（2-79）a. Where there's a will, there's a way.

b. Love me, love my dog.

在例（2-78）中，所有的英汉分语窗均是既存在相同的语窗，也存在不同的语窗。从异同角度看，所有结构均是在线性系列中压缩入异同类比，并浮现出异同循环类结构。在这种线性-周期框架内，可浮现出多种多样的结构。例如在例（2-79）a中，there's a will 与 there's a way 是同类结构，在 b 中，love me 与 love my dog 是同类结构。这种同类结构在语篇中可在线性维度上实现为往复。

（2-80）a. The cat has a rat.

b. The rat ran at Ann.

c. Ann has a cat.

d. That cat ran at the rat.（UsingEnglish. com）

在例（2-80）中，a 到 d 是一个完整的语篇，其中，a 与 c 中浮现出类同的所有主谓语，b 与 d 中浮现出类同的运动主谓语。这样，在线性维度上出现了类同往复。这种类同往复是基于类比、压缩、投射进而整合而成的。

整合典型地体现于创造性的名词+名词短语或形容词+名词短语的主从集配中，以语序上相邻为基础条件，例如，land yacht、jail bait、dolphin-safe tuna、dolphin-safe diving、shark-safe、child-safe、red pencil（Turner & Fauconnier, 1995: 194-195）。land yacht 中，land 提示陆地，而 yacht 提示水中的游艇，二者在经验上对立。在语义层面上，水域中的实体 yacht 需要置于想象中的 land 上加以再认识。在此，在陆地域中，yacht 并未整体性地投射到陆地域中，而是选择其豪华的一些特征投射到陆地域中，之后再由 car 加以阐释，以表达"豪车"。而在 jail bait 中，jail 提示刑罚域，而 bait 表达钓鱼中的诱饵，当二者构成一个短语时指看起来很诱人但未达到法定性行为年龄的少女，可译为"狱饵"。在dolphin-safe diving中，safe提示海豚的跳水姿势具有安全性；在shark-safe中，safe提示某个水域不存在鲨鱼；在child-safe中，safe提示某个屋子或环境对于爱动的孩子而言是安全的。当safe与不同的概念进行整合时凸显的方面是不同的。类似地，red pencil既可是外表是红色的，也可是写出的字是红色的，这取决于具体使用的情景。所有这些实例均表明，在短语结构中，符号只是用于提示、激发或触发（prompt）认知过程，确切的语义取决于整合认知的结果。

在英语中比较典型的、可触发整合的结构是X is the Y of Z集配，体现了将不同域的内容压缩置于一个主从集配之内。例如，Vanity is the quicksand of reason。vanity与reason处于同一个空间，而quicksand触发流沙场景。XYZ的集配就是将X与Z所触发的两个空间整合到一个空间，同时将Y视为X的对应项。此集配体现了将不同心理空间在集配上整合为语序上相邻的整体。

（2-81）a. Jack threw the napkin off the table.

　　　b. Jack sneezed the napkin off the table.

Fauconnier & Turner（1996）认为，整合是语法的核心过程，如例（2-81）所示，致使移动（caused-motion）集配将Jack threw the napkin和the napkin went off the table两个分离事件缩短间距，压缩为一个整体。这种整合在sneezed集配中更为明显，原因在于，threw在经验中在一定程度上预设了动体的路径，而sneeze本身并非对象性或及物性的过程，而是主体自身的行为，所造成的物体移动并非为sneeze规约所预设，更容易被解读为两个事件。

在形式的分离和一体中伴随着某些核心成分的选择，并带来不同的语义后果。例如，"浙江的大学"表达在浙江范围内所有的大学，而"浙江大学"专指一所唯一的大学。"出生日期/date of birth"特指在年月日上的具体时间，而"生日/birthday"是出生后每一年的同月同日的日期，后者在缩略表达的同时带来对于日期选取的调整，即在出生日期中，出生的具体事件与时间域中的特定时间形成了一个整合空间。

在汉语中最能体现整合的表达是用两极系列来提示循环往复，例如，"跑来跑去""时高时低""你一言我一语"。在"跑来跑去"中，如图2-24所示，"跑来"提示接近虚拟参照点的移动，而"跑去"提示远离虚拟参照点的移动，两种相反的方向在语言系列上的相继呈现是将两个不同的移动过程整合入一个系列空间之内。在这个类空间中，"跑来"与"跑去"移动方向对立，同时，借助事件中的无限系列，整合成周期性的往复。形式结构"跑来跑去"直接触发周期的系列化整合空间。

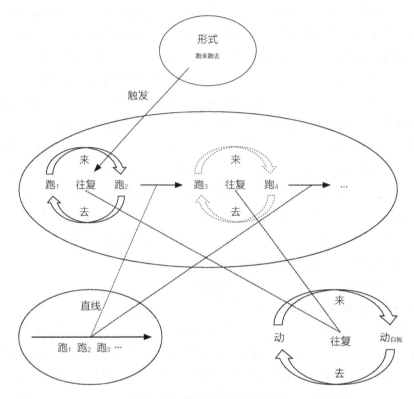

图 2-24 "跑来跑去"整合图示

整合空间的内容输入自直线运动和往复运动。在直线运动中，动体从起点出发到达终点，做单向运动，即任何一个移动过程中内异的多个具体过程形成一个不可逆的系列；在往复运动中，动体从起点出发到达终点后，又返回到起点，即任何一个移动过程中内异的多个具体过程在宏观上形成可逆的系列。在整合空间中，循环将不可逆的系列以两两为一组建构为循环，并且每个循环周期又无限地以系列的方式进行延展，并将总括、系列、往复和对立融为一体。

2.5.5 演化与集配

在集配中存在两个层面，一个是成分层面，另一个是组合层面。表面上，组合由成分组成，例如，apple tree 由 apple 和 tree 两个成分组成。如果用传统的句法进行描写，该组合是名名结构（Benczes, 2005；Zlatev et al., 2010）。该组合具有相当的可产性，这背后存在着经验动因。

（2-82）实体＋容器　　treasure chest 财宝箱　　strawberry patch 草莓地

　　　　容器＋实体　　class pet 班级宠物　　　kitchen floor 厨房地板

　　　　　　　　　　　hallway floor 大厅地板　　pancake 烙饼

　　　　部分＋整体　　plum tree 李树　　　　　oak tree 橡树

　　　　材料＋成品　　lemon juice 柠檬汁　　　milk bubbles 牛奶泡沫

　　　　　　　　　　　honey soup 蜂蜜汤　　　　peanut butter 花生酱

　　　　　　　　　　　snow fort 雪堡　　　　　wheat bread 小麦面包

　　　　　　　　　　　snow tunnel 雪道　　　　copper monkey 铜猴

　　　　　　　　　　　olive oil 橄榄油

　　　　实体＋射体　　sunlight 阳光

　　　　时间＋实体　　lunch box 午餐盒　　　　everyday shoes 平日鞋

　　　　外形＋物种　　baby wallaby 小沙袋鼠

　　　　物体＋物体　　rainforest 雨林

　　　例（2-82）这些名名短语的共同特征是，前置的名词表达实体，用以修饰后面的名词，整体上表达的是名词。在这些实例中，多数均可对应地译为汉语名名短语。在名名集配中，句法的位置并不能提示语法范畴的差别。情况更为复杂的是，不仅名词可前置于名词构成名词短语，动词也可前置于名词形成名词短语。

（2-83）a. A good example of this can be found in the **sleep village**（沉睡的村庄）of Buckland in Oxfordshire!（BNC）

　　　　b. Daytime naps can be very disruptive to your **sleep cycle**（睡眠周期）. （*Cambridge Dictionary* 网页版）

　　　　c. Down Whynham Lane is the village **play area**（游戏区）, in a safe place off the main road, well used and very well kept.（BNC）

　　　　d. They have their own **search company**（搜索引擎公司）which they have developed as a service business.（BNC）

　　　　e. They would not recognise his **workplace**（工作区）.（BNC）

　　　在例（2-83）中，sleep、play、search、work 从内容看均提示过程，但其所在表达在句法层面上均标记为名名结构。这种表达涉及的理论问题是，过程性单词本身就是名词，还是只是临时性地充当句法结构中的某个角色。从分布的角度看，这些过程性词语充当名词，理由是这些词语没有形态变化。但这种理由对于判断英语的名词也不具有绝对性。在英语中存在频繁的名动切换，例如，

sleep尽管具有过程性的内容，但也确实可用作名词，比如在He fell into a deep sleep中，sleep充当名词。另外，从汉语译文的角度看，当将这些过程性词语直译为汉语时，由于汉语本身不具有形态变化的句法范畴，英汉语会形成对译。

名动使用不一致呈现出的是结构中的名词性角色与动词性角色，或者说是成分性质与集配角色性质的分离。例如，在He fell into a deep sleep中，into之后需要实体性的概念入列，但sleep本身高度规约的是过程。过程性的sleep进入into a deep X集配时，获得了实体性的身份。但这种身份是否规约到独立的sleep中，这取决于语言使用者对于该表达的个体化的认知。从使用角度看，不管sleep是名词还是动词，只要了解sleep可与into形成一个介词性的集配，就可正确使用该表达。深层次上，确定sleep是名词还是动词并非语言真实使用和认知过程的需要，而是语法规则分析的需要，此类分析建立在名词和动词可被充分必要定义的假设基础之上。在语言的现实使用中，特定单位的名词和动词并不能被充分必要地定义，其一方面具有名词特征，而另一方面也具有动词的特征，即呈现出名动的连续性。简言之，名词和动词是词汇在动态使用中所浮现出的角色特征，而未必是词汇本身的确定无疑的属性，名词的判定取决于其在使用中的规约度。

（2-84）a₁. Water **covers** a large proportion of the earth's surface.

a₂. 水覆盖了地球表面的大部分。

b₁. Her face was on the **cover** of every magazine.

b₂. 各种杂志的封面都有她的头像。（网络）

（2-85）a₁. He waded into the water to **push** the boat out.

a₂. 他蹚进水里把船推出来。

b₁. She gave him a gentle **push**.

b₂. 她轻轻地推了他一下。（网络）

在例（2-84）a中，cover作动词，译为"覆盖"，而在b中cover作名词，译为"封面"。这种名动转换的基础是((实体)功能)的依存经验：一个平面的物体可执行覆盖的功能。在例（2-85）a中，push作动词，而在b中push作名词，二者均译为汉语动词"推"，这种英汉语的名动错配的根源在于，英汉语对于相同概念，在集配模式上存在着规约识解上的差异。在此例中，英语的双宾语集配对应汉语的过程频次集配。

（2-86）a. 今天星期三。

b. 这张桌子三条腿。

　　c. 他武汉人。

　　在汉语中还存在两类特殊情况：动词主语和名词谓语。在例（2-86）a中，"今天"提示"过去、现在、将来"时间系列中的"现在"，而"星期三"将"今天"定位于日历时间中的特定点，形成"今天"用以阐释"星期三"的概念结构。在b中，"这张桌子"提示临近说话人的物体，而"三条腿"凸显桌子的局部细节特征，形成基底–凸显的关系。在c中，"武汉人"将"他"置于特定的区域中，详细描述人的地域属性。冯凭（1986）认为这些谓语名词具有形容词性质。该观点是将结构的内容强行归属于词汇的语法范畴本身。从成分与组合二分的角度看，主谓结构本身预设((基底)凸显)依存配置结构，由于这种结构本身具有概念内容上的非对称，即使入列的名词本身并不具有入列的规约条件，也可通过结构或整合效应加以补偿。

（2-87）a. Mina guaranteed/offered Mel a book. (If the guarantee or offer is satisfied, Mel will receive a book.)

　　　　b. Mina refused Mel a book. (Mina caused Mel not to receive a book.)

　　　　c. Mina cost Mel his job. (Mina causes Mel to lose his job.) (Goldberg, 2006: 28)

　　不仅是词性，成分与组合本身也存在一个入列的原型问题。在例（2-87）中，guarantee或offer指向从施事到受事的传递，refuse提示传递的不成功，而cost提示损失，虽然这三者共享双宾语集配，但从a到b，传递之义在弱化。这一方面存在双宾语的结构，而另一方面这一结构所激活的语义并不是单一的。这意味着集配的语义在依据使用进行调整。

（2-88）a. I sent a parcel to her but she never received it. (prepositional object construction)

　　　　b. I sent her a parcel but she never received it. (double object construction)

　　　　（Goldberg, 1995）

　　虽然双宾语与介名集配存在着切换，但是二者在具体语境中存在着差异。在例（2-88）a中，介词集配提示传递未成功，而在b中，双宾语集配提示传递已经成功。变式的切换体现动词与宾语间距的变化。

　　在汉语中也存在类似的现象，例如，"反你"和"反了你了"存在语义上的差异。在政治情景中，"反你"表达一方在政治立场上对另一方采取敌对行动，在此"你"是"反"的对象，而在"反了你了"中，"你"并不是说话人反对的对象，而是对说话人实施反对行为的一方。间距依然是伴随因素。

2.6　小结

　　认知语义学关注语言与认知的一致性，目标是对语义进行统一描写，涉及概念隐喻、概念转喻、概念整合、注意窗、认知语法等等。所有这些语义描写策略均在一定程度上可归结为中国传统哲学中的依存观念。从对立统一的依存观念看，这些不同语义运作均是不同方式的依存。依存是相对于原子性实体而言的，面向事物的动态，而非实体间的规则。因此，语言单位的间距体现的是在集配中语窗在层级和线性层面上的依存性调整。该依存系统可对间距效应进行统一描写，为英汉间距效应的对比研究提供了具备可操作性的理论框架。

第三章　集配间距的研究方法

在认知语言学中，对于语言与认知关系的研究可通过内省方法、语料方法、问卷调查、行为实验进行，但不同的方法起到不同的作用，并不能相互替代。语言本身既是一种心理认知过程，也是一种社会过程，不可能通过单一的方法揭示所有的方面，鉴于此，认知语言学倡导汇流证据的方法（Gonzalez-Marquez et al., 2007）。尽管汇流证据的方法在认知语言学研究中具有共识，但是不同方法的作用存在着争议。就本研究关注的间距而言，其在更大程度上呈现于语言的社会使用层面，并且是跨语言差异的层面，鉴于此，本研究选择内省与语料相结合的方法。由于集配间距的核心在于间距上的语义变化，不可避免地需要通过有经验的语言学者的内省对语义进行分析与确定，当然，这种分析既需要满足描写的一致性，同时也需要符合语料事实。

3.1　内省方法

内省方法是语言学研究的基本方法，也是认知语言学研究的基本方法，体现于早期的理论建构中（Langacker, 2008；Talmy, 2000；Fauconnier & Turner, 2002；Lakoff & Johnson, 2003）。Talmy（2018）重申了内省作为语言学研究方法的重要性。作为语法研究中的最重要方法之一，内省方法主要体现为合语法判断。这种方法面临的问题是，不同的语言学者对相同句子的可接受度存在着巨大的差异。Schütze（2016: 11）指出，不同的语言学者对例（3-1）和例（3-2）是否可接受存在分歧，而调查表明，只有1/30的受试将此两例视为可接受。

（3-1） I knew him when Harvey was a little boy.

（3-2） We'll just have to fire him, whether McIntosh likes it or not.（Schütze, 2016: 11）

高度依赖内省的原因在于一个共同的假设：代表人类共同特征的普遍句法是所有人类语言的共同特征，体现于所有人类语言中。只需要通过不断地对一种语言进行抽象，即可获得所有语言的共享结构。但显然，语法判断的变异性使得所需要总结的合语法句子变得不确定，这使得基于此所总结的规则是否具有确定性也存疑。

在语义的研究中，无法回避的问题是语义结构如何制约句子判断的合法性或可接受度。不同于单纯的可接受度判断，从语义角度解释表达的可接受度还存在一个语义的描写问题。形式语义学与认知语义学的分歧在于，语义是充分必要的真值条件，还是浮现于经验中的百科知识。如果认为语义是真值条件，那么应尽可能追求语义的唯一描写，而如果认为语义是浮现于经验中的百科知识，那么语义描写应倾向于多样性。前者对于语义的描写太过于简单而不能反映所有的语义在使用中的变异情况，而后者又过于复杂，似乎在每次使用中语义均是在变化的。为了平衡，即使是基于认知语义的描写，也需要基于动态的情况对于语义做出简洁的内省描写。例如，"现在放学了"和"已经放学了"中，如果只是分析两个事件结构，可得出"了"存在两种语义：事件的起始和事件的终结（Jing-Schmidt et al., 2022）。Jing-Schmidt等（2022）给出的"了"语义描写并不完全是语言学者个体的内省，而是基于对语料使用的观察。但需明确的是，这种观察的前提是内省，如果不基于内省，则完全不可能考察语义。

语义本身是一种意识现象，其内省研究存在三种条件：第一参与条件（语言范畴）、第二参与条件（实时会话）和第三参与条件（记忆回顾）（Talmy, 2007）。在第一参与条件中，内省参与者会关注语义，相对而言，对于内容语义的关注度要高于形式语义的内容；同时，内省参与者也会在一定程度上关注形式。实际上在内省过程里，在不同的语言任务中，对于各个层面的关注存在着动态的差别，例如，在进行中国古诗创作时，不可避免地需要关注形式层面，而在不同的普通对话中，更多地需要关注内容。在此，内省参与整个表达的选择过程，但是内省本身并不是全部的认知处理过程。在第二参与条件中，说话人直接参与对话，关注整个话语过程的主题，也会关注表达是否得体。这尤其体现为在与不同人的会话中，不同的人具有对不同话题的偏好。在第三参与条件中，内省体现为不同语言在记忆中的可获得性。例如，我们经常会回忆自己曾经说的话是否适合，或后悔某个表达。这些不同层面的内省是语言得以实现的基本条件，语言不可能离开内省而单独实现，语言无时无刻不处于意识之中，但这也并不意味着语言的认知过程能完全地体现于内省之中。

从生理层面看，内省语义还存在意识与无意识之间的差异。内省过程是意识过程，而语义的认知处理过程很多情况下是无意识过程，两个系统存在着很大的差异，如表 3-1 所示。这种差异的结果是，内省的意识机制或过程难以被认定为忠实反映无意识的机制或过程。尽管存在上述的种种限制，且考虑到意识的动态性，实验方法本身也具有局限性（Gibbs, 2003），但语言研究者的内省结果却可成为跨学科研究的对象（Gibbs, 2006）。

表 3-1　意识与无意识过程对比（Wilson, 2003: 48）

无意识	意识
多系统	单系统
在线模式检测	事后检测和平衡
关注当前	讨论长远
自动、快速、无意图	缓慢、努力、意图
不可控制的	控制性的
严格的	灵活的

除了意识与无意识之别的限制之外，内省方法争议的本身并不在于内省方法的不可避免，而是基于语言学者个体的内省并不能代表社群成员也持有相同的理解。认知语言学在早期研究之中不可避免地采取了内省方式，也尤其体现于对语义结构的描写上。例如，despite of 作为介词短语，在 Talmy（2000）的解释中体现为拮抗关系，即妨碍未阻止潜势的演变。这种描写只是 Talmy（2000）个人的内省结果，并不能代表拮抗过程真实地体现于所有英语母语者对该复杂介词短语语义的理解。另外，较为典型的、同样存在争议的是前景–背景的判断。在空间结构中，注意结构也容易引起语言学者个体不同的知觉。

（3-3）　We arrived [Landmark] after the other guests all left [Trajector].

对于例（3-3）中 after 的分析，Langacker（2008: 72）将 We arrived 分析为界标，而将 the other guests all left 分析为射体，但 Talmy（2000: 341）对于同类结构的分析是以 after 之前的为前景，之后的为界标。这种不匹配可能存在深层的原因，但这显然体现了研究者个体的选择偏好。当然，必须明确说明的是，这种内省结果的分歧是进一步的诱导实验应该关注的对象，而并不能否定内省本身对于认知语义研究的重要性和基础性（Dąbrowska, 2016）。

此外，内省方法很容易使研究带有个体知识结构的偏好，这种偏好尤其体现在不同语言的知识结构上。例如，在汉语中四字格非常普遍，但是四音节在英语中并不多见，在英语中多见的是介词结构，这样的结果是很难基于英语的空间关系来解释汉语的结构特征。例如，"你说一言，我说一语"可译为we talked to each other（沈家煊，2020b）。从注意结构的角度看，在"你说一言，我说一语"中并不存在核心，而we talked to each other的核心是talked，理由是talked一方面细化地描述we，而另一方面又通过-ed建立起与说话时刻的关系，在整个表达中处于关注的焦点。这种主从模式在"你说一言，我说一语"中无法充当架构，原因在于，"说"在两个分语窗之中的复现尽管可用于描写分语窗之中的主语"你/我"，但不提示与说话时刻的关系，从整体上看，其在分语窗中的有限凸显地位并不能充当整个表达的架构，或者说整个表达并不需要凸显的主语窗作为架构。如果从英语的主从关系出发分析汉语的这种对言模式，显然不可能解释汉语对言模式的核心特征。在内省方法上，通过英语中的主从普遍性来解释汉语对言的普遍性的任何尝试均受限于已有的知识偏见。在语言学研究中，不同的理论具有自身的专业性，彼此完全孤立，均各自强调自身在解释语言现象上的作用，因而倾向于屏蔽与自己见解不同的理论。

研究者的知识结构对于研究结果的影响体现的是观察者自身因素对于观察过程的影响。观察者影响在其他研究方法中也不可避免地出现。例如，如果得知某人正在对自己进行录像，那么说话人本能地会在某些方面约束自己的表达方式以及行为方式，这会影响真实的语言呈现，这种情况在实验方法中尤为常见。实验方法的优势是在微观层面呈现认知，而其不足是去语境化（Talmy, 2007: XX）。由于缺乏语境，实验方法很难体现真实的话语情景。在特定条件下，例如对电影中的语言理解，也可在一定程度上体现真实场景；只是为了考察特定变量，而只能选择以设立实验组、对照组的方式进行考察，这限制了语境的真实性。

就本研究关注的间距而言，研究本身需要考察的是语言单位线性距离与概念模式的关系，其内省是概念语义分析的前提，是本研究开展的基础和前提。但这种内省并非完全依赖于语言学者的内省，而是要基于语料库。

3.2 语料方法

语料方法主要是对文本进行处理，可在语义内省的基础上，考察语义、结构或共现的频率分布情况。语料方法是为回应语言学研究中的实证诉求

（Schütze, 2016）而产生的。语料方法的优势是获得共现频率。与内省模式相比，语料共现模式的缺点是不能抽象出语言学理论模式（Talmy, 2007: XIX）。当然，语料库也不同于音视频记录分析。音视频记录分析的优势是能体现真实动态的交际场景，但是其不足是不能确定单一的、合法的因素（Talmy, 2007: XIX）。本研究关注的是共现模式中的间距分布，需要成规模的语料频率。这种规模性在现有的音视频记录中或临时制作的音视频中难以体现。

英汉间距效应对比研究使用三种语料库：纯汉语语料库、纯英语语料库和英汉翻译语料库。成规模的纯汉语语料库有北京大学中国语言学研究中心开发的语料库（CCL）、国家语委语料库（现代汉语语料库），成规模的纯英语语料库有英国国家语料库（BNC）、当代美国英语语料库（COCA）。英汉翻译语料库可使用句酷和百度翻译的语例。

汉语研究中使用较多的是北京大学中国语言学研究中心的CCL（http://ccl.pku.edu.cn:8080/ccl_corpus）。该语料库免费开放现代汉语语料库、古代汉语语料库，还有汉英双语语料库。北京大学CCL和国家语委语料库的共同特点在于二者都是非营利的免费开放语料库，可以随用随取，给语言研究提供了极大的方便。二者的差别在于，CCL未进行标记，而国家语委语料库进行了标记。进行标记的是语言单位的语法成分，例如名词、动词、副词等等，这种标记的基本假设是语法范畴适合描写汉语。

英语中能与CCL相对应的是BNC（https://www.english-corpora.org/bnc），其既有口语语料也有书面语语料。另外一个大型英语语料库是COCA（https://www.english-corpora.org/coca），可查询语料并进行相关统计。

在间距对比中，在选定两种语言的表达如"不但-而且/not only-but also"后，可从CCL和BNC中分别抽样"不但-而且"与not only-but also，并分别计算在同一个间距幅度上形成完整表达的频率，进而对比在所有连续间距维度上的分布模式。总体上看，这体现了一个依存结构对于完整表达的预测能力，而从间距角度看，这体现出不同间距对于相同宏观结构的预测能力。这种预测模式在英汉语中既可表现为相同，也可表现为不同，需要通过规模频率加以考察。可通过英汉翻译语料考察并比较两种不同语料在间距上对比模式的异同，更进一步，可关注不同文本间距的比较，并扩大标记的维度，即可关注"不但-而且/not only-but also"在不同分布维度上所组构的内容的类型。

（3-4）　a₁. She was not only intelligent but also very musical.　关系

　　　　a₂. 她不仅聪明，而且极具音乐天分。

b₁. In production, we demand not only quantity but also quality.　实体

b₂. 我们的产品不但要求数量多，而且要求质量高。

c₁. One should not only observe but also help.　过程

c₂. 不但要看，而且要帮。

在例（3-4）中，not only-but also 的三种类型分别为关系、实体和过程，而对应的汉语并非如此，而是分别对应关系、过程（要求）、过程。这种在间距内对语义的细致分析可体现英汉语对应依存结构在使用中的不同倾向，从而揭示出英汉语的系统性异同。

在英汉对比中，纯英汉语料库和英汉翻译语料库所起的作用存在着差别。当两个英汉依存对存在相同语义或可对译时，可通过语料考察揭示二者在使用上的不同，这种差异可体现于形式上。

（3-5）　a. If you're free, then come.

　　　　b. 你如果有空，那么就来吧。

在例（3-5）中，if-then 与"如果-那么"均表达行为执行的选定条件。"if/如果"将潜在的事实确立于主观空间之中，而"then/那么"通过相继关系提示潜在事实所限制的行为选择。

尽管两个表达在语义上对应，但 if 置于整个分句语窗之前，而"如果"置于分句语窗之内，位于主语之后，这种位置在英语中是不可接受的。当然，"如果"也并非完全自由的，其不可置于过程之后。例如，"如果你有空"和"你如果有空"均可接受，但"你有空如果"不可接受，这种分布显示，相对于 if 的（（实体）过程）面向，"如果"面向过程，而从另外一个角度看，相对于英语，汉语中"实体"与"过程"的关系相对松散。

如上述分析所示，这种研究是先进行语料观察，再通过内省对所观察对象的异同进行结构和语义分析，并得出关于英汉使用异同的假设。该假设可通过更为一般的语料频率分析加以检验。就"实体"与"过程"具有不同的依存度的假设而言，这体现在主语实体与谓语实体在不同间距上的选择性分布差距。

在此基础上需要对英汉语的系统差异进行总结和解释。一个基本的认识是，相比较而言，汉语呈现出对言倾向，而英语呈现出层级倾向。汉语的对言倾向中也会呈现出过程的基本性，而英语呈现出实体的基本性。从概念角度看，这种差别的根本原因在于，汉语使用中基本的文化概念模式是异同通联的往复，而英语使用中是时空的层级往复。

基于标记语料库可以研究语法范畴的间距效应问题，这种间距效应往往需

要基于特定的句法理论，既可以是基于短语结构的生成句法，也可以是基于依存的依存语法，而基于使用的方法只是将这种基于语法范畴的使用规约视为常规现象。由于语法范畴本身是对所描写单位的简化，尤其是概念语义方面的简化，结果是，越是关注语法范畴则距离真实的语义越远，因此这并非本研究的核心关注点。

上述这些语料库都是追求大而全，力图包含语言生活的各种门类，其基本假设是现实中各类语言使用应该处于平衡状态，但显然这是无法证明的设想。某些语料库本身就叫作平衡语料库，例如"现代汉语平衡语料库"。事实上，要想搜集到所有的语料是不可能的。一方面，每个人每天都在产生语言，除非对所有人都进行监控，否则不可能获得所有产生的语言；另一方面，人类是在不断地出生和死亡的，有些语言濒临灭绝就是因为使用该语言的人在消失，似乎永远也不存在搜集到所有语言使用的情况。平衡语料库只是假设某些类别的语言使用是某种语言稳定的分布。从某种角度上看，这种语言类别具有一定的合理性，但很难说这是一个经过严格科学证明的模式，这至多是基于研究者主观性的客观立场的选择，并且平衡语料库是否具有科学意义上的可预测性很难证明。

利用语料库做研究的真实状况是，所有的研究都是孤立的发现，而结果难以具有良好的可重复性。可重复性只限于现有的语料库，而未必适用于所有类型的语料库。事实上，从语言是基于使用的这一假设来看，不同类型的文本并不能绝对相互排斥，但在建构方式上仍然可能存在差别。简言之，基于语料库的研究就是在语言使用中寻找稳定的语窗组配模式，就本研究而言，就是要考察间距效应在什么层次和什么语域上具有稳定的规约模式。

在英汉对比中存在一种偏好翻译语料的情况。翻译语料由于本身意图表达对等之义，更能呈现出互译语言中的结构异同。但是，也应该注意到，具体个例中所呈现的结构差别仍然只是对两种语言系统异同的个别体现，并不存在翻译语料比独立语料更为优越的逻辑。翻译语料由于容易受到原语的影响，在一定程度上会失去母语语言的固有特征。因此，独立语料的使用是不可或缺的。

3.3　语料标记

语料标记的过程也是一个对语料进行语言学分析的过程，这种分析一方面是检验已有的语言学描写的有效性，而另一方面是揭示语言分布规律，从而推测语言运行的内部机制。

（3-6）　He_PNP tried_VVD to_TO0 persuade_VVI Dawn_NP0 to_TO0 [_PUQ take_VVI <<< a_AT0 **run**_NN1>>>at_PRP her_DPS throws_NN2]_PUQ,_PUN despite_PRP her_DPS protestations_NN2 that_CJT simply_AV0 standing_VVG up_AVP and_CJC **walking**_VVG-NN1 required_AJ0-VVN constant_AJ0 mental_AJ0 effort_NN1 on_PRP her_DPS part_NN1._PUN　（BNC）

语料标记最为常见的是对语料的语法范畴进行标记，例如名词、动词、副词、形容词、介词等等。在例（3-6）的标记中，每个词语被赋予了语法角色。这些语法角色并不是单一的，例如walking具有动词和名词语法角色。具有这种双重角色的原因是 -ing 将动词walk进行了名词化。但这种标记也存在着问题，例如在a run中，尽管run也提示过程，但却只标记了一个名词范畴，这显然忽略了run在语法范畴中的复杂程度。例如，part与run虽然均被标记为名词，但part从概念上看，本身具有实体性，而run具有过程性，可见，名词的标记忽略了二者的概念区别。由于词性转换在英汉语中普遍存在（Clark & Clark, 1979; Valera & Ruz, 2021），因此，这种单纯标记词性的方法会忽略语义的复杂性。

本研究从最基本的实体、关系、过程、潜势和时间这些英汉语共享的概念出发，标记或解释依存结构中涉及的语义变化。在这些语义的基础上，再标记结构中通过隐喻或转喻所进行的语义扩展。这些语义扩展是层层叠加或整合在一起的。这种叠加可呈现于依存结构的间距上。

（3-7）　a. 我们在田里捆柴。　　物理
　　　　b. 她在心里安慰自己。　　心理
　　　　c. 他生活在社会里。　　社会

从整个句子看，"在 - 里"提示空间结构，此依存结构之内的不同实体决定了该框架是否通过隐喻扩展至其他概念域。如例（3-7）所示，a句提示物理过程，b句提示心理过程，而c句提示社会过程。伴随着不同的隐喻，实体也会通过不同的间距得以表达，这样就出现了两个问题：在不同的间距上不同类型的概念扩展是否均等？不同类型的概念扩展在不同的话语中是否具有相同的分布模式？虽然此类分布模式也可能体现于内省或知觉上，但这显然并不是直接通过知觉就可获得确定判断的问题。在更大程度上，此类概念结构是一种社会层面上的分布。既然内省是语义分析的基础，而语料是语义社会分布模式的基础，那么概念分析应是一种内省与语料结合的方法。

从以往的研究来看，隐喻的确定存在着很大的分歧（Steen et al., 2010），最大的问题是如何在语境中确定隐喻。在此遇到的方法上的问题就是，隐喻研究是基于真实语料而非仅仅是词汇数据或知觉数据的（Pragglejaz Group, 2007）。"如果一个单词提示抽象表达，但并不包含任何显性的形态标记，这个单词本质上是隐喻的。"（Kövecses, 2020: 25）这种定义是针对英语的，因为汉语并不具有形态变化，汉语中隐喻本身就与形态变化无关。

基于这种隐喻体验性，在话语中可确认隐喻。Pragglejaz Group（2007: 3）给出了一个被称为隐喻识别步骤（metaphor identification procedure, MIP）的识别隐喻的简单程序，主要内容如下：

1.阅读全文以建立对语义的一般理解。

2.确定文本中的词汇单位。

3.（a）对文本中的每个词语确立语境意义，也就是这些词语在文本所激活的情景中如何适用于实体、关系或属性，也就是语境义。考虑词语之前或之后出现了什么。

（b）确定每个词语是否在其他语境下具有比当前语境更为基本的语义，就当前的目的而言，基本语义往往是：更具体；与身体行为相关；更精确；更早被使用。基本语义没有必要是最高频词汇单位的意义。

（c）如果词语在其他语境中有比当前语境下更为基本的语义，那么要决定是否语境义与基本义的对比可通过与给定语境进行比较而获得理解。

如果情况确实如此，将该词语标记为隐喻。

这种面向词汇的隐喻识别只是指导语料标记的程序，本身对隐喻是什么未给出明确回答，其基本假设是与身体相关的表达是具体的，不与身体相关的表达则是抽象的。此处存在的问题是，在具体语境中隐喻可能是多重的。

（3-8）　a.当她们被人发现时，已经不能直立行走了。

b.忽然一天，两只最有情致的野鸭飞走了，战士怅然若失。

c.教学应走在学生发展的前面。

d.在一个省内，县、市内也不能"一刀切""齐步走"。

e.地委书记马力接见，也说"燕子"好，冬天飞走，春天又飞回来了。
（CCL）

"走"，在例（3-8）a中表达人的身体动作；在b中是野鸭的动作，提示"飞是走"的隐喻；在c中用于描述教学发展，是隐喻；在d中用于描述不同行政单位的行动，即存在"社会行动是身体行为"的隐喻。这些均可体现简单的隐喻，但在 e 中，如果"飞走"提示将动体视为动物，则存在隐喻，而如果将动体视为人，则并非隐喻。但在该语境下，"飞走"的第一层动体是动物，而第二层动体是人，结果呈现出"隐喻中的非隐喻"。该句涉及的三层理解分别是：人走（身体动作）；燕子走（隐喻）；叫"燕子"的人飞走（隐喻）。

隐喻的复杂性使得隐喻的标记并不能以单一的方式进行，而是要根据情景中语义的理解层次加以确定。可能出现的情况是，规约语义与语境语义发生了冲突，也就是在局域内语境下存在隐喻，而在宏观语境下不存在隐喻。这体现的是语言使用呈现的层级间距。

3.4　认知语料

认知语言学最初创立时存在美国传统和欧洲传统。美国传统的做法关注语义的认知过程，特别强调内省方法，这是研究认知语义的必然过程，以认知语义学（Talmy, 2000; Martsa, 2014）、概念隐喻（Lakoff & Johnson, 2003）、概念整合（Fauconnier & Turner, 2002）、意象图式（Johnson, 1987）、理想化认知模型为代表（Lakoff, 1987）。这些现象的考察均通过研究者自身的内省进行，是一个理论建构过程。尽管这些内省过程被质疑是否反映心理现实，但后续的一系列实证研究表明，内省的语义过程具有心理现实性，具有代表性的是虚拟运动（Matlock, 2004）、时间的空间运动隐喻（Borodisky, 2001; Sun & Zhang, 2021）、语义负波（Kutas & Hillyard, 1984）、原型范畴（Rosch, 1978）。虚拟运动的相关实验证明了系列扫描的真实性，时间理解中的空间启动效应证明了隐喻的心理现实性，语义负波证明了语义过程与神经元生理过程具有一定的对应性，而原型范畴的发现启发了理想化认知模型的提出。

尽管所有这些研究可表明研究者内省过程的真实性，但从语言描写的角度而言，依然缺乏一般性。主要的问题在于，多数内省分析和实证研究主要是基于英语材料而总结的，这在汉语中是否等同，实际上并未获得广泛和深入的研究。的确，英语中存在 Time passes by 而汉语中可对应表达为"时间流逝"，但从对比或翻译的角度看，隐喻翻译的困难说明不同语言存在着概念系统上的差异（Kövecses, 2014）。这种系统上的差异需要通过系统的考察才可揭示，语料方法不可或缺，这是由认知语言学所强调的以使用为基础的研究方法

（Langacker, 1990；Barlow & Kemmer, 2000；Bybee, 2006, 2009；Croft & Cruse, 2004；Tomasello, 2005；Taylor, 2012）所决定的。

内省方法与语料方法存在的根本差异是，内省方法直接面向语义，而语料方法直接面向形式，将二者进行结合需要一个中介。这个中介既可是研究者，也可是受试。但问题是，研究者本身懂得语义分析的逻辑，而受试本身并不理解研究者提出的具有概括性的语义结构，无法直接去检验特定语料中所体现的语义结构是否是关于语义的假设。这可被视为语料所体现的客观主义与主观主义之别（Grondelaers et al., 2007）。

这种分歧体现在研究中就是量化技术面向和研究假设面向的研究路径之别（Tummers et al., 2005）。Tummers 等（2005）认为存在两种使用语料库的方式：诠释语料（corpus-illustrated）和基于语料（corpus-based）。在诠释语料的研究中，语料用于检验理论描写对于现象的预测，即某个现象存在证明理论描写有效，而某个现象不存在证伪理论描写。而基于语料的研究则关注不同语言现象的频率差异。基于语料研究的基本假设是，语法结构形成一个网络，在这个网络中，不同结构的凸显度存在着差异，而这种差异需要量化和统计分析。从方法角度上看，基于语料研究的核心是"将解释性的假设与语料现象确立联系，并在提炼假设的过程中重复该程序"（Tummers et al., 2005: 235）。该过程存在的问题是，即使理论所预测的现象在语料中不存在，也并非意味着该现象不是可接受的表达。

基于语料的研究方法关注语言系统与语言使用的关系。该方法假设语言系统与语言使用存在着连续性，有两种较为流行的做法：共词分析（collexeme analysis）和共构分析（collostructional analysis）（Dekalo & Hampe, 2017）。前者关注词语的共现，而后者关注词语与结构的共现。

（3-9）　a. There's a bone in my nose that's slightly bent and it's progressively caused slight breathing problems.（Transitive）

　　　　b. Instead so Mill argued the only ground for making something illegal was that it caused harm to others.（Trepositional dative）

　　　　c. I am sorry to have caused you some inconvenience by misreading the subscription information.（Ditransitive）（Stefanowitsch & Gries, 2003）

在例（3-9）中，caused分别出现于及物结构、介词方位结构、双宾语结构，据此可考察cause与三种结构的共现频率，进而推测词语与结构的关系。这意味着在不同层次的语窗之间存在差异化的联系。这种联系既可是单个词语的，也可是非相邻词语的共现。

（3-10）a. He *tricked* me into *employing* him.

b. His aim was to *force* the Government into *holding* a plebiscite.

c. He had been *coerced* and terrorized into *absconding*.（Stefanowitsch, 2014）

在例（3-10）中，在into的结构中tricked与employing、force与holding、coerced与absconding形成搭配，但各种搭配在不同程度上与into所标记的结构形成共现，从而形成不同程度的凸显度。局部与整体的凸显关系并非不同层级语窗的全部关系。不同层面语窗的语义分类是内省或常识的。尽管可通过一定的方法来扩大客观层面（Gries & Stefanowitsch, 2010），但这并不能剔除语义内省本身。

（3-11）Now, just keep polishing those glasses while I go and check the drinks.

（3-12）Go find the books and show me.（Wulff, 2006: 101）

如例（3-11）和例（3-12）所示，在本研究中，共现词语还存在距离的差异问题。例如，英语中go-and-V与go-V两种结构唯一的差异在于是否通过and标记两个过程动词的关系（Wulff, 2006）。单纯从语义分析上来看，两个结构的差异难以确定，但是词汇与结构的关系分析显示，二者存在着显著的差别（Wulff, 2006）。以此为基础，可进行更为复杂的词汇-结构的互补分析（Dekalo & Hampe, 2017）。

另外，还存在一个科学网络的计算方式。例如，在界标空间词（如：在屋里）中，可建立界标与空间词的联系、界标之间的联系、空间词之间的联系（Chen, 2022），从而建立起一个槽位、词汇与结构的语法联系模式（Diessel, 2019）。

间距分析是搭配、共构与间距形成语法整体的分析，其中最核心的是要将不同层面的联系建立起一个统一的模式。这个模式相对而言是一个主客观结合的模式。在语义层面依靠主观的内省，而在频率层面依靠客观的计量统计。这种主客观模式在认知语法中体现为形式与意义的二分在层级和线性维度上的集配，基于此，间距分析的目标就是要确立在语法网络系统中共现或搭配与整体结构在间距维度上的联系模式，从而预测语言的使用。

当这种客观模式与认知语法语义模式结合时，就会形成认知语料模式，这是间距效应在方法上的创新之处。

简言之，内省与语料并不互相排斥，而是形成互补，而间距效应是这种互补的体现之一。基于此认识，本研究对英汉间距效应的对比从内省和语料两个层面进行。在内省上主要关注间距所诱发的语义变化模式异同，而在语料上主要关注间距效应在频率分布模式上的异同。本研究的出发点是关注语义，对于频率分布模式的异同会寻求概念化或范畴化模式的解释。

　　本研究所使用的语料来自英国国家语料库（BNC）、北京大学中国语言学研究中心语料库（CCL）、剑桥英语词典（https://dictionary.cambridge.org）、汉典（https://www.zdic.net）、在线词源辞典（OE）（https://www.etymonline.com）、百度翻译（https://fanyi.baidu.com）、句酷（http://www.jukuu.com）。其中，BNC、CCL和汉典提供独立的英语或汉语语料，汉典和OE有汉语和英语的词源分析，百度翻译和句酷提供英汉互译语料；语料获取时间截止到2023年8月。本书第四章到第八章所用语料除非另外标注，否则均来自上述语料库，除互译语料库的译文外，其他译文一般为笔者自译，不再一一注明。

第四章　英汉使用中的主从集配间距对比

　　时空主从集配是英汉使用中基本的集配模式，该模式中实体、关系、过程、潜势、时间等概念形成连续性的非对称层级依存，即(((((实体)关系)过程)潜势)时间)，其中，时间预设潜势，潜势预设过程，过程预设关系，关系预设实体。以此概念，主从层级模式为基底模板，英语呈现自主-依存集配，即概念上自主的语项倾向于在形式上独立，而概念上依存的语项倾向于在形式上依存。最直接的体现是：英语的名词实体主窗中，复数、形容词、冠词依存于名词实体之上；英语的动词过程主窗中，时、体、介词、情态依存于过程之上。在使用中，每个语窗基于认知识解过程，不断通过调整自身的概念角色或语法范畴以与其他语窗形成不同程度的依存整体。英语使用中的这种动态集配模式是否在汉语中以同样的方式运行，可通过对比在线性间距上两种语言的层级依存异同加以考察。

4.1　主从集配

　　一般认为，话语由句子组成，句子由词组组构，而词组由词组成。根据此逻辑，语言的构成类似于搭积木，语言是由单词或字作为组块搭建而成的。以此逻辑对语言进行描写，最为重要的是确认一种语言中的全部词汇，并确定这些词的组合规则，从而生成词组和句子。在这种思路下，句子是整个话语和语篇的基本单位，其基本假设是，只要句子合法，整个语篇即合法。

　　句子的主谓结构是英语传统语法中最为基本的结构。在句子中确认主语、谓语时存在两种方式。一种是主语之外皆为谓语，另一种是只有动词是谓语，其他的成分可是宾语、补语。主谓包含主语与谓语。主语指称人或物，是讨论、考虑或研究的对象，而谓语用于描写主语。据此定义，难以处理的句子有It's raining。该句中it所指称的物是非常模糊的，这与That person is crying中that person具有相对清晰的所指具有很大的差异。不仅如此，Here is a very good book/There is a pilot in the cockpit之类的句子中，here/there提示方位，而非人或物，这与上文定义的主语存在着差异；另外，上述定义中的主语在此例中也存在，即book/pilot，但从语义看，它们应是充当动词is的补语。这种差异说明在主谓使用中，主谓结构存在着变化。认知语法对这种差异的解决方案是，认为here/there提示以自我为参照的基底方位，book/pilot描述在方位上存在的物或人。在基底-凸显的配置中，主谓可获得描写，同时也不受主语性质的限制。从注意结构角度看，主谓的形式二分对应的是注意的凸显程度上的二分。这种二分最根本的特征就是语言结构上的非对称。从一分为二的角度看，主谓二分是一种对言，只不过这种对言体现为不同层级的概念所形成的对立，而在对称对言中对立体现于相同精度上概念之间的对立。这种集精度与分组于一体的描写方式，在认知语法中被称为集配。

集配中同层级集配可将不同层级的概念描写为同层级，例如，"柴米油盐吃穿住行"中，不同层级形成同层级的对立。而不同层级集配也可将同层级的概念描述为不同层级，例如，"苹果梨"中，"苹果"与"梨"原本均是水果范畴的实例，但是，在层级中"苹果"用以修饰"梨"。这样，同层级与不同层级在集配中呈现出竞争关系。

集配分析中，主谓只是集配中的一个层级或一个环节，或者只是一种可能的组配方式，而不具有天然的规定性。例如，"他们买了一本好书"既可切分为"他们/买了一本好书"，也可切分为"他们买了/一本好书"。前者是典型的主谓切分，而后者是对言切分。主谓切分是一种非对称切分，而对言切分是对称倾向的切分。这种对言切分被视为中式主谓（沈家煊，2022）。这种切分并不限于汉语，在英语中也常见，例如，"Ann washed, and Bob dried, the cat."（Langacker, 2012a: 587）。在韵律语窗中，Ann washed和Bob dried独立于宾语the cat。二者的不同之处在于中式主谓是为了实现切分的对称，而英语主谓的独立是为了避免重复。这种调整带来了凸显度的调整。汉语中对称语窗切分的结果是削弱了动词"买"的凸显地位，而英语中的结果是同时凸显了Ann washed和Bob dried两个成分。简言之，主谓切分中，谓语获得凸显，而在非主

109

谓切分中呈现出凸显度均衡。

　　语窗间地位不均等的集配是主从集配，主从关系可从构成和凸显两个维度加以分析。各种不同的主从关系可体现于一个主谓格式上。例如，He smiled 从概念构成上来看，he 提示 smiled 过程的参与实体，没有实体，就不存在过程，因此，he 为主，而 smiled 为从。从凸显的角度上看，he 指交际中已确立的人，而 smiled 细描 he 的某个方面，在常规情况下，其凸显度高于 he。smiled 凸显度高的另外一个原因是，smile 可通过形态变化提示过程与说话人事件的关系，这种关系为说话双方所关注。两种相反的主从关系在集配中共存，共同推动主谓的相互预测关系。

　　从主从关系角度看主谓格式，主谓之间的非对称二分只是整个主从网络上的一环。在实际的表达中，主语或谓语内部也存在主从依存，即名词短语或动词短语本身也存在着主从结构。例如，the red apple 中，apple 是表达的内容，而 red 或 the 从内容构成上来看均依赖于 apple，充当依存成分；而同时从凸显角度看，the red apple 中根据重音位置的不同，既可凸显 red，又可凸显 apple。因此，主谓中内容主从与凸显主从的二分，在名词短语的主从关系中，也可在一定程度上获得体现。在 he smiled at me 中，从内容上看，at 依存于 me/he，而 smiled 依存于 he，同时也依存于 at me，但是，由于 at me 本身可省略而不影响 smiled 的完整性，而 he 不能省略，因此，smiled 对 at me 的依存程度要低于 he。而从凸显度上看，smiled 和 at me 并非在一个层级上。me 的凸显度只能与 he 进行对比，由于 he 为确立的内容，而 me 是新关注的内容，故而 me 的凸显度高于 he，但就整个表达而言，凸显的仍可能是 smiled。smiled at me 本身也可通过语境获得更高的凸显度，例如，在 Mary ignored Mum and just smiled at me 中，smiled 与 ignored 对应，而 me 与 Mum 对应，因此它们均获得凸显。简言之，语窗之间的相对凸显地位随着交流情景的改变而适时调整。

　　从概念内容构成角度看，-ed 最为复杂，预设(((实体)关系)过程)，虽为整个表达的基本关注，但只有内容上从属于其他概念。从形式上的独立与依存来看，-ed 依存于动词 smile。这种形式依存当然也体现于名词短语中，例如 an apple 中，an 必须依存于 apple 之类的实体，否则不能独立表达，而 apples 中的复数变化，也同样需要依存于名词主体 apple。这样，从形义一致的角度看，存在名词和动词两个依存中心，而二者置于主谓集配中时，就呈现出多重的主从关系。

　　主谓集配中，名动的主从地位是动态变化的。例如，在 There is every reason

to welcome such studies 中，虽然 welcome such studies 用于描写 every reason，但从整体上看，该句的焦点仍是 every reason。every reason 尽管是逻辑主语，但是依然比 to welcome such studies 更凸显。在此类表达中，新变化是原本需要关注的事件（welcome），时间不再明示，过程不再凸显，而实体本身获得凸显。

简言之，主从集配中各种参与项在形式、内容和凸显度等各维度上表现出非对称依存关系。主从集配虽然为英汉语所共享，但在使用中的实现方式存在差别。下面从间距维度考察这种异同。

4.2　主从实体间距

从基本的经验出发，所指称物体是指看得见、摸得着的物理实体，其被认为在概念建构中具有基础性地位。物理实体可形成各种不同的依存关系，也就是不同的实体充当不同的角色。例如，"手心"由两个实体组合而成，该表达指向的对象是"心"所指向的地方。在这个过程中，存在多种依存角色的协同。其中，"手"用于具体化基底角色，而"心"凸显手的一部分，用于具体化凸显角色。同时，相对于未提及的空间或身体，"手"与"心"均同时获得凸显，但二者的凸显地位不同，其中，"心"是主要凸显，具体化射体（前景）角色，而"手"是次级凸显，具体化界标（背景）角色。"心"原本指称心脏，并非指向现实中的"手"，在此，"心"在身体中心框架中的中心角色为"手"所实现。"心"激活源域，而"手"为靶域，同时，"手"阐释"心"预设的身体基线/背景角色。手的中心部分不能脱离手而存在，手相对于手心是自主的，而手心是依存的。因此，实体间的依存是多维依存协同的结果。这些依存协同在英汉语中具有差异化的体现。

（4-1）　a₁. 他把东西都倒在手心里。

　　　　a₂. He emptied the contents out into **the palm of his hand**.

　　　　b₁. 把手放在桌子上，手心朝上。

　　　　b₂. Place your hands on the table with the **palms** facing upwards.

　　　　c₁. 她通常都能将新闻界抓在自己手心。

　　　　c₂. She usually has the press eating out of her **hand**.

在例（4-1）a 中，"手"与"心"在英语中分别对应 the palm 和 his hand，同时二者的顺序与汉语的"手心"相反。不仅如此，"手"与"心"通过语序相邻成组，而palm与hand需要通过of加以连接。"手心"和the palm of his hand中，主显为"心"和palm，因此，of所起到的作用是设定palm与hand的凸显角色，而这在汉语中通过顺序加以实现。palm来自拉丁语 *palma*（palm of the land），表达"地上之棕榈"，当用于提示手的中心部分时充当源域。这种((树)地)源域不同于汉语的((心脏)身体)源域，二者的对比如图4-1与图4-2所示。

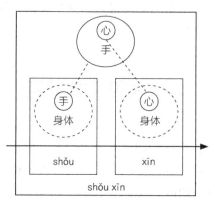

图4-1 "手心"的动态语窗

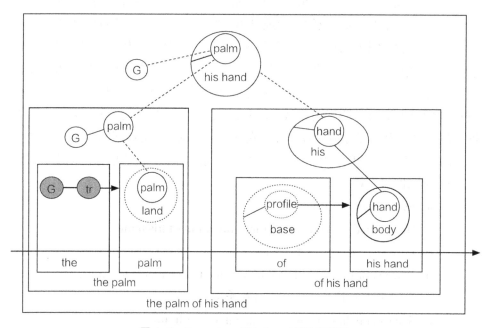

图4-2 the palm of his hand的动态演化

（4-2）　a. Tolonen bowed his head, then turned his right **hand palm** upward.

　　　　b. In a tent an old gypsy woman was **reading palms**.

另外，"手心"在表达手的中心部分时，"手"与"心"需要强制性的相邻，而不可表述为"手的心"或"心"，而在英语中palm或hand palm均是可接受的表达，如例（4-2）a中的hand palm和b中的reading palms所示。不过，reading palms意为"看手相"，在此，palms提示更为细节的手掌纹路，而不是"手心"。因此，"手心"要比hand palm的间距灵活度弱，其中的关键因素是英语介词。

英语的介词建构实体的关系，在汉语中难以形成对应，根源在于汉语介词和英语介词是不同的概念系统，且具有不同的集配偏好。

（4-3）　a_1. Smoke hung in the air **above** the city.

　　　　a_2. 城市上空烟雾弥漫。

　　　　b_1. There's a bus stop **in front of** the house.

　　　　b_2. 房子前面有一个公共汽车站。

　　　　c_1. They live in that old house **on** the hill.

　　　　c_2. 他们住在山上的老房子中。

　　　　d_1. "There you are," said a voice **behind** me.

　　　　d_2. "你来啦。"我身后一个声音说道。

在例（4-3）a中，射体air与界标city由above连接。above在汉语中对应"上"，city对应"城市"，而air对应"空"，但above the city与"城市上空"的语序相反。伴随着这种相反的顺序，英语中存在the，用于入场（grounding）或特指air与city。这种特指意味着对于说话者而言，air与city是特定的。这里体现的英汉差别是，汉语通过基底-凸显的前后顺序实现入场，在此，基底与凸显处于分离状态，而英语通过the实现入场，不受限于实体间的语序。这种差异也体现于b中。结果是，汉语中呈现实体（房子/站）间距的最大程度拉长，而英语中对应的实体（house/stop）的间距仍以介词和冠词为标志。汉语中实体间距的复杂性与英语中实体间距的单一性也体现于c和d中。这种差异的一致性体现于例（4-3）中英汉语序的相反。

（4-4）　a_1. He was a weak little mouse **of** a man.

　　　　a_2. 他是个懦弱无能的人。

　　　　b_1. the growth of value

　　　　b_2. 价格的上涨

（4-5）　a_1. I saw a flock of geese. {It was / They were} clearly visible against the blue sky.（Langacker, 2008: 342）

　　a₂. 我看到一群鹅。它们在蓝天下清晰可见。

　　a₃. 我看到一群鹅，蓝天下清晰可见。

　　英汉语中可实现实体语序之别的是"的"与of。在例（4-4）中，mouse/growth与"人/上涨"为主窗，但两个短语的主次窗语序相反。在例（4-5）中，it和they分别凸显flock和geese，而汉语译文无法实现类似的主窗切换。

（4-6）　生姜≠生的姜　生肉＝生的肉

　　　　大车≠大的车　大车＝大的车

　　　　金笔≠金的笔　金表＝金的表（张敏，1998：233）

　　汉语"的"的特色在于可通过是否省略来调节实体的间距，从而调节语义。例如，例（4-6）中，"的"省略时，整体语义是抽象的类范畴，而"的"不省略时，表达特定实体的描写。这表明，间距与语义变化存在互动关系，即距离越近，语义越抽象，这会影响名词短语在集配中的位置。

（4-7）　a₁. 我没有把握是否能驾驶功率这样大的车。

　　　　a₂. 我没有把握是否能驾驶功率大的车。

　　　　b₁. I wasn't sure if I could handle such a powerful car.

　　　　b₂. I wasn't sure if I could handle a powerful car.

（4-8）　a₁. 别再装了，大车快散架了。

　　　　a₂. 别再装了，*大的车快散架了。

　　　　b₁. Don't put any more on the cart, or it'll break.

　　　　b₂. Don't put any more on the big cart, or it'll break.

　　尽管"大的车"与"大车"在宾语位置时，如例（4-7）所示，二者可互换，但在主语位置时，如例（4-8）所示，二者不可互换。根本的原因在于，"大车"尽管提示"车"的"大"，但整体不凸显"大"，而凸显"车"。"大的车"凸显"大"。由于主语位置具有对指称的强制性要求，因此，凸显"大"的名词短语不能入列。

（4-9）　a₁. 我的手/*我手在家要写文章

　　　　a₂. 以前年轻的时候我的手/*我手什么没有做过

　　　　a₃. 后来很多观众到后台的时候，握着我的手/*我手

　　　　b. 我手/*我的手捧着骨灰盒转回过头来边哭边说

　　　　c. 提出"企业在我心中，质量在我手中"的口号

　　　　d. 先生作品多出我手/我的手。

　　"的"的另外一个功能是确立实体非对称依存处于连续的依存体之内。在例（4-9）a中，"的"确立了"我"与"手"的直接的联系，其结果是，"我的手"可直接充当执行者，而相对地，"我手"不可。不同于"我的手"，"我手"可充当方位。尽管"我的手"也可充当方位，例如"球就在我的手上"，但在特定依存环境中，"我手"比"我的手"更具有优势。例如在b中，需要明示"捧"与"转"的执行者相同，而使用"我手"，可选择性地将"手"视为与动词构成一个成分，即"手捧"。这显示了汉语中存在间距越近、语窗距离越远的趋势。这种趋势比较常见，例如，"国国"虽然在CCL中有59016个实例，但却无同语窗用例。

　　当然，考虑到"爸爸"之类的实体重叠在汉语中的盛行，间距与同语窗也存在优选的趋势。

（4-10）a₁. 他_施事把球_事体稳稳地顶入网窝_事体。

　　　　a₂. He_施事 headed the ball_事体 sweetly into the back of the net_事体.

　　　　b₁. The taxi driver_施事 **raced** me_事体 to the airport_事体.

　　　　b₂. 出租车司机_施事驾车_事体将我_事体飞速送到机场_事体。

　　英汉语中均可通过介词在实体间建立起联系。由于汉语介词以控制为基础而英语介词以空间关系为基础，二者与动词的集配模式存在着差别。汉语控制介词居于动词前，而英语介词居于动词后。结果是英汉语中对应实体的间距标记项（即标记两个依存单位之间线性距离的词项）出现对调。如例（4-10）a中，汉语中介词"把"将"他"与"球"建立起联系，而英语中动词headed将he与ball建立起联系；汉语中动词"顶入"将"球"与"网窝"建立起联系，而英语中介词into将the ball与the back of the net建立起联系。类似的情况也出现于b中。这种作为间距标记项的动词与介词对调表明，英汉使用在动词–介词的主从层级集配上存在较大差异。这种差异体现为，汉语介词建立的实体关系不能自足，例如，"他把球"不自足，而the ball into the back of the net自足。这种层级差异建立于线性致使链一致的基础上，即两句均体现"施事→事体→事体"的致使链。

（4-11）a₁. I eat breakfast. I eat breakfast.

　　　　a₂. 我吃早餐。我吃早餐。

　　　　b₁. 他说我踢他了，可是我从来就没碰过他！

　　　　b₂. He said I **kicked** him, but I never touched him!

　　　　c₁. They **wanted** better housing.

  c₂. 他们要求更好的住房。

  英汉语在用动词确立实体关系上存在较大的一致性。在例（4-11）a中，eat 直接标记I与breakfast的间距，与汉语"吃"基本对应；在b中，"踢"直接标记"我"与"他"的间距；在c中，"wanted/要求"连接"they/他们"与"better housing/更好的住房"。所有这些动词实例均可描写为"射体→界标"集配。

  动词类似于空间介词，凸显实体之间的射体-界标非对称角色。二者的差别在于从概念语义上看，介词不提示时间，而动词提示时间。这种语义差别体现在英语上则是动词具有时态变化，而介词不具有时态变化，例如在例（4-12）a₁中，went承担过去时态，而非out，理由在于go提示过程，而out提示一种恒定的关系。

（4-12）a₁. One by one the stars **went out**.

  a₂. 星星们一个接一个地熄灭了。

  b₁. The students **entered** the classroom one by one.

  b₂. 学生们一个挨一个地走进教室。

  这种时间的强制性在汉语中没有体现，例如在例（4-12）b₂中，"走"与"进"不能通过是否表达时间加以区分。如"走了""进了"均可使用，在此语境下能够区分二者的差别在于，如果省略"进"，全句不可接受，而如果省略"走"，全句可接受，并且与"走进"意义类似。从描写的充分性来看，框架是否由主要动词承担的差异，并不能充分描述went out与"走进"两种结构所显示的英汉差异。

（4-13）a₁. The thirty-six girls enter **one by one** down the ramp at the back of the stage.

  a₂. 36个女孩一个一个地走下了后台的坡道。

  b₁. We went into the room **one by one**.

  b₂. 我们挨个儿走进房间。

  c₁. **One by one** they got out.

  c₂. 他们一个一个地走了出去。

  d₁. He shot arrows **one by one**, but each missed.

  d₂. 他射了一箭又一箭，但都未能射中。

  当然，从间距角度看，英汉语均可通过"过程-关系"集配将实体建构为射体-界标集配。在例（4-13）中，"enter... down/走下"组构"girls/女孩"与"ramp/坡道"，标记二者的间距，英汉语均用修饰词，即"one by one/一个一个地"标记系列性。这里的差别是，"一个一个地"不能插入"走"与"下"之间，也就是，"*走一个一个地下"完全不可接受，而相对应地，enter one by one down是可接受的。这体现了"走下"是相邻性成分，而enter-down是依存性成分。除此之外，one by one所提示的系列相对于"一个一个"要更自由。例如，在b中，one by one置于句后，而对应的译文"挨个儿"只能置于动词（过程-关系）之前、主语（射体）之后；在c中，one by one置于句前，对应译文"一个一个地"的结构位置与"挨个儿"类似。当过程-关系集配用于组构实体时，英汉语体现出很大的间距差异。不仅如此，如d所示，one by one所标记的系列并不体现于过程层面，而是体现于实体层面，即one by one对应"一箭又一箭"。此处的"一箭又一箭"也同时可对应英语的复数。在这种情况下，实体之间的间距仍然由动词标记。这种跨越实体和过程的系列性语窗增加了实体间间距的复杂性，其根源在于系列是概念认知的基本过程。

关系和过程均可直接组构实体，但潜势往往不能直接确立实体之间的联系。例如，"*我能饭/I may food"中，"能/may"作潜势，表达不自然。尽管有这种常规趋势，但潜势在各种认知过程的参与下，也可直接连接实体。

（4-14）a_1. Go on! Take it! I dare you.

　　　　a_2. 来呀！接受吧！我谅你也不敢。

　　　　b_1. 廉颇老矣，尚能饭否？

　　　　b_2. Lian Po is old. Can he eat food now?

　　　　c_1. Do you think I can ask for money here?

　　　　c_2. 你觉得我能在这里要到钱吗？

在例（4-14）a中，dare直接组构I与you；在b中，从概念上，"廉颇"与"饭"由"能"直接联系在一起。尽管过程与潜势的叠合可缩短实体之间的间距，但在很多情况下，潜势需叠加于过程之上，以增加实体间距的方式组构实体，如c中，"I/我"与"money/钱"的关系由潜势-关系-过程共同建构。

另外，在间距上，关系也可向过程渗透，从而拉大实体之间的距离，如例（4-15）所示。Langacker（2008: 72）认为，before/after提示射体-界标关系，用以组构"我到达"和"客人离开"两个事件。在Langacker（2008）的分析中，两个事件的射体-界标角色是固定不变的，变化的只是表达的语序，如图4-3所示。

（4-15）a_1. The other guests all left [Trajector] before [Landmark] we arrived.

　　　　a_2. 我们到达之前，所有的客人都走了。

　　　　b_1. We arrived [Landmark] after the other guests all left [Trajector].

b₂. 所有客人都走了之后，我们才到达。（Langacker, 2008: 72 ）

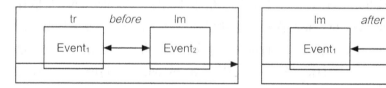

图 4-3　before 与 after 的射体－界标分析

图片来源：Langacker（2008: 72）

汉语译文既可体现这种从关系到过程的渗透，也可体现语序的调换。但从语序上看，英汉语是相反的，如例（4-16）和例（4-17）。英汉语的这种差别在于，结构上（不是语篇上）汉语将关注的焦点（前景）置于后，而英语将关注的焦点（前景）置于前。这种差异说明，英汉语的凸显集配模式存在差异化趋势。

（4-16）a. He exploded after he touched the button.（Talmy, 2000: 321 ）

　　　　b. 在他按下了按钮之后，他爆炸了。

（4-17）a. He touched the button before he exploded.（Talmy, 2000: 321 ）

　　　　b. 在他爆炸之前，他按下了按钮。

在前景－背景分析中，前景－背景固定于特定事件上，并不随着 after/before 的切换而切换。从定义上看，Talmy（2000: 341, 253）曾指出，前景－背景对应射体－界标，而如果从整个表达所体现的注意结构分布来看，射体－界标体现事件角色间的非对称，而前景－背景体现语序结构的非对称。笔者认为，Langacker（2008）与 Talmy（2000）存在矛盾的分析说明语窗集配中不同层级存在凸显配置的竞争。

（4-18）a₁. His exploding [Figure] occurred after his touching the button [Ground].

　　　　a₂. *他的按钮之后他的爆炸发生。

　　　　a₃. 他按按钮之后，爆炸才发生。

　　　　b₁. His touching the button [Figure] occurred before his exploding [Ground].

　　　　b₂. *他的爆炸发生之前，他的按钮。

　　　　b₃. 他爆炸之前，他按按钮了。（Talmy, 2000: 321 ）

实体的非对称同样可渗透于过程的非对称，如例（4-18）（Talmy, 2000: 321）所示。从汉语译文看来，虽然英语呈现出过程的实体化，但是汉语并未呈现出过程的实体化。因此，从英汉对比角度看，单就此现象而言，汉语更依赖于过程，而英语更依赖于实体。

简言之，实体与实体基于线性维度上的间距变化，通过关系、过程、潜势进行主从式集配，从而形成丰富的表达。

4.3　主从关系间距

实体是名词以及名词性表达存在的概念动因，而关系为形容词、副词、介词存在的语义动因。关系表达之间也会跨越一定的间距呈现出主从依存。在概念上，关系与实体的共同之处在于，二者所指示的内容均具有恒定性。尽管有这种相同之处，但关系作为一个大范畴，其范畴成员的差异较大。各种不同的关系虽然在集配中可典型地呈现不同的面向，但是存在一定的灵活度，并且这种灵活呈现的方式在英汉语中存在着很大的差异。

（4-19）a$_1$. 英国**很快**就会变成胖子国。

　　　a$_2$. Britain is **fast** becoming a nation of fatties.

　　　b$_1$. 我能跑得**快**。

　　　b$_2$. I can run **fast**.

　　　c$_1$. 人们普遍认为猎豹是世界上跑得**最快**的动物。

　　　c$_2$. The cheetah is generally credited as the world's **fastest** animal.

　　　d$_1$. 我只是**很快**地洗一洗就吃饭。

　　　d$_2$. I'll just have a **quick** wash before dinner.

在（4-19）a中，"很快"既可被视为描写"英国"，也可被视为描写"变成"，呈现出过程面向，描述过程"变成"的速度，但对应的fast是实体面向，描述实体Britain，而过程become对其进行阐释。这种模糊性也体现于b中，"跑得快"中的"快"描述"跑"，但不能确定是副词还是形容词。对于此句而言，"我快"是整句的核心内容，"快"是形容词，但在"跑得快"中，"快"不可避免地要面向过程"跑"。同样，run fast中的fast置于动词run之后，描述run的过程，但并非副词形式，而是形容词形式，这模糊了fast的关系分类，毕竟，如c$_2$所示，在fastest animal中，fast可直接面向实体。形容词与副词的差异体现了英汉语之别，例如d中，副词或过程面向的"很快"对应实体面向的quick，但quick实际上是用于修饰一个实体化的过程wash。

（4-20）a$_1$. 他从地上捡起帽子，猛地扣到头上。

a₂. He picked his cap up off the ground and jammed it on his head.

b₁. 她弯下身子捡起一块矿石。

b₂. She bent down and picked up a mineral.

英语的关系模糊性主要体现于介词之上。例如,在例(4-20)a₂ 中,on his head 中的 on 是确定的介词,理由是其组构实体 it 与 his head;而 up 一方面描述 his cap 与 the ground 的位置变化,但同时也可描述过程 pick 的指向,因此,up 具有实体和关系的双重性。这种双重性也可在一定程度上较为明晰地分离。例如,在 b₂ 中,bent down 中的 down 修饰过程 bent,是过程面向;在 picked up 中 up 也呈现出与过程 picked 一体的趋势。英语介词的地位不确定伴随着与过程间距的调整,而在汉语中,"捡起"中的过程–关系由于相邻而融合为一体。

(4-21)a₁. 我们那台计算机很好用。

a₂. That computer gave us **very good** service.

b₁. Over the years I've come to the conclusion that she's a **very great** musician.

b₂. 这些年来,我得出的结论是她是一位**非常伟大**的音乐家。

从间距的角度看,关系也可形成依存,但这种依存体现为相邻,并且英汉语表现出一致性。如例(4-21)所示,"很好"对应 very good,very great 对应"非常伟大"。在相邻条件下,关系之间直接形成稳定的非对称依存关系。

从英汉对比的角度看,英语中存在空间介词系列,彼此形成依存关系,而汉语中存在控制介词系列,彼此也可形成依存关系。

(4-22)a₁. 用铁锹背面把土拍平。

a₂. Press the soil flat **with** the back **of** a spade.

b₁. 你能不能在 5 点钟前把这些给我复印好?

b₂. Can you get these photocopied **for** me **by** 5 o'clock?

c₁. 他用锤子把楔子砸入石缝里。

c₂. He hammered the wedge **into** the crack **in** the stone.

d₁. 她用毯子将孩子裹得严严实实。

d₂. She muffled the child **up in** a blanket.

在例(4-22)中,"用-把"将施事、"铁锹背面"与"土"建立起指向性的射体–界标关系,"用"和"把"均依存于实体,不能独立出现。例如,"*用把土拍平"完全不可接受,而"铁锹背面把土拍平"在一定程度上可接受。另外,"土拍平"也可接受,而"用铁锹背面把土"不可接受,这说明"用-把"对于建构((实体)过程)的依存阐释并非必需。在这种建构中,存在着语言单位的线性距离越近越不宜省略的趋势，例如，"? 他用锤子砸入石缝里"不完整，而"锤子把楔子砸入石缝里"或"他用锤子把楔子砸入石缝里"均可接受，呈现出"(他用锤子(把楔子(砸入石缝里)))"的层层阐释关系。这种层级阐释也体现于英语中，例如，He hammered into the crack in the stone不易接受，而He hammered the wedge **into** the crack可接受。这种现象在英语中被称为复合介词（complex preposition）（Desagulier, 2022）。也就是说，汉语与英语虽然共享层级阐释的关系依存，但是汉语中关系置于过程之前，而英语中关系置于过程之后。这种关系层面的依存由于只能依存于实体，呈现出拒绝相邻的强制性，这与实体或过程面向的关系形成鲜明对比。

尽管有这种趋势，英语空间性关系对于间距并无强制性需求，如例（4-22）d_2中的up in所示。这种情况在英语中并不少见，例如，up to、along with、without、ahead of、in spite of等。英语的这种关系整体性在汉语中也存在。在使用中，英汉语在间距上既存在相同，也存在差异。

（4-23）a_1. 她把那些信都烧了以便永远不让她丈夫看见。

　　　　a_2. She burned the letters **so that** her husband would never read them.

　　　　b_1. **In spite of** his age, he **still** leads an active life.

　　　　b_2. 尽管年事已高，他依旧过着一种忙碌的生活。

（4-24）a_1. The baby's mother escaped from the fire **along with** two other children.

　　　　a_2. 婴儿的母亲和另外两个孩子一起逃离了火海。

　　　　b_1. 整个族群都是同系繁殖，以至于根本不存在基因差异。

　　　　b_2. The whole population is **so** inbred **that** no genetic differences remain.

（4-25）a_1. He came **up to** me and asked for a light.

　　　　a_2. 他走到我跟前来借火。

　　　　b_1. **Ahead of** them was a gaping abyss.

　　　　b_2. 他们前面是一个巨大的深渊。

　　　　c_1. 他相当刻薄地说，来看我还不如去干别的事。

　　　　c_2. He said, rather hurtfully, that he had **better** things to do **than** come and see me.

在例（4-23）a中，"以便"对应so that，"以"与"便"以及so与that均是相邻关系，从语义上看，表达了两个事件的因果关系。在b中，in spite of-still对应"尽管-依旧"，英汉语中均存在间距。同时，英汉语也呈现出不对应。例如，在例（4-24）a中，along with的不分，对应"和-一起"的分，而b中"以至于"的不分，对应so-that的分。英汉语的差异也体现于分合的不同层面。在例（4-25）a中，up面向过程，而to面向实体，对应的"到"面向实体，"跟前"提示实体性的方位，这说明，该依存整体的内部在概念上并非处于同一层面。这明显地体现于例（4-25）b$_1$的ahead of中ahead的过程面向和of的实体面向，而其在b$_2$中对应的是实体性的方位"前面"。这种非对称体现于例（4-25）c中则是在better-than依存中，better是实体面向，而than是过程面向，better-than对应"还不如"。

（4-26）a$_1$. 在这片以石墙隔出巴掌大的农田的乡村，驴子比汽车还多。

　　　a$_2$. Donkeys **outnumber** cars in this landscape of tiny stonewalled fields.

　　　b$_1$. 我干得不太好，但其实他干得比我还糟。

　　　b$_2$. I didn't do it very well, but, if anything, he did it **worse than** I did.

　　　c$_1$. 她甚至比她姐姐还聪明。

　　　c$_2$. She's even **more** intelligent **than** her sister.

　　　d$_1$. 他比威尔士亲王还牛气，甚至更有钱。

　　　d$_2$. He is **grander and even richer than** the Prince of Wales.

　　　e$_1$. 他说的比唱的还好听。

　　　e$_2$. His glib talk sounds **as sweet as** a song.

　　　f$_1$. 重新和好的一分钟，比一生的友好还宝贵。

　　　f$_2$. One minute of reconciliation is worth **more than** a whole life of friendship.

　　这种比较性的主从关系在英汉翻译中的对应情况较为复杂，呈现出多样性的对应。在例（4-26）a中，"比-还"对应outnumber，依存的间距在汉语中由"汽车"定义，而在英语中则直接通过动词表达，不体现为非对称关系依存的间距。处于"比"与"还"之间的成分用以定义间距，但是在英语中，"比-还"可分别对应worse than、more than、as-as等等。之所以形成这么大的反差，是因为"比"面向实体，而英语的比较级既可面向实体，也可面向关系。

4.4　主从过程间距

　　英汉语中均存在连续过程形成主从关系的集配。处于主从关系的过程，通过压缩间距，可从极端的离散集配转化为高度整合的一体化集配。在这种间距的连续变化中存在致使主从集配、意图主从集配、指向主从集配、结果主从集配、基底主从集配等多种集配方式。在这些集配中，英汉语的共同之处是均遵循象似原则形成了顺序一致的过程链；英汉语的差异之处在于，英语的过程主窗有时态和介词标记，而汉语的过程主窗无时态和介词标记。

（4-27）a₁. Nothing, but nothing would **make** him **change** his mind.

a₂. 没有什么，绝对没有什么会**使**他**改变**主意。

b₁. If you wait, I'll **have** someone **collect** it for you.

b₂. 如果你等，我会**叫**人为你**搜集**。

c₁. We try to **help** all students **realize** their full potential.

c₂. 我们努力**帮助**所有的学生充分**发挥**他们的潜力。

例（4-27）中，英汉实例体现致使主从集配。在 a 中，make-change 可对应"使-改变"；在 b 中，have-collect 可对应"叫-搜集"；在 c 中，help-realize 可对应"帮助-发挥"。从信息传递角度看，make/have/help 依存于 change/collect/realize，前者省略后不影响实质意义的表达，而后者省略有害于实质语义的表达。此类结构对应的概念动因是致使链（Croft, 2012），即施事施力于受事，受事发生变化，传递能量至下一个受事，直至能量耗尽。

（4-28）a. This dress **makes** me **look** fat.

b. [[这衣服][我]][[穿着][显胖]]。

英语的致使链集配在汉语中可实现为实体–过程的对言性集配。在例（4-28）中，英语的 make-look 双过程在汉语中对应为"穿着-显胖"的非对称依存过程。同样地，整句可省略"穿着"变为"这衣服显胖"，与原句相比，实质内容一样。在此，英汉语共享过程非对称依存，但英语的非对称是过程与实体相间，而汉语是实体与过程各分一组，呈现 4+4 的韵律格式。这种配置典型地体现为形式上的对称韵律与概念上的基底–凸显的相互协作。

（4-29）a₁. 别把孩子**弄哭**了。

a₂. Don't **make** the child **cry**.

b₁. What would you say if I told you I could **help finish** your job?

b₂. 如果我能帮你**完成**你的工作，你怎么感谢我？

另外，英汉使用中的叠式过程均可相邻，但在翻译中表现出对共享实体的个性化选择。在例（4-29）a 中，"弄"与"哭"形成相邻关系，原因在于"把"将共享实体"孩子"置于"弄"之前，而在对应的译文中，the child 定义 make 与 cry 的间距。这呈现的差别是，汉语是先实体关系再过程关系，而英语是实体与过程呈现叠对式。相对应地，在 b₁ 中，help 与 finish 形成相邻关系，而在

b_2 中,"帮"与"完成"需要共享实体"你"以定义间距。整体上看,a 中英汉过程间距差异的动因是汉语的关系 - 过程集配与英语的叠式集配的对立。b 中过程间距差异的动因是汉语的双音集配与英语的连动集配的对立,理由是"帮你"可替换为"帮助/帮着"。

(4-30) a_1. 用实例来证明你的论点是重要的。

   a_2. It is important to **cite** examples **to** support your argument.

   b_1. 他帮着筹集了很多钱。

   b_2. He has helped **to** raise a lot of money.

   c_1. 让她来组织这次聚会非坏事不可。

   c_2. Letting her organize the party is a recipe for disaster.

   d_1. 飞机在机场上空盘旋以耗掉多余的燃料。

   d_2. The plane circled the airport **to** burn up excess fuel.

过程主从依存中,英汉语存在不同的标记,英语典型地以 to 标记过程之间的非对称,而汉语是"来",如例(4-30)a 所示。从语义上看,to 表达向外位移,come 是向内位移。除此之外,汉语还用"着/以"标记间距,而英语用 from。英汉语均用实体标记过程之间的间距。

(4-31) a_1. 公司提供咨询并帮助找工作。

   a_2. The company provides advice and **assistance in finding work**.

   b_1. 离家上大学使我变得独立自主得多。

   b_2. Going away to college has **made** me much more independent.

   c_1. 妻子的离世使他心神不宁。

   c_2. His wife's death disturbed the balance of his mind.

过程主从依存中,英汉语最重要的差别是,汉语的叠式系列集配需要对应英语的层级集配。汉语的连续过程集配在例(4-31)a 中实现为英语的((过程)实体)集配,在 b 中实现为英语的过程–实体–关系集配,在 c 中实现为英语的((过程)实体)集配。这表明,英语将过程的主从依存压缩为实体–过程的主从依存。

(4-32) a_1. 他想吻她,但她把他推开了。

   a_2. He **tried to kiss** her but she pushed him away.

   b_1. 他打破窗户意图入室行窃。

   b_2. He broke the window with **the intent to enter** and steal.

   c_1. You don't **want to do it** like that.

　　c₂. 你不应那样做。

　　在意图–过程主从集配中，英汉语呈现出意图–过程集配的一致顺序。英汉语的差异在于，英语依然借助 to 标记过程的主从关系，而汉语无须标记。例如，在例（4-32）a 中，"想吻"对应 tried to kiss。英语的 to 将 tried 的时间性过程与 kiss 的非时间性过程设定为非对称的关系，但这在"想吻"中未获得体现。同时，汉语依然维持了多过程集配，而英语依然可借助介词将过程主从集配改造为实体主从集配。例如，在 b 中，过程性的"意图"在英语中被降格为实体性的 intent。汉语的潜势–过程集配对应英语的意图–过程集配，例如 c。

（4-33）a₁. She **went** to **find** her husband.　指向集配

　　　　a₂. 她去找她丈夫。

　　　　b₁. She **started calling** me a thief.　启动集配

　　　　b₂. 她开始叫我小偷。

　　在例（4-33）中，英汉语在指向集配和启动集配中依然维持了过程的一致性，差异仍在于是否存在非对称标记。汉语之所以不需要这些标记，根本原因是汉语的组构依赖于过程的顺序象似性，而英语的组构依赖于各种非对称标记。

（4-34）a₁. We also hold regular meetings of volunteers **to** discuss issues of concern.

　　　　a₂. 我们也主持志愿者定期会议，讨论关切的议题。

　　　　b₁. **In** doing so he diverges from common sense.

　　　　b₂. 他如此行为，背离常识。

　　在例（4-34）a 和 b 的同时集配中，英语分别借助 to 和 in 建构过程的主从关系，而汉语均是依序并置。

（4-35）a₁. 她看书看得挺高兴。

　　　　a₂. She had fun looking through the books.

　　　　b₁. 这需要钱和计划，我不能说走就走。

　　　　b₂. It takes money, planning—I can't just up and go.

　　这种顺序象似性在汉语中具有高规约度。汉语在结果主从集配中，依然需要借助于语序，如例（4-35）所示。在 a 中，"看-看"提示一个过程的两个阶段，二者的间距由宾语"书"标记，这种间距具有强制性，"看书"不能简化为"看"，而英语译文是先结果、后过程的语序，无法复现过程。顺序象似性同样体现于 b 中。b 不同于 a 之处在于，"说走就走"比"看书看得挺高兴"具有更高的对称性，其非对称因素只在于过程的顺序。

（4-36）a. Jay, she might never **let go**.

b. I'll **go fetch** my bags.

c. You **come see** me anytime.

汉语中复杂过程间距压缩到极致就会浮现出重叠，例如，"走走"，其中两个过程呈现较高的对称性，而相对应地，英语中间距压缩的极致仍然是主从依存的模式。如例（4-36）所示，其中，let go 为非对称致使集配，go fetch/come see 为指向集配。英语这种间距压缩的过程与汉语具有一致性，背后的概念动因是 Langacker（2009, 2016）所提出的主体控制往复，即主体以自身为参照点通过反复的过程建构对环境的认知。具体而言，let/go/come 提供基于视角的框架，而 go/fetch/see 分别对动作加以阐释。

4.5 主从潜势间距

当将过程视为人的特定意图、目的、愿望等主观感受时，一方面其自身是一个主观过程，而另一方面其体现主观意向的内容，这种意向内容相对于说话人当前的现实而言处于可能的或潜在的状态，可概而称之为"潜势"。潜势的核心属性是现实与非现实的对立。这种对立既体现于意愿、情态和否定表达上，也体现于假设、可能、转折、让步之类的连词中。

（4-37）a_1. He **should** just about get by in the exam.

a_2. 他这次考试应该能勉强及格。

b_1. Soldiers have to withstand hardships.

b_2. 士兵必须能吃苦耐劳。

c_1. You know, even a mother who doesn't understand the idea of sacrificing for her children **should** understand that.

c_2. 即使是不懂得为孩子奉献的母亲，应该也能理解的。

d_1. They **should be able to** give us a better lunch.

d_2. 他们应该可以提供好一些的午饭。

e_1. You **should still be able to** eat the foods you enjoy.

e_2. 你应该仍然能吃你喜欢的食物。

英语句子之内的情态词会互相排斥，如 should may/must can 不可接受，但也会相容，如例（4-37）d_1 中的 should be able to；情态词之间也可插入成分，如 e_1 中的 should still be able to。汉语中情态词可相邻，如例（4-37）中的"应该能""必须能""应该可以"，情态词之间也可插入成分，如"应该也能"。这里的概念动因在于，不同情态词在概念上具有阐释关系，涉及的概念层级是(外力_{社会[应该]}(内力_{主体[能]}(过程_{动作[吃]})))。过程实现主体内在的能力，而主体内在的能力实现外在的要求。该模式在英汉语中均适用。

（4-38）a₁. We **must** do what **can** be done.

　　　　a₂. 我们**必须**尽我所能。

　　　　b₁. You must answer if you can.

　　　　b₂. 如果你能，你**必须**回答。

（4-39）a. 你**应该不要**向你的孩子们让步。

　　　　b. You've got to **stop** giving in to your kids.

（4-40）a. 你**不应该**在天最热的时候外出。

　　　　b. You **should not** go out in the heat of the day.

在长间距上，潜势语窗共现较为多见，如例（4-38）所示，处于不同小句中的情态窗的共现不受限，如must-can和"必须-能"。这种趋势为英汉语共享。英汉语的差异体现于否定潜势"不"与not的使用上。例如，在例（4-39）中"不要"对应动词stop，而在例（4-40）中"不应该"对应should not。"不"与not之别提示了英汉语概念配置的系统性差异。

潜势还体现于多种类型的关系词项中。在选择关系中，"或""或者""还是""亦""非-即""不是-就是"等表达不同的选择，即对于既定事态的演变而言，存在多种潜在演变的可能。在转折关系中，"却""虽然""但是""然而""而""偏偏""只是""不过""至于""致""不料""岂知"等表达既定事态在现实中的演变不符合期待。在假设关系中，"若""如果""若是""假如""只要""除非""假使""倘若""即使""假若""要是""譬如"等表达在非现实的想象空间中确立起既定事态之间的潜在连贯。在让步关系中，"虽然""固然""尽管""纵然""即使""不管"等提示既定事态的演化不受关注事态的妨碍。条件关系连词"只要""除非"等提示既定事态的演化需要特定条件才能演化至期待的状态。在目的关系中，"以""以便""以免""为了"等提示在现实中确立某种事态以获得意图潜势的实现。

在关系潜势中，既存在独立性的表达，也存在依存性的表达。独立潜势关系在集配中提示层级阐释关系架构，而在依存性的潜势关系中，在线性维度上产生间距，例如"非-即""不是-就是""虽然-但是"。这种独立潜势与依存潜势之别在英汉翻译中有所体现。

（4-41）a₁. 但这不是一个非黑即白的问题，玛丽安娜。

　　　　a₂. But this isn't a simple **black and white** affair, Marianne.

　　　　b₁. 商务谈判未必是一场非赢即输的零和游戏，要争取双赢。

　　　　b₂. Business negotiation may not necessarily be **a zero game** in which one loses if the other wins; we should strive for a win-win result.

（4-42）a₁. 我们虽然缓慢但是在稳步前进。

　　　　a₂. We are making slow **but** steady progress.

　　　　b₁. 虽然地位显赫，但是公爵夫人并不会得到优待。

　　　　b₂. **Despite** her status, the Duchess will not be given preferential treatment.

　　"非-即"提示在一个事态演变中，存在两个对立的潜势，且只有一个潜势在既定的演变中可获得实现。"非-即"在例（4-41）a中对应and，而在b中对应zero，在这种对应中呈现"对立"的依存并置与无的对应，这表明英语的总括性不像汉语那样存在间距现象。

　　"虽然-但是"在例（4-42）a中对应but，而在b中对应despite。在这种对应中，but/despite置于一个分句之前，用以衔接整个分句。"虽然-但是"并不必然分别置于两个分句之前，而是可处于某个分句中，这说明"虽然-但是"的依存在用于组构两个分句时具有形式上的灵活性。例如，在a₁中"虽然-但是"提示同一个主体的两个状态与预设的潜在状态形成差异化的拟合，只用以组构整个表达的谓语部分，而在b₁中，"虽然-但是"用于组构两个小句。

（4-43）a₁. 在这件事上，你不是成功了就是失败了。

　　　　a₂. In this business, **either** you've got it **or** you haven't.

　　　　b₁. 晚上他不是看电视，就是看书。

　　　　b₂. He **either** watches TV **or** reads books in the evening.

（4-44）a. John **either** ate rice **or** beans.

　　　　b. **Either** John ate rice **or** beans. (Schwarz, 1999: 340)

　　这种差异化的间距方式在英汉语对应的依存中也有呈现。在例（4-43）中，"不是-就是"对应either-or。在a中，either-or用于组构两个整分句，而"不是-就是"组构两个对立过程；在b中，二者均用以组构两个对立过程。特别需要说明的是，either-or在间距上具有非对称的趋势，如例（4-44）中，either尽管与or具有依存关系，但是却具有灵活的句法位置。

　　从主从依存角度看，"非-即"或"不是-就是"虽然基于潜势，但所组构的对象是对称的，并未表现出主从依存，二者均是非主从依存。无论是否为主从依存，依存单位的顺序都不可调换，例如，"即-非"或"就是-不是"不可接受，体现出线性维度上的非对称性。潜势关系的主从非对称主要体现于连词潜势与情态潜势的共现依存上。这种依存是跨越不同语窗的依存，其中连词潜势组构整个语窗，确立整个表达的基线，可视为从，而情态潜势凸显现实，可视为主。

（4-45）a₁. 纵然成功的希望不大，我们也要试试。

　　　　a₂. We will try even **if** there is little hope of success.

　　　　b₁. 这种天气即使在一月份也算得上非常寒冷。

　　　　b₂. The weather, **even** for January, was **exceptionally** cold.

　　　　c₁. 只要你练习说英语，很快就会进步。

　　　　c₂. **If** you practise speaking English, you'**ll** soon improve.

　　　　d₁. 她十年前就去世了，但她却留在人们的记忆中。

　　　　d₂. She di**ed** ten years ago **but** her memory live**s** on.

　　　　e₁. 除非某些条件得到满足，否则他们不会释放人质。

　　　　e₂. They **refused** to release their hostages **unless** certain conditions were met.

　　在例（4-45）a中，"纵然-也要"存在依存，证据是"也要"在此不可省略，此处"纵然"提示想象空间，而"也要"提示意愿潜势，在翻译中对应will-if。在b中，"即使-也-得"相互依存，"即使"设定想象空间，"也-得"提示既定的潜势不受妨碍，在英语中对应为even-exceptionally。在c中，"只要-就会"对应if-will，其中，"只要"提示既定事态与想象事态的最强联系潜势，这实际上在英译中未获得充分体现。在d中，"就-了-但-却"对应-ed-but--s，"就"提示既定事实，而"但-却"提示当前现实与潜在现实的不一致。在e中，"除非-否则-不会"对应refused-unless，其中"除非"提示想象的空间，与unless对应，"否则-不会"提示现实与潜势的对立，与refused的意图潜势形成对应。在这些使用情况中，汉语浮现出多个潜势关系依存的局面。

（4-46）a₁. 尽管遭到强烈反对，执政党还是获胜了。

　　　　a₂. **Despite** strong opposition, the ruling party carried the day.

　　　　b₁. 尽管有飓风警报，人们仍然在大海里游泳。

　　　　b₂. People were swimming in the ocean **despite** the hurricane warning.

　　　　c₁. 尽管国际上明令禁止，核试验又在进行了。

　　　　c₂. Nuclear testing was resumed **in defiance of** an international ban.

（4-47）a₁. 即使他们很快就结婚，我也不会感到意外。

a_2. It **wouldn't** surprise me **if** they got married soon.

b_1. 短声波即使遇到小物体都会产生回音。

b_2. Short sound waves bounce off **even** small objects.

c_1. 即使你皮肤黝黑，仍需要防晒。

c_2. **Even if** you have dark skin, you **still** need protection from the sun.

d_1. 即使价格更高一些，这仍然很合算。

d_2. This was **still** a good buy **even** at the higher price.

在汉语中，潜势关系之间虽然存在直接依存，但彼此并非一一匹配，而是存在着一对多的呈现。例如，例（4-46）和例（4-47）中呈现了"尽管-还/仍然/又""即使-也不会/都会/仍/仍然"等多样依存，其中，"仍然"为二例所共享。英汉语之间的差异是，英语可通过在句子之内的关系依存表达汉语中通过分语窗表达的潜势关系。例如，在例（4-47）d中，still处于谓语位置，而even修饰介词短语at the higher price，二者形成依存，而汉语中"即使"和"仍然"分处于两个分离的语窗内。

（4-48）a_1. 船员将睡在船舱里，不乐意也没办法。

a_2. The crew will be sleeping in the hull and will have to lump it.

b_1. 唉，我该走了，不想走也得走哇。

b_2. Well, time to love you and leave you.

另外，相对于英语，汉语通过对立表达潜势。如例（4-48）汉语实例里的"不-也"提示两个过程虽然存在着某种既定演化潜势，但是并不影响当前潜势的进展，这在英语中对应为and标记的系列性并置。

简言之，在潜势主从依存中，概念上现实-潜在的对立驱动关系表达在形式上的成对。这种成对虽然充当整个表达的架构，但未必分别充当各自所隶属的分句的主窗。从间距角度看，二者间距越小，越倾向于对称，间距越大，依存强度越弱。

4.6 主从时间间距

时间可从客观和主观两个层面来定义。客观上，时间具有不可逆性（irreversibility）和往复性（cycle）（Gould，1987：10），"花有重开日，人无再少年"中，重开的花也并非本来的花；主观上，时间具有瞬时性（transience），指人主观上认为自己经历了什么，最典型地体现为闪电般转瞬即逝的经历。在不可逆性和瞬时性的时间经历中会浮现出现在、过去和将来的主观认知。时间，看不见，摸不到，但在语言上可体现为习以为常的现在、过去和将来。原则上，语言中的任何一个表达或语窗必须通过语音形式来加以激活或传递，它们均是时间性的，但从概念语义角度来看，语窗可分为主体经历和过程变化。主体经历实际上就是将所表述的过程与说话事件建立起联系，这样就呈现出与说话事件并存的现在、说话事件之前的过去、说话事件之后的将来。这些基本区分在英语中可体现为时态变化，例如现在时、过去时、将来时。汉语不存在时态变化，而是通过词汇来提示，例如"现在""过去""将来""今天""昨天""明天"等等。

（4-49）a₁. 现在你该解决同你父亲之间的分歧了。

　　　　a₂. **It's time** you settled your differences with your father.

　　　　b₁. 现在我来付账——咱们之后再算。

　　　　b₂. I'll pay **now**——we can settle up later.

　　　　c₁. 过去的几个星期，形势真是变幻莫测。

　　　　c₂. **The last few weeks** have been a real roller coaster.

　　　　d₁. 你回避自己的感受，将来会有麻烦的。

　　　　d₂. By ignoring your feelings you **are** only storing up trouble for yourself.

　　翻译材料显示，英汉时间表达的句法位置非常灵活，如例（4-49）所示，所有实例基本上不存在集配的对应，这种差异的根本原因是，汉语实例中时间表达均居于过程之前，充当基底，而英语实例中时间均是主谓集配的一个角色。二者的共同之处在于，时间均处于主从依存集配之内，如例（4-50）和例（4-51）。

（4-50）a. Being sued for negligence is **now** a growing worry for doctors in this country.　主谓之内

　　　　b. I can **now** speak from experience.　主谓之内

　　　　c. It is **now** a basic lending library.　主谓之内

　　　　d. The Football Association might **now** look into the incident, which is captured on film.　主谓之内

　　　　e. **Now**, once more looking at the small boy, she said briskly.　主谓之前

　　　　f. Much of this **now** forms part of Africa's stock of debt.　主谓之内

　　　　g. I was going to have to be careful from **now** on.　介词依存集配之内

h. The faded beauties, Kent and Yorkshire, are facing declining memberships —**now** down to 4,700 and 8,000 respectively. 介词集配之前

i. Some remarkable men are **now** being freed after a quarter century in prison. 时体窗之间

j. It wouldn't do for them to meet **now**. 主谓之后

k. Like you say, a couple of days off **now** and then, you seem to come back a little bit more fired up. 对言窗成分

l. **Now** is the time to start taking cuttings of miniature roses. 主语位置

m. The commonest cause of death **now** is advanced Kaposi's Sarcoma—a painful cancer. 系词之前

n. But not **now**. 否定之后

o. I mean **now** that most of them have got some sort of house. 主动词之后

p. The business as **now** carried on does not infringe any intellectual property rights of any other person. 主谓之前

q. In France the **now** outmoded system of jeunes de langue created by Colbert was gradually replaced by the more up-to-date teaching. 修饰窗

r. **Now** it's my turn. 主谓之前

(4-51) a. 现在学校课程太多。 主谓之前

b. 我觉得现在动手写中国近代史，还不到时间。 主谓之内

c. 比方汉族读者现在已经习惯了比较长而复杂的修饰语。 主谓之内

d. 日本历史家应始终注意的不是现在的听众。 名词修饰窗

e. 一直到现在，西方人对中国还存在这样一种顽固的偏见。 过程宾语之内

f. 我们现在也不能肯定。 主谓集配之内

　　"现在"与now的共享语窗依存位置是主谓之前和之内，如图4-4所示，"现在"置于主谓之后的情况未观察到实例。可以看出，"现在"与now在句法位置上呈现出负相关关系。分布显示，now具有位于主谓之内的优势，而"现在"具有前置的优势，这与英汉语的集配差别一致。汉语具有基底–凸显集配优势，而英语具有主谓集配优势。学界具有一致性的观点是，汉语和英语具有重结果与重过程之别（Tai, 2003）或"背衬优先"与"显体优先"之别（陈忠，2020）。

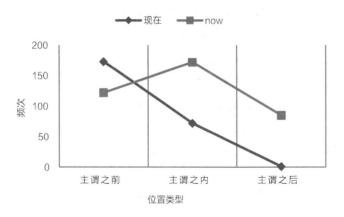

图 4-4　"现在"与 now 句法位置分布对比

（4-52）a₁. Jack **is** do**ing** very well at school.

　　　　a₂. 杰克在学校里学习成绩斐然。

　　　　b₁. It was hard to visualize how it could **have** been **done**.

　　　　b₂. 很难想象这是如何办到的。

　　　　c₁. It was, after all, what we **had** been do**ing** all along.

　　　　c₂. 毕竟，我们一直在做这一行。

（4-53）a₁. 我将吃苹果了。

　　　　b₁. 我正吃着，他走了进来。

　　　　c₁. 这个问题我已经考虑了一会儿。

　　　　c₂. I**'ve been** stew**ing** over the problem for a while.

　　英语主谓集配中主导性的时间主谓集配是时-体的依存，如例（4-52）所示，所有的英语时-体依存在汉语译文中均无法获得同等体现。这并非意味着汉语不存在时间内的主从依存，如例（4-53）所示，汉语存在"将-了""正-着"和"已经-了"的依存对。例（4-53）c₁ 显示，英汉语均具有以动词为间距标记的时-体依存集配，但概念语义上仍然存在着差异。"考虑"之前为"已经"，提示过程相对于说话者事件的时间，"考虑"之后为"了"，提示过程对于说话人的呈现情况。在英语中"考虑"对应 stew，been 置于 stew 之前与 -ing 依存提示持续，have（'ve）提示 stew 的持续开始于说话事件之前，have been 提示说话人与所关注的过程之间的时间关系。认知上，-ing 以内视角关注过程内在的形态（Langacker, 2008: 155）。结构上，"已经"与 have been 对应，而"了"对应 -ing；在概念上，"了"区别于 -ing 之处在于，-ing 提示不具有指向性的内视，而"了"提示即时关注的过程在主观上的充分呈现。

（4-54）a₁. 在凶多吉少的情形下，他终于完全康复了。

a₂. Against all odds, he **made a full** recovery.

b₁. 不管怎样，我们终于让她站了起来。

b₂. Somehow we **managed** to raise her to her feet.

"了"提示充分的呈现指向性可由相应的副词阐释。例如，在例（4-54）a₁中，"终于"提示"康复"的时间指向，而"完全"提示"康复"的量级指向，如图4-5所示。方框提示即时关注区域，而不同大小的圆圈代表"康复"过程中不同的量级，提示过程的量级指向，箭头提示"康复"过程的进程指向。

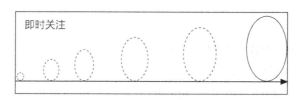

图4-5 "康复了"的渐变呈现

（4-55）a₁. 他们惊奇地发现他已经走了。

a₂. They were surprised to find that he**'d already** left.

b₁. 现政权已经执政两年了。

b₂. The present regime **has been** in power for two years.

（4-56）a₁. 过了一会儿，浓味沙司开始显得油腻了。

a₂. After a while, the rich sauce **begins** to cloy.

b₁. 等了一个小时后，大伙儿开始冒火了。

b₂. After an hour of waiting, tempers **began** to fray.

c₁. 音乐会开始了。

c₂. The concert **will** begin now.

"了"所提示的量级指向与进程指向对于时间具有中性。这体现在例（4-55）中是"已经-了"，可对应过去完成时had already、现在完成时has been；而在例（4-56）中体现为"开始-了"分别对应一般现在时begins、一般过去时began和一般将来时will begin。

（4-57）a₁. 天色已晚，她终于赶到了。

a₂. It was getting late when she **finally** show**ed** up.

b₁. 他们最后终于回到了海滩。

b₂. They **finally** manag**ed** to regain the beach.

汉语的时间依存表达在英语译文中呈现出多样的体现。"终于-了"在例（4-57）a₂中对应为finally-ed，凸显过程的内在状态，在b₂中也对应为finally-ed，凸显努力的量级。

（4-58）a₁. 我一下课就马上去图书馆。

　　　　a₂. I'm going to the library **straight after** the class.

　　　　b₁. 叛乱者一直等到夜幕降临才开始行动。

　　　　b₂. The rebels waited **until** nightfall **before** they made their move.

　　　　c₁. 她在门口站了一会儿才进去。

　　　　c₂. She stood in the doorway for a moment **before** going in.

　　　　d₁. The water is fine **once** you're in!

　　　　d₂. 你一旦下了水，就会觉得水里挺舒适。

　　　　e₁. 到目前为止，我认为它可以追溯到 8 代人。

　　　　e₂. I think it **goes** back about 8 generations **so far**.

汉语还可通过依存集配指示时间的相继顺序，这不同于英语的空间构型。在例（4-58）中，汉语对事件均依序表达，而英语通过"时间是空间"的隐喻，调换了事件的表达顺序。这种差异意味着汉语中时间关系的间距表达比英语更为凸显，这种凸显得益于汉语的线性依赖，而相对应地，英语是层级依赖。当然，这并非意味着英语中不使用语序设定基底和凸显。

（4-59）a₁. 过了好长时间，她才明白他的意思。

　　　　a₂. Much later **on**, she realized what he had meant.

　　　　b₁. 我们要探索一切途径，直到找到答案为止。

　　　　b₂. We **will** explore every avenue **until** we find an answer.

在例（4-59）a中，"过了-才明白"指示的先后顺序的临摹在英语中对应为on标记的射体–界标关系。尽管英汉语均将时间作为基底，但on提示时间基底的架构是空间的射体–界标关系，而"过了-才明白"提示时间基底的架构是过程的顺序。这种差别体现于b中until与"要-直到"的对应，until是基于空间隐喻的时间表达，即up to，其以空间射体–界标为非对称结构，而"要-直到"以意图–现实的过程对立为基础。

简言之，在时间关系的间距上，汉语以过程的线性距离为基础，而英语以空间层级为基础。

4.7 实体-关系间距

实体-关系集配在英汉语中均存在如下的实现方式：指示与实体，例如"这人/this person"；描述与实体，例如"胖人/the fat person"；方位与实体，例如"船上/in the boat"。指示之所以被视为关系，是因为指示词以说话人自我为参照，可指示任何事物，形成主体对事物的单向性指示关系。因此，"这车/the car"是将实体置于以自我为参照的框架之内。指示与实体既可相邻，也可分离。

（4-60） a₁. 这车一点毛病也没有。

   a₂. There is nothing wrong with **the car**.

   b₁. 这辆车发动不起来了——你能修理一下吗？

   b₂. The car won't start — can you fix it?

   c₁. The old car was under 500 dollars.

   c₂. 这辆旧车不到 500 美元。

   d₁. 这是一辆私家车。

   d₂. This is a private car.

例（4-60）中，"这"与the均提示关系框架，但二者与实体的间距存在差异。在a中，"这车"与the car均提示指示与实体相邻，但在b、c、d中，"辆"在英语中没有对应的单词。在间距上，指示与实体间存在灵活的间距，这为英汉语所共享。

（4-61） a₁. 她几乎一夜之间老了 10 岁，人也胖了。

   a₂. Almost overnight, **she** had aged ten years and become **fat**.

   b₁. 这人太胖，以至连门都进不了。

   b₂. The **man** was so **fat** that he couldn't get through the doorway.

   c₁. 她的牙齿长得歪歪扭扭，人也有点胖。

   c₂. Her teeth were crooked, and **she** was a little **overweight**.

（4-62） a₁. 一个瘦的人遇到了一个胖的人。

   a₂. A thin man met a **fat man**.

   b₁. 我们的主厨是一个和蔼的稍微有点胖的男人。

   b₂. Our chef was a genial, slightly **tubby man**.

描述与实体存在两种集配方式，例如"胖人"和"人胖"。这两种方式均可加入特定的关系词以增加间距，例如"胖**的**人"或"人**很**胖"。在例（4-61）a₁中，"人-胖"形成主谓关系，但由于"人"在指称上相对而言并不具体，为此，需要与更为具体的"她"进行通联同指而获得指称意义。从精度上看，"人"增加了"她"与"胖"之间的精度层级，这在英语中不需要，英语中以空位对应，如a₂所示。在间距上，相对于汉语而言，英语还存在be变形的问题，例如在b中，汉语"这人太胖"可对应the man was so fat。一对一分析显示，was在汉语中并不存在对应，这在语义上增加了对关系的时间定位。此类集配的间距自由度和幅度比"胖-人"要灵活，如例（4-62）所示。至少，当"胖-人"存在依存关系时，过程性的表达不易用于标记"胖"与"人"的间距。"人-胖"和"胖-人"共享的增加间距的方式是增加对后者的依存性成分。

　　在描述-实体依存集配中，间距的变化最核心的方面是维持实体主窗的恒定地位。在这种变化中，英汉语具有类似的间距规约模式，如图4-6所示，person与"人"作为主窗在依存间距上具有高度拟合的分布模式。这种宏观上的类似在实体-关系集配的实现方式上存在很大的差异，最大的差异在于of与"的"的差异。

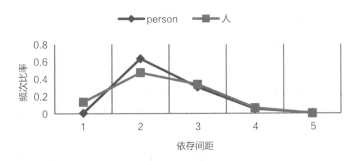

图4-6　person与"人"即时依存间距对比

（4-63）a₁. You will know him by the colour **of** his hair.

　　　a₂. 您根据他头发的颜色就会认出他来的。

　　　b₁. The building is part **of** our national heritage.

　　　b₂. 这个建筑是我们民族遗产的一部分。

　　　c₁. He does a lot **of** weight training.

　　　c₂. 他进行大量的举重训练。

　　　d₁. My wife had just bought a bunch **of** clothes on sale.

　　　d₂. 我妻子当时刚刚买了一堆的打折服装。

"的"与of既以相反的语序组构实体，如例（4-63）的a和b，又以相同语序组构实体，如例（4-63）的c和d。这种对立表明，语流中存在语篇凸显结构与常规凸显结构之别。在常规凸显结构中，"的"将其后的实体指定为基本凸显角色，而of将之前的实体指定为基本凸显角色。这可解释a flock of geese（Langacker, 2008: 342）中焦点在flock与geese之间的切换。

方位与实体之间的依存集配是实体-关系集配的一个次类。在此集配中，实体用以阐释空间框架或构型上的角色。在这种集配中，英汉语在间距表现上存在着很大的差别。例如"the book on the desk/桌上的书"中，"on/上-的"将"the book/书"与"the desk/桌"建立起空间关系。因此，方位-实体的间距体现为book与on的距离，对应地在汉语中体现为"书"与"上的"的距离。当然，在此也可体现为on与desk的距离，相对应的是"桌"与"上"的距离。从总体上看，实体与关系的距离倾向于临近，差别在于汉语中增加了非对称关系词"的"，而英语中需要the。二者重要的差别是间距的顺序，汉语是方位→实体，而英语是实体→方位。这种对立符合宏观上汉语的基底-凸显与英汉的射体-界标两种集配模式的对立，最直接地体现为英汉语不同的介词系统的集配模式（参见4.9节）。

（4-64）a. The pencil on the book on the desk.

b. 桌上有书，书上有笔。

（4-65）a. 水中花井中月

b. the flower in the water and the moon in the well

另外，在实体-关系的英汉间距顺序对立中还可发现英语是叠式推进的，而汉语是对式推进的，如例（4-64）所示。这种差异虽然未改变实体与关系的临近倾向，但是却带来了叠式与对式之别。这种差别的代价在于，需要增加"有-有"的复现，以提示所观察的关系是以主体为参照的。这与汉语对式推进中概念的并置形成对比，如例（4-65）所示。

简言之，英汉语中实体-关系在塑造间距上最大的差别是语序上的相反，这可解释为汉语以"基底→凸显"为语序配置的底层模式，而英语以"射体$_{凸显}$→界标$_{基底}$"为语序配置的底层模式。

4.8　实体-过程间距

从概念上看，实体-过程的主从依存在英汉使用中最为典型的是主谓集配。在主谓集配中，主语发挥确立关注对象的功能，而谓语发挥对关注对象描写的功能。从认知语法角度看，实体阐释和通联过程，例如，"白马飞奔"中，"白马"阐释"飞奔"过程所预示的动体角色，同时通联或共指"飞奔"过程中确定的执行者。以这种((实体)过程)模式为模板，在英汉语中可形成多种表达方式，而间距是一个核心的问题。

（4-66）a. 骏马飞奔

b. ?飞奔骏马

c. 飞奔的骏马

d. 骏马的飞奔

e. 骏马　飞奔

f. 飞奔　骏马

在例（4-66）中，实体"骏马"与过程"飞奔"存在多种集配方式，其中的"飞奔骏马"可接受度低，由问号提示，而通过空格停顿或"的"的插入可以使得二者不受顺序约束地进行组配。这说明，间距的增加有助于对实体与过程组配可接受度的提高。"骏马飞奔"的认知动因是，过程在认知内容上预设实体，否则无法获得理解，这限制了"飞奔骏马"的可接受度。用"的"连接二者，是强制性地将二者建立起非对称依存关系。这种依存关系是非对称的凸显，不受概念内容的约束。而不同于"的"，空格停顿的切分提高了"骏马"与"飞奔"对称的凸显度，例如，"骏马"与"飞奔"在形式上是两个音节，在分组上是两个独立整体，在结构上是非对称依存，在内容上分属不同范畴，可独立出现。

这种对称与非对称的地位竞争在英语当中也存在，但与汉语最大的差别在于，汉语以相同音节的字为基础，容易在形式上形成对称，而英语以不同音节的单词为基础，不易在形式上形成对称，内容和凸显上的非对称相对明显。更重要的是，英语主谓语难以同构的方式集配，例如，The horse runs fast 中，尽管主谓语音节数量一致，但 the horse 是后主窗，而 runs fast 是前主窗。

（4-67）a₁. 船底有水在晃荡。

a₂. **Water** was **slopping around** in the bottom of the boat.

b₁. 有人怂恿他供认犯了那个较轻的罪行。

b₂. **He** was **encouraged** to plead guilty to the lesser offence.

另外，英汉实体–过程集配的差异还体现于汉语叠式集配的翻译上。在例（4-67）a₁ 中，尽管关注的是"水"的过程，但是"水"不需要居前，这与英语的water存在着很大差异。另外，如b所示，英语he作主语居前，隐没行为者，但汉语以过程性的"有"开头，并不需要以被动形式呈现。从集配角度看，在a₁ 中，汉语通过逐步拉近视域的象似性进行组构，在b₁ 中的组构方式是致使链。而相对应地，英语均是主谓结构。尽管存在两种宏观集配的差异，但实体与过程的依存具有相邻性倾向。

实体–过程的另外一个体现是，动词用于修饰名词，例如a no-go area（禁行区）、no-fly zone（禁飞区）、a must-see movie（必看电影）、take-away food（外卖）、can-do attitude（我行的态度）。所有这些实例均是过程直接修饰实体，整体凸显的是实体。在这种表达中，过程与实体之间难以插入其他的成分。实际上，这种表达具有一定的词汇性倾向。

（4-68）a. 搜索队被传送到那个星球的表面。

b. The search party was teleported down to the planet's surface.

在例（4-68）中，"搜索队"译为search party，专指某个特定的群体，具有高规约性，其中"搜索/search"不可替换为其他表达，也不能变为"搜索的队"。另外，由于英汉语中实体与过程在不同层级上相互渗透，实体与过程的间距变得异常复杂。英语中，实体与过程的渗透表现为名词可用为动词（名词动用），动词也可用为名词（动词名用）。

（4-69）a. I tried <u>to</u> **run** past him but he grabbed the collar of my coat.

b. The customs officers **run** their eyes over us.

c. The rest of us are **running** a different race—by choice perhaps.

d. Joe has **run** both the London and Paris marathons.

e. I **ran** away as fast as I could along the pavement.

f. They had **run** circles round me.

如例（4-69）所示，run作为一个动词，具有多种形式，例如ran、running、to run、run等。ran/run可提示时间，而running和to run不能提示时间，这说明-ing和run均具有去时间化的功能。

（4-70）a. Damn it, the dreadful woman's **run** off.

b. In the long **run**, it fosters independence.

c. Expectations of a further devaluation triggered the **run** on the currency.

在例（4-70）中，动词的名词化提示这样一种相关性：动词用作动词时，时体在形式上零距离地依附于动词，而当动词用作名词时，时体在依存关系上与之远离。考虑到时间与过程的关系更为紧密，这种间距之别体现了语义依存关系越近、形式依存距离越近的象似性。这种相关性同时伴随着实体与过程的分离与融合。

名动的分离性是宏观架构层面上的。这种宏观架构层面上的强制性导致所表达的内容需要适应该架构才可获得表达。基于此，当动词过程并非用于确立实体的关系而被视为表述对象时，则需要调整自身以适应宏观架构的需要。动词的名词性使用就是将过程置于整个宏观架构的实体位置，通过去时间化和去过程化来实现内容的表达。

（4-71）a. Go out for a **walk** with them.

b. I should have tried harder at the long **jump** at school.

c. The stores and building sectors were among the hardest **hit** as traders anticipated a continuing squeeze in the high street and on house prices.

d. The box office **take** has been huge for the new show.

e. The company plans to make a big **push** into the European market next spring.

英语中动词的名词性使用相当普遍。如例（4-71）所示，walk/jump/hit/take/push的本质内容是过程，但均在依存中被视为实体，这些实体标记分别是a/long/hardest/office/big。其中box office take是英语中较为常见的名-名模式（Raffray et al., 2007）。

（4-72）a. She had a **mouth** full of pegs.

b. Her lips **mouthed** the words but no real sound came from them.

（4-73）a. These materials, like wood or **stone** or brick, also determined the architectural style.

b. Rioters set up barricades and **stoned** police cars.

（4-74）a. She turned the **handle** and slowly opened the door.

b. I thought he **handled** the situation very well.

实体名词也可提示过程。在例（4-72）中，身体部位mouth可提示动嘴的过程；在例（4-73）中，实体stone可提示用石头砸的过程；在例（4-74）中，实体handle可提示处理的过程。在概念上，这些实体本身均是动作的载体，形成自主–依存（Langacker, 2008: 199）概念模式，这可成为名动互相转化的动因。该过程由于仅仅涉及一个过程域内注意焦点的切换，也可被视为一个转喻的过程。

实体与过程的这种相互激活，从线性角度看并不能体现出任何距离，这是典型的零间距。这种零间距与主谓结构上所体现的非零间距形成鲜明对比。

（4-75）a. I started **drawing** when I was very small.

b. 我很小的时候就开始画画。

（4-76）a. Keep down! **You** mustn't let anyone see you.

b. 蹲下！一定不要让人看见你。

在例（4-75）中，draw 所预设的对象的实体省略，而汉语对译的句子中"画画"明示对象实体。在例（4-76）中，you 明示 let 的实施主体，而在汉语对译的句子中主体省略。这表明在依存中，实体与过程的依存度存在着差异。这种依存度的差异可体现为实体与过程的线性距离。

（4-77）a. 我_{实体[界标]}平时连 2 块钱一份的荤菜_{实体[界标]}都舍不得吃_{过程}。

b. 我_{实体[界标]}会一口把它_{实体[界标]}吃_{过程}了。

c. 她_{实体[界标]}想找个地方坐下来吃_{过程}饭_{实体[界标]}。

d. 中国有十二亿人口，十二亿张嘴_{实体[界标]}，天天都要吃_{过程}饭_{实体[界标]}。

例（4-77）中的这些实例表明，在汉语中，实体施事与过程存在较大的分离性，会极大地拉大这种间距，其概念动因是工具性框架和主体的意向过程。

名动互换是通过缩短间距而增加层级的方式来实现表达的适应度，而另外一种在实体–过程集配中实现表达适应度的途径是主谓结构中过程对实体的吸收，这尤其体现于祈使句中。例如，"他让我们走/he let us go"可变为"让我们走/let us go"。

概而言之，实体–过程间距在实体–过程集配的实现中，既可最大化间距以体现实体与过程的分离，又可最小化间距直至实体与过程成为一体，实现融合。

4.9　过程–关系间距

在以动词为中心的集配中，动词提示过程，一方面需要与实体名词进行语义上的适配，另一方面还需要与关系建立依存。在英语中，动词与关系确立依存集配时呈现出三种类型，即动词_{过程}–介词_{关系}、副词_{关系}–动词_{过程}、动词_{过程}–形容词_{关系}，如例（4-78）所示。

（4-78）a₁. 麻雀噌的一声飞上了树。

　　　　a₂. The sparrow **whizzed up into** a tree. 动词_{过程}－介词_{关系}

　　　　b₁. 他们**说得太快**，我简直给弄糊涂了。

　　　　b₂. They **spoke so quickly**. I just got lost. 动词_{过程}－副词_{关系}

　　　　c₁. I can **run fast**. 动词_{过程}－形容词_{关系}

　　　　c₂. 我能**跑得快**。

　　英语的过程－关系集配在汉语中不存在对应。在例（4-78）a中，up into 可在汉语中对应"上"，但就全句而言，"飞上"可替换为"上"，但不能替换为"飞"，这表明"上"为核心。"飞/上"的双过程性表明了汉语的均等框架地位（Chen & Guo, 2009）。尽管如此，"飞"也可独立表达路径，如"飞天入地"，这说明汉语在运动事件表达上具有"并行系统"（Ji et al., 2011）。相对应地，英语中无论是将 whizzed up into 单独替换为 whizzed 还是 up into 均不可接受。这说明，whizzed up into 的依存方式与"飞上"不同。这种差异在于，whizzed 与 up into 在时间内容上差异明显，而"飞"与"上"在时间上差异不明显。这种差异也体现于 b 和 c 中英汉语的动词与副词或形容词的差异。例如，"我能快"可接受，而 I can fast 不可接受；"他们太快"可接受，而 they so quickly 不可接受。因此，英语中形容词和副词不易区分，而汉语中动词与形容词或副词不易区分。汉语的特色是以"得"为标记的动结式。在间距上，汉语"得"增加了间距。

（4-79）a₁. 他把那块木头削成了一个简易的玩具。

　　　　a₂. He whittled a simple toy from the piece of wood.

　　　　b₁. The boy touched the worm **with** (= using, in his hand) a twig.

　　　　b₂. 男孩用树枝捅蠕虫。

　　在动词_{过程}－介词_{关系}集配上，英汉语的主要差别在于汉语前置控制性介词而英语后置空间性介词。在例（4-79）中，汉语的"把"和"用"分别对应英语的 from 和 with，并且它们相对于动词的语序是相反的。这是英汉语具有非对称凸显模式的又一证据。

　　动词_{过程}－介词_{关系}集配的实现上也存在间距最小化的现象，即动词无须借助介词直接提示过程和关系两种概念。

（4-80）a₁. Don't **touch** the machine when it's in use.

　　　　a₂. 机器在运行，就不要触碰。

　　　　b₁. A hand **touched** her **on** the arm.

b_2. 有一只手碰了一下她的胳膊。

c_1. The article **touched on** the main problem.

c_2. 文章提到主要问题。

d_1. He **touched only briefly on** that question.

d_2. 关于那个问题他只略略说了几句。

在例（4-80）a中，touch直接描述施事与machine的关系，而在b中，hand与arm的触摸关系由touch-on搭配予以建立。在此，关系与实体间的距离由her定义，而her与arm是主体-部分关系。on并不直接用于建立her与arm的关系，因为her on the arm不是有意义的表达。在此，touch-on提示物理过程。在c中，touch on以物理域激活话语域，表达"提及"。在d中，实体标记的间距转而由副词关系加以标记。这实则是通过实体与关系的压缩，从而提示过程的凸显度，从而减少过多实体关系对于隐喻过程的限制。从整体上看，英语中过程-关系的依存在间距上具有较高的自由度，而在汉语中，当关系置于动词后时，只能与动词相邻，例如"提到"。

简言之，在过程-关系集配上，基于介词控制系统和介词空间系统，英汉语在集配模式上呈现出非对称凸显模式上的差异。

4.10　潜势-过程间距

潜势-过程依存集配在英汉语中均存在，主要体现为情态动词与实义动词的共现。汉语情态动词包括"能、能够、可以、会、可能、敢、肯、愿意、情愿、想、要、应、应该、应当、该、值得、配、好、一定、必须"等，英语情态动词包括can、may、must、need、dare等。英汉语这些情态潜势均需与过程动词共现以形成完整的表达。在潜势-过程集配上，英汉语呈现出一致性，如例（4-81）所示。

（4-81）a_1. 她觉得，托马斯能说服任何人相信任何事。

a_2. Thomas, she sensed, **could convince** anyone of anything.

b_1. 几乎没有人能指望一辈子都干一个工作。

b_2. Few people **can count** on having a job for life.

c_1. 她很希望能弹钢琴。

c_2. She'd love to **be able to play** the piano.

考虑到潜势本身预设过程，因此，实体–过程是从基本到复杂的语序，而潜势–过程是从复杂到简单的语序。尽管潜势–过程集配在英汉语中体现了共性，但是将间距拉长时，还是能够观察到英汉语的差异。

（4-82）a$_1$. He **can also** swim.

　　　a$_2$. 他也会游泳。

　　　b$_1$. Faster results **also can provide** a significant business advantage.

　　　b$_2$. 更快的结果还可以带来重要的商业优势。

（4-83）a$_1$. I can play the guitar and I can **also play** the flute.

　　　a$_2$. 我会弹吉他，我也会吹长笛。

　　　b$_1$. **I also** want to get a good job, as my parents have.

　　　b$_2$. 我也想像父母一样得到一份好的工作。

在汉语中，"也"不能用于阻断"会"与"游泳"的相邻，比如在例（4-82）中，"他会也游泳"不可接受。但是，对于英语而言，can also 或 also can 具有一定的选择性。伴随着间距差别而来的是语义上的差异。在例（4-83）a$_1$中，also 面向过程，而在 b$_1$中，also 面向实体。

（4-84）a$_1$. 你能帮我把这一屏幕打印出来吗？

　　　a$_2$. **Can** you **do** a printout of this screen for me?

　　　b$_1$. 我记不得上次我们去看电影是什么时候了。

　　　b$_2$. **I can't remember** the last time we went to the cinema.

　　　c$_1$. 那也不会很难。你不觉得闷吗？

　　　c$_2$. That can't be too hard. **Don't you get bored**?

另外，影响英汉语中潜势与过程间距的还有介词系统。一般情况下，汉语的潜势–过程中可插入介词，而英语中可插入主语。在例（4-84）a 中，"能"与"打印"的间距由"帮-把"两个关系面向的介词短语定义，而 can 与 do 的间距由主语定义。另外一个英汉语之别是，汉语潜势可置于后，而英语潜势只能置于前，例如"吗"与 can。这种差别在于语序，而非间距。当然，如 c 所示，英汉语也可在一定程度上对应，即"得"对应 get。只不过，"得"建立起"觉"与"闷"的"过程–结果（潜势）"阐释关系，而英语对应为被动的遭受关系。

（4-85）a$_1$. He **can be** very helpful, but only when it suits him.

　　　a$_2$. 有时候他非常肯帮忙，不过那得他觉得合适。

　　　b$_1$. Art **may be** used as a vehicle for propaganda.

　　　b$_2$. 艺术可以用作宣传的工具。

c_1. Modern computers **can organize** large amounts of data very quickly.

c_2. 现代计算机能迅速**处理**大量的信息资料。

d_1. People **should decrease** the amount of fat they eat.

d_2. 人们应**减少**脂肪的摄入量。

在例（4-85）中，如果以动词为中心，那么潜势窗应依存于过程窗。然而，如果用省略来加以检测，那么存在两种情况，一种是在回答时，省略过程而保留潜势，例如"Should we go? Yes, we should."。另外，情态承担了原本由过程窗承担的表达时间的时态。另一种是从表达的完整性上来看，如果省略潜势，也会造成不完整的表达，例如，例（4-85）d_2 中，"人们减少脂肪的摄入量"呈现出不完整之感，而"人们应减少脂肪的摄入量"则表达完整意义。这均说明潜势在与过程的依存中具有较高的凸显或主导地位。单纯从陈述的角度看，其也具有一定程度的独立使用能力，例如可作为广告词的"我能"。

（4-86）a_1. 你能不能回到故事的开头？

a_2. **Could** you go back to the beginning of the story?

b_1. 我们可不可以商定一个价格？

b_2. **Can** we agree a price?

英汉语中情态–过程依存方式最大的差别在于复现，如例（4-86）。当表达疑问时，汉语情态潜势需要通过重复形成正反对立不相容的两个方面以供交际方进行选择。相对应地，英语将情态词前置，从而将潜势设定为整个表达的基础。由于情态本身也可提示互动，故而过程潜势和交际互动一并被设为前置，强化潜势和交际的不确定性，从而起到疑问的功能。

（4-87）a_1. 我们能坐下吗？我都累坏了。

a_2. **Can** we sit down? I'm worn out.

b_1. 你说你记不得她的名字了。

b_2. Whose name you say you **can't remember**.

相对应地，汉语不能将情态词前置，但可后置，比如例（4-87）b 中的"记不得/can't remember"是英汉语序颠倒的又一体现。

（4-88）a_1. She **can** never **go** out and meet men.

a_2. 她从来都不能**出去**见男人。

b_1. You **can** just **go** up for a ride.

b_2. 你可以只是**去**乘一下气球。

c_1. Where **can** they **go** to?

c₂. 他们能去哪？

d₁. Things **can** sometimes **go** wrong suddenly.

d₂. 事情有时可能突然出状况。

e₁. You **can** not **go** out.

e₂. 你不能出去。

f₁. She **can** now **go** wherever she wants, **read** whatever she wants.

f₂. 她现在能去她想去之地，读她想读之书。

g₁. They **can** always **go** somewhere else.

g₂. 他们一直都能去其他地方。

　　潜势–过程集配在英汉语中的间距标记也同样存在着很大的差异。在例（4-88）中，can-go 间距标记存在多种不同的标记方式，例如 never、just、they、sometimes、not、now、always，而"能-过程"基本上维持相邻。该例中，英语间距标记基本上是时间词，而且这些词在汉译中基本置于"能"之前。汉语前置基底–后置凸显的一致性表明，时间在汉语中比在英语中更倾向于通过语序实现时间基底的建构。

　　简言之，潜势–过程在英汉语中实现时，语序一致较为普遍，而不一致较少，但英汉语在间距标记上存在较大差异。根本原因是，英语需要通过前置潜势建立疑问，而汉语无须改变语序。此对立是英汉系统凸显配置差异的证据。

4.11　时间–潜势间距

　　在时间–潜势集配中，从间距角度看，英语中时间与潜势融合存在两种方式，一种方式是潜势词通过形态变化以零间距的方式实现时间与潜势的融合，例如 can/could、shall/should、may/might、will/would，但必须明确，这些表面上的时间与潜势融合并不代表着 could/should/might/would 完全表达过去，而是与潜势的主观程度有关。另一种方式是使用 must、need、ought to 之类的表达，此时时间与潜势融为一体，不存在变化。这两种均可被视为零间距的时间–潜势非对称依存方式。从形式上看，潜势是主，而时间为从，但从概念内容上看，潜势预设时间，没有时间，潜势无法运行。但同时，潜势也可被视为独立于当前说话者设定的现在、过去和将来的框架而存在的意向–现实的拟合。这种拟合本身预设与说话人的关系。这种关系无须借助现在、过去和将来而实现。这种脱离过去–现在–将来的语言主观性恰恰是汉语相对于英语具有的特征。

认知语法提出一个假设，认为英语存在实体依存与过程依存的并列格局。从依存集配角度看，名词实体具有高度的自主性，冠词、指称、数量、关系等各种关系性概念依存于其上，动词过程也具有高度的自主性，时间、修饰、关系、潜势等依存于其上。名词实体集配与动词过程集配再通过基于((实体)过程)的主谓集配整合成一个较为自主的集配。结果是，这个主谓集配的概念角色在不断的使用中相互渗透，并不断调整概念在集配上的实现方式，进行各种选择性操作，从而拥有高度的灵活性。

在英语的集配系统上，无论是时间还是潜势，实际上都已经高度规约且简化为形式上较少的固定概念框架，从稳定性的角度看，更具有基本性。由于潜势只是选择性使用，而时间更具有强制性，时间比潜势在规约上更为基本。

4.12　小结

主从集配不仅可贯穿于同类语义单位，也可贯穿于不同类语义单位。在不同的概念依存上，在间距上英汉语既呈现出相同处，也呈现出不同处。从复杂系统角度看，这种相同只是局部的偶然，而非必然。整体上看，英语中如认知语法所论述的那样，呈现出(((((实体)关系)过程)潜势)时间)的依存集配。尽管主从概念依存为英汉语所共享，但是，二者在识解方式上存在着很大的差异。最为典型的是，英汉使用中呈现出基础凸显与次级凸显的顺序之别，这系统地呈现于实体、关系、过程、潜势等层面或层面之间的间距实现上。

具体而言，英语中系统地通过形态变化的标记对一个词的各种时间或空间角色进行差异化规约，但在汉语中缺乏此类标记系统。这造成的结果是，研究者无法直观地通过语言形式特征来确定一个词或表达的时间角色或空间角色。当然，这种情况在英语中也存在，即所谓零衍生（zero derivation）现象，也就是零间距。这种现象在英语中的提出是基于存在标记性的衍生作为参照，但是在汉语中原本并不存在衍生系统，也无所谓零衍生的问题。更为重要的是，时间在汉语中并不通过形态变化来确定，而是通过丰富的词汇或结构、对话情景来加以确定。这种在时间上的非句法强制性说明汉语出现了去时间化的倾向。另外，汉语的介词系统并不像英语那样提示空间关系，而是衍生于身体动作，更体现为一种控制系统。

　　需要说明的是，本章所关注的各种主从依存是从概念构成内容上出发的，也就是给定两个语言单位，如果一个单位表达的内容成为另外一个单位所表达内容的构成性成分，则视为主从依存。这是概念意义上的主从。这种主从是一种稳定的主从，并不能保证凸显度上的主从。构成主从和凸显主从是共存于主从依存集配的两个方面，二者可协同，也可冲突，但不影响表达的流畅性。

第五章　英汉使用中的对言集配间距对比

　　尽管主从集配在英汉使用中具有极为基本的地位，但从充分描写的角度看，英语和汉语中还存在一种对言集配模式。对言集配模式指语窗通过成对形成自足表达的现象。这种现象一方面体现为对话，而另一方面体现为成对的格式。对言集配不同于主从集配之处在于，对言强调语窗的成对或对称（王寅，2021），而主从集配强调语窗地位的非对称。非对称的对言也是主从集配，最典型的集配模式是既成对又非对称的主谓模式，但对称性的对言不是主从集配。为了充分对比英语和汉语在动态间距上的异同，除了考察主从集配外，还需要考察对言集配中对称集配在英语和汉语中的异同。

　　基于英汉使用中主从集配与对言集配的并存，本研究提出假设，主从集配主导的语言会抑制对称对言集配的架构性拓展，而对称对言集配主导的语言会抑制主从集配的架构性拓展。如果将语言视为线性和层级共存的动态复杂系统，主从集配在语窗组合中强化层级架构，即一个语窗整体嵌入另外一个语窗之内，而对言集配在语窗组合中强化通联架构，即两个语窗组合中各个成分充分通联。从英汉对比角度看，英语中主谓集配显著，而汉语中对言集配显著。第四章的研究发现，间距维度上英汉语中主从集配在语序上普遍存在语序一致和语序相反的差异，本章将继续从间距的角度考察英汉语在对称性对言集配上的异同。

5.1　对言集配

　　对言是对言语法为一般性描写汉语语法而提出的概念，是对言语法的核心，基本内涵是格式的成对和对话的成对（沈家煊，2019）。能够体现对言语法的典型实例是"你说一言，我说一语"。虽然沈家煊（2020b）详细解释了该例所体现的结构特点，但是他并未从认知语法角度对其进行描写。该实例的最大特点是，前后两个部分同时相互依存，任何一个单独的部分不足以成为完整的表达，即"你说一言"或"我说一语"均不可接受，而二者合在一起可接受。

另一个特点是前后两个语段内部的成分存在一一对应的情况，并形成成分。例如，在最底层的语窗中，可形成"你我""说说""一一""言语"，在倒数第二层的语窗中，可形成"你说我说""一言一语""你言我语"，当然，还可出现跨窗的成分，即"你一言我一语"，这一成分的特殊之处在于，其可省略动词"说-说"而不改变语义。另外，"你说我说"从分语窗选取相邻的语段进行依存组合，而"你言我语"是选择不相邻的两个语段进行依存组合。

当然，这并非意味着所有的组合均可接受，例如，"你一我一""说言说语""说一说一"不可接受。也即在依存过程中存在着限制，这个限制遵循两个原则：成对对应和直接依存。据此，"你"与"一"不具有直接依存关系。在此，我们并不意图要将所有的使用总结为某种规则，只是此例，如图 5-1 所示，至少需要相邻成分（方框）、直接依存（虚线）、成对对应（双箭头曲线）等三个因素才可加以描写，否则不能展示其所有核心特征。

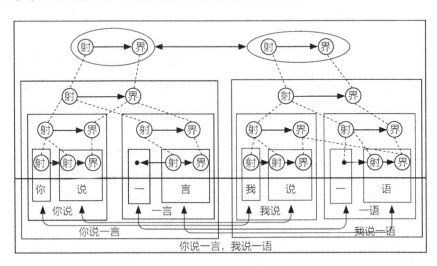

图 5-1　"你说一言，我说一语"语窗集配图示

成分和依存是认知语法中的描写因素。在认知语法中，所有用于构成更高层结构的组配均是成分。这种定义不同于基于即时成分分析的成分。这种成分

可将非相邻依存视为成分的一种，例如take-for-granted亦可被视为成分。依存也可体现于认知语法中，主要通过通联加以描写（Langacker, 1997: 12）。成对对立在认知语法的原有方案中则未获明确的说明。如果将通联定义为两个域在内容上的重叠，则对立完全不同于通联，而如果将通联视为任何语窗之间存在的任何种类的联系，那么对立也是通联，但在此，为了解释对言的独特之处，我们将对立视为认知语法体系中独立的集配描写因素。

对立凸显的最直接结果是，在分析成分时必须考虑到跨语窗非相邻的对立依存也是成分。这种成分不能为传统的即时分析方法所描写，也不能为句法依存所描写，但却可由认知语法中的语窗集配加以描写。成分是构成整体结构的部分。成分在句法依存与成分依存中存在不同的分析。在句法依存中，基于动词为中心的假设，动词不是成分，但在成分依存中，凡是单词均是成分。成分分析中，主语与宾语即使存在直接联系，但仍然得不到描写。这种描写虽然对于主谓格式并不存在问题，但这种忽视的结果是句法与语义相分离。结果是，某些非相邻依存虽确实贡献于句子结构的形成，但是却并不被描写。依存语法中的依存虽然考虑到了结构之间的非相邻依存，但是其采取动词为中心的策略，这导致其他成分依存于动词，从而不能被描写为彼此依存。这种做法虽然给语义分析留下了空间，但却忽略了语义与句法的共存性。例如，"羊吃墙"不可接受，原因并不是语法结构上的，而是"羊"与"墙"并不存在"吃"的指向关系。

对言中形式与意义二者共同贡献于语句的完整。例如，"我上你下"比"我上你南"更可接受，是因为"上-下"成对，而"上南"虽然在形式上成对，但是在意义上并不成对，因此整个表达即使形成对言，但依然不可接受。显然，语义对于特定表达的完整起到不可或缺的作用。

以形式与意义二分分析语法结构时，在分析形式结构的同时，必须进行详细的语义描写。这种语义的描写存在两种情况。一种情况是，一种语义结构往复地出现于同层级或不同层级的语窗之内，例如，"小吃"与"吃饭"中"吃"所提示的"射体→界标"非对称关系的往复出现。另一种情况是，语窗之间的语义需要形成同异之别，例如，"羊吃草"中"羊"与"吃草"存在着语义上的差别，同时，"羊"指称的实体用以实现"吃草"的射体施事角色。此类语义上的异同不能解释"你说一言，我说一语"中"你-我"的对立或对应。在汉语中此类对立既是构词的基础，例如"大小"，也是成句的基础，例如"你来我往"，还是语篇建构的基础，例如：

（5-1）　旧人<u>不</u><u>知</u><u>我</u>近况，新人<u>不</u><u>知</u><u>我</u>过往，近况<u>不</u>与旧人<u>说</u>，过往<u>不</u>与新人
　　　　讲，纵你阅人何其多，再无一人恰似我。（弘一法师）

　　在例（5-1）中存在的对立是他人之间的"新与旧"之别、动态"我"中的
"近况与过往"的对立、"新人立场的知与旧人立场的知"的对立、说话中"内
容与对象"的对立以及"行为与结果"的对立。这些对立既是韵律上的，也是
语义上的。

　　对立在语篇中的贯穿性体现了语言使用的一种架构性特征，其与主从架构
呈现互补状态，即主从集配是对立集配的成分。在对立集配中，可通过异同
（重叠或差分）将主从语窗的整个集配进行成分性的切分，这是一种异同分析的
方法。例（5-1）基于相同而切分出的是"不知我""不与"。这种切分从语窗层
级角度看，实则是将不同层级的语窗视为一个整体。这类整体不能描写为连续
的依存链。如图 5-2 所示，"不知我"或"说一"在依存链上不相邻。

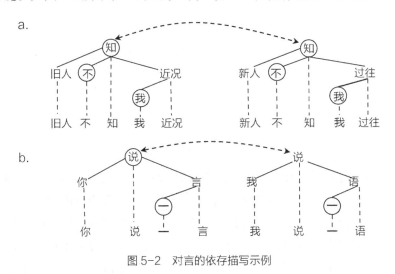

图 5-2　对言的依存描写示例

　　在依存分析中，总是存在一个单词是所有其他单词所依存的对象，其被视
为根词，这是非对称主从集配的基础，但这种根词分析在对称对言中无法进行。
例如，在图 5-2 中，没有任何理由将分处于不同主谓集配中的任何一个"说"
视为另外一个"说"的根词。在汉语中，以同质过程概念为基础，通过离散的
重复过程转喻连续过程是常见的现象，例如"说说""说呀说""说了又说"。
同样，也没有依据将两个"知"视为非对称依存。图 5-2 中的两个实例均通过成
分间跨语窗的对立和对应而获得表达，对称对言是基础的组构架构。

　　在对称对言中，跨语窗的成分语窗构成对称性的对等依存。在对言架构下，

成分语窗之内各个成分如何组构不是核心，核心的是分语窗如何进行对应。依据依存语法的动词中心思路，"不-不"可被视为依存于动词"知-知"；而根据本研究的概念层级，"不-不"预设过程，可视其为根项。但无论"不-不"或"知-知"哪个为根项，只要不影响分语窗在结构上的一致，便不影响整个表达的可接受度。那么，似乎可增加"对"作为根项，但问题是，成对表达在非相邻依存的情况下并不是任何单词，这样的依存投射不能执行。当然，更为关键的是，依存语法预设单词之间的离散，而"你说一言，我说一语"并不是离散的，而是整合性的。

同样地，在成分分析中，如图5-3所示，两个分语窗只是两个主谓结构的并置，并不具有任何联系。当然，也可以将两个主谓结构以成对的原则连接在一起，如虚线所示。

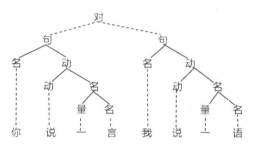

图5-3 对言的成分分析

但这种描写并没有任何意义，因为无法设定句与句形成对言的规则。我们可假设存在一个规则，即当且仅当两个句子相邻且所有成分的句法范畴相同且结构相同时，两个句子会形成可接受的对言。但这种规则运行的结果很可能是同一个句子无限重复自身。另外一个结果是，两个句子可能不存在任何语义上的关系，例如"车胎瘪了。火星到了。"，两个句子难以通过经验常识建立起意义关系。事实上，存在"吃喝拉撒 柴米油盐"之类的对言，此类对言中，两个成分的句法范畴恰恰是不同的。因此，对言中存在两条相反的规则在同时运行。当然，也可认为"吃喝拉撒"可被视为名词，因此依然符合上述的规则。但如果这么定义句法范畴，那么句法范畴本身就不具有确定性。尽管不能就此否认句法规则也能用于描写和预测对言，但从目前的论证来看，句法对于对言的描写至少忽略了对言对于语义的强制性要求。

相对而言，依存比成分的描写更直接，至少依存可直接体现两个主谓的内部成分的直接依存。但除非否认一个成分只依存于一个，转而设定一个成分可存在多种依存，否则不能描写成对。即便如此，进一步的问题是一个成分可接受输入和输出的数量是否存在限制。例如，在"你说一言，我说一语"中，"你-我"存在依存的同时，"你-言"或"我-语"也存在依存，这意味着一个节点存在着多种依存，这些依存均需要被描写。但即使描写了，这些依存关系也并不能都被视为句法的一部分，而会被视为语义结构。依存语法预设了语义与句法的分离。

集配、成分与依存是三种描写方案，对比来看，集配能揭示整个表达的概念关系，也能通过"射体-界标"配置的往复提示两个分语窗存在着概念上的重复。集配描写对言的优势还在于可体现单位之间在指称上的区别和联系。例如，在"我行我素"中，"我"提示两个分语窗存在着同指通联，而在"你说一言，我说一语"中，两个分语窗并不存在同指通联，而存在内容和结构上的异同。换言之，"你说一言"与"我说一语"提示在时间上交替往复的两个不同事件。更为重要的是，无论是成分分析还是依存分析，由于完全不关注语义，二者都无法揭示对言中"形式对立激活无限反复"的整合依存。

形式对言典型地体现为韵律对言。韵律对言关注语音层面上的分组模式。在汉语中非常常见的音节是单音节（吃、打、跳）、双音节（吃饭、打人、跳舞）、四音节（吃饭睡觉、大打出手、跳梁小丑）。音节数量虽然在很多情况下具有自由选择性，但在有些情况下具有强制性。

（5-2）　A：你多大了？

　　　　B₁：15。

　　　　B₂：5 岁。

　　　　B₃：*5。

例（5-2）中，对于A的问题，B的回答中 15 是自然表达，5 岁也是自然表达，5 则是不自然表达。在语义上"15""5 岁""5"均能提示问题的核心内容，5 不适用的原因实则只在于汉语对双音节的偏好。形式的强制性也体现于短语层面，例如，"一衣带水"的切分并非任意的，而只能是 2+2 模式的切分。这种 2+2 模式在汉语中相当普遍，例如"站着不动"（马书东、梁君英，2021）。

除这种对称的分组模式外，还存在 1+2、2+1、1+3、3+1 等非对称分组模式：1+2 的模式，例如"铁/公鸡""开/玩笑""煤/老板"；2+1 的模式，例如"电影/票""大碗/茶""修辞/格"；1+3 的模式，例如"他/喜欢你""钱/随便花"；3+1 的模式，例如"走远点/你""淮海路/南"。

韵律模式分析的限制在于分组方式不能彼此替代。例如，"煤老板"可分析为 1+2，但难以分析为 2+1；相对应地，"电影票"易分析为 2+1，而难以分析 1+2。类似地，"走远点你"可分析为 3+1，但难以分析为 1+3 或 2+2，而"别开玩笑"易分析为 1+3 或 2+2，而难以分析为 3+1。同样地，"站着不动"易分析为 2+2，而难以分析为 1+3 或 3+1。进一步看，3+1（走远点/你）或 1+3（别/开玩笑）可再分析为(2+1)+1 或 1+(1+2)，但是考虑到"开玩笑"或"走远点"这种三音节模式本身具有独立性，所以不能简单地将 3 归结为 1+2 或 2+1。

这种 1-2-3 相间的模式最典型地体现在独立单位之间没有语义区分必要的表达上，例如：立陶宛（1+1+1）、爱沙尼亚（2+2）、捷克斯洛伐克（2+2+2）、斯洛文尼亚（2+3）。原则上，这些表达可以"1+1+1+…"的模式读出，但如果以分组模式读出，则更自然。这同样适用于概念对等的组配中，例如"金木水火土"可分析为 2+2+1，而"柴米油盐酱醋茶"或"红橙黄绿青蓝紫"可分析为 2+2+2+1。

当然，这些分组方式不能被视为纯粹由韵律决定，因为每个分组背后均具有语义概念结构上的差异。例如，之所以将"煤老板"分析为"煤"和"老板"，是因为"煤老"这样的概念在汉语中本身不能提示任何概念。另外，从概念图式角度看，"煤老板"的构词方式是将煤炭经营中的主体与客体确立起非对称的概念依存关系，整体效果是以"老板"具体化"煤"的经营对象，从而限定"老板"的行业定位。

（5-3）　a. 这个发言稿是[[新来的市长的]秘书]写的。

　　　　b. 这个发言稿是[新来的[市长的秘书]]写的。

（5-4）　a. 学校来了[[三个]医院的医生]。

　　　　b. 学校来了[[三个医院的]医生]。

（5-5）　a. 山上的水有限，我们把它留给[[晚上]来]的人喝。

　　　　b. 山上的水有限，我们把它留给[[晚]上来]的人喝。

在言语活动中，韵律模式的重要作用是消解歧义。在例（5-3）a 中，韵律模式为 6+2，解读出"市长"是新来的，而在 b 中，韵律模式为 3+5，解读出"秘书"是新来的。在这种情况下，韵律分组起到了非常大的消歧作用。在有些情况下，重读有助于消除歧义。例如，在例（5-4）a 中，通过重读"医院"并辅之以 2+5 的优势分组模式，可将语义确定为"医生"不是学校的，而是医院的，在 b 中，通过重读"三个"并辅之以 5+2 的模式，可将语义确定为"医生"是来自三个医院的，而非一个医院。这种轻重+分组的方式也体现于例（5-5）中，2+1 的模式用"晚上"确定"来"的动作时间点，而 1+2 的模式将"上来"

视为整体，而用"晚"确定"上来"动作的时间点。两种分析存在语义差异的最根本原因在于，"晚上"是一天中的某个时间点，而"晚"预设了共同关注的参照时间点。

对于语义的识别，单纯通过韵律并不能解决所有的歧义。在有些情况下，歧义来自语窗间的内容重叠或通联。

（5-6）　a.他刚来学校，□谁都不认识□。

　　　　b.他刚来学校，谁都不认识□。

在例（5-6）中，如果"他"在后半句中充当不认识的执行者，语义变为"他"不认识别人，而如果"他"在后半句中充当不认识的对象，语义变为别人都不认识"他"。存在两种解读的根本原因在于"他"在"不认识"概念中实现的角色不同。虽然可通过通联消除歧义，但在此，歧义的根源在于音节数量上的前后一致使得再增加已经出现的表达会显得冗余。

（5-7）　a.他已经走了半个多小时了。

　　　　b.他放学后一到家就朝妈妈嚷嚷："我现在就要热饭。"

并非所有的歧义均能通过韵律组配与内容的对应模式加以解释。在词汇歧义中，组配并不能起到消歧的作用。在例（5-7）a中，"走"存在位移层面和生命过程层面两种规约意义，在无语境时，两种解读均适用。在b中，并未出现组配上的调整，但"热"存在两种解读：过程面向和关系面向。

简言之，韵律对言既体现于形式上的强制性，也体现于消除歧义中，但其并不能决定语义。韵律与语义只具有松散的对应，这可通过以形式-意义二分为预设的集配加以描写。承认集配对于对言的描写优势并非当然地认为集配本身可约束对言的形成，应该认识到，集配只是提供了一个理论描写的平台，至于对言是否存在规则或概念动因的限制，仍然需要深入研究。

5.2　实体对言间距

实体既可通过系列扫描（在认知中对认知对象的逐个加工）形成对称性的列举，也可通过关系词建立起对称对言关系。系列对称对言以系列框架为基础，关系词标记的实体对言以层级框架为基础。由于停顿可对应关系词，两类对言在间距上类似。

在实体系列对言当中，实体的关系以逐个扫描为基础，但这并非意味着在逐个扫描中所有实体窗的关系是任意的。在线性基底架构之上，实体的关系存在两种，一种是各个实体项完全独立，而另一种是各个实体项具有维度上的专属位置。

（5-8） a₁. 所有的**老师同学**都很喜欢我，我也很喜欢他们。

a₂. All t**he teachers and classmates** like me and I like them, too.

b₁. He is **my good teacher and helpful friend**.

b₂. 他是我的**良师益友**。

c₁. National Union of **Workers and Peasants**

c₂. **全国工人农民工会**

英汉实体对立常规的差别在于对言格式与and之间的差别，如例（5-8）。尽管从语序上看，对立的两个实体在语序上具有固定性，但是在内容上英汉语均是独立的系列。在独立系列中各个语窗具有均等的地位，属于同一范畴之内的不同成员。当这些成员通过语言线性被列举时，则呈现出成对的组配倾向。

（5-9） a. 赵钱／孙李／周吴／郑王　　2+2+2+2

b. 柴米／油盐／酱醋／茶　　2+2+2+1

c. 东西／南北／中　　2+2+1

d. 江河／湖海　　2+2

e. 鸡鸭／鱼肉　　2+2

在例（5-9）a中，各个独立语窗可自然地进行成对分组。这种对言分组体现于音节数不对称的系列上。例如b和c中最后一个单音节语窗可拉长节拍，而如d和e所示的双音节，则恰好形成对称性的对言格式。重要的是，在这个过程中体现出成对是偏好性的分组潜势。

这种韵律模式在英语中难以获得对应，最核心的因素在于，在英语中并列性语窗需要通过在尾项前加入and以形成连接，但是and标志的连接使得整个表达具有了层级，这在一定程度上削弱了成员地位的对等性。

（5-10） a₁. 他正详细说明到江河湖海中去游泳的好处。

a₂. He was expatiating upon the benefits of swimming in **rivers, lakes and seas**.

b₁. 开门七件事　　柴米油盐酱醋茶

b₂. **Firewood, rice, oil, salt, sauce, vinegar and tea** are the seven necessities to begin a day.

c₁. 在**东西南北**，四方都有守门的。

c₂. The gatekeepers were on the four sides: **east, west, north and south**.

c₃. Compass: **North**, **South**, **East and West**—Math is Fun.

d₁. 石头剪刀布

d₂. Rock Paper Scissors

除了and的差异之外，范畴成员的语窗顺序和精度也存在差异。例如，在例（5-10）a中，汉语中"江河"在英语中只对应rivers。尽管"江"与"河"在长度上不相上下（如"长江"与"黄河"），但二者在使用中无法相互替代，例如，"一条长河"是可接受的泛指，而"*一条长江"不可接受，原因在于"长江"是专指的名词。不仅如此，在高规约的表达中也存在语序上的差异，例如c和d中，方向和实体的顺序存在着差异。不同的顺序意味着不同的扫描策略。在c中，假设人是面南背北，在"North, South, East and West"中体现的是"后前左右"的策略，而"东西南北"是"左右前后"，这些选择可能存在未知的社会动因。在d中，可能存在形式上的动因。"石头/剪刀/布"的策略是2+2+1的对言策略，Rock Paper Scissors是1+2+2的策略。

（5-11）a₁. 一年四季，春夏秋冬，规律交替。

a₂. The four seasons—spring, summer, fall, and winter—follow one another regularly.

b₁. 老、中、青

b₂. the old, the middle-aged and the young

除了形式上的动因外，范畴成员的经历顺序也是语序的重要动因。在通常的经验中，四季的交替依序进行，标志性的过程是种植、生长、凋谢和休眠，这种经历可完整地体现于语言系列中，如例（5-11）所示。汉语的特色是对称二分，这也体现于颜色系列中。

（5-12）a₁. 彩虹七色：红橙黄绿青蓝紫

a₂. There are seven colors in the rainbow: red, orange, yellow, green, blue, indigo and violet.

b₁. The Metallurgy of the Common Metals: Gold, Silver, Iron (and Steel), Copper, Lead, and Zinc.

b₂. 普通金属的冶金术：金银铜铁铅锌

在例（5-12）a中，尽管"青蓝"与"blue, indigo"存在对应上的问题，但整体上英汉语均是从外向内对彩虹进行依序描写的。这说明实体序列具有一定的人类一般性。此外，与英语类似，在汉语中"金银铜铁"的说法也表现出理据性，即依据价值依次递减进行排列。尽管人类基本经验是实体扫描顺序的依据，但在很多情况下，实体的顺序也呈现出任意性。

（5-13）a. 水库水塘水渠

b. 找出图中山峰、山脊、山谷、鞍部、陡崖、河流的位置。

在例（5-13）中，顺序是任意的。这种任意性的根本动因是成员在域内地位的均等，即在该例中列举的实体均属于地表上的独立实体。

（5-14）a. 他指称，37 岁年龄，队长职务，中场大师能力！

b. He is the master of playing midfield as team leader aged 37.

在对不同范畴进行列举时，顺序受到概念关系的制约。例（5-14）a 首先通过指称确立基线概念为非说话人本人的某个人，之后通过年龄对其进行时间定位，再通过职务进行社会定位，之后再对其能力进行定位。每一个定位均是实体性的，也就是在内容上均预设"他"所指称的实体。在这种情况下，顺序不宜改变。从英汉对比角度看，这种结构的特殊之处在于，如果被视为一个完整表达，那么需要打破结构才可译为英语，如 b 所示。这体现了英汉概念配置上的差异。

（5-15）a_1. 男女老少齐上阵。

a_2. Men and women, old and young, all pitched into the work.

b_1. Ladies and gentlemen, boys and girls

b_2. 女士们，先生们，同学们

c_1. 游客来自四面八方。

c_2. Visitors came from near and far.

英汉概念配置差异还体现于实体性的对言格式中。受限于"男"与"女"以及"老"与"少"的对立，英文译文通过重复使用 and 从而并置两组并列结构，如例（5-15）a 所示。这种对言格式在汉语中未必能充分体现，如 b 所示，两组并置实现为三个独立范畴，其中 boys and girls 的系列对言被描述为总括。同样地，如 c 所示，"四面八方"是两个类似的语义并置，内容上无对立，而对应的英语译文 near and far 既有并列也有对立。这说明，对言格式在英汉语中均有体现，只不过体现的情景存在着差异。

（5-16）a. Head and shoulders, knees and toes, knees and toes, and eyes and ears, and mouth and nose.

b. 头和肩膀，膝盖和脚趾，膝盖和脚趾，眼睛和耳朵，嘴巴和鼻子。

例（5-16）a 的英语儿歌以 and 为架构，实体被组构为系列对言，汉语通过"和"对其翻译，如 b 所示。此种类型的使用中，"和"与 and 可对应。英汉一致性的动因在于，分组可减少列举多个实体的认知负荷。

（5-17）a₁. The **apple trees** are budding.

　　　　a₂. 苹果树正在抽芽。

　　　　b₁. 日本是个岛国。

　　　　b₂. Japan is an **island country**.

　　　　c₁. 天空飘洒着雪花。

　　　　c₂. **Snowflakes** were swirling in the air.

　　除系列列举外，实体也可以非对称的方式加以组构。在例（5-17）a中，"树"与"苹果"形成基底–凸显的关系。在知觉经历中，一个人既可关注"树"，也可关注"苹果"。但对于主体而言，果实具有食用价值，相对而言能获得关注，由此"苹果"比"树"更凸显。当这种凸显用作"树"的区别性特征时，在"苹果树"中会形成主从非对称注意配置："苹果"充当参照从窗，而"树"充当凸显的主窗。

　　这种主从关系成为"岛国"和"雪花"的架构，如例（5-17）b和c所示。在"岛国"中，"岛"是疆域的一种，提示陆地凸显于水域，而"国"确定社会群体所占据的疆域，"岛"用以阐释疆域，从而限制国的种类，即存在(((水)陆)人)的层级阐释关系。在"雪花"中，"雪"与"花"形成隐喻关系。一方面，"雪"阐释"花"的物质属性，另一方面，"花"阐释"雪"的形状。也就是说，尽管"雪"与"花"在范畴地位上对等，但是在结构上出现了非对等，即出现了主从关系。这表明，一个语言结构的浮现是对称与非对称两种认知操作相互竞争的结果。

　　在对称与非对称的竞争中，顺序天然地会赋予非对称语窗集配以顺序。但这种顺序在英汉语中存在差异，例如，"我的一个朋友"对应a friend of mine。这种相反顺序也体现于对称对言中，例如，"我和你"对应you and I。"我和你/you and I"在认知上体现了文化参照模式的英汉差异，而"我的一个朋友/a friend of mine"体现了英汉语中非对称注意配置的系统性差异。这种差异同时也意味着，在英汉语中均呈现出对称与非对称注意配置的两种格局。这两种格局在英汉语中以相同或不同的方式实现对实体的组构。

　　相对于英语，汉语具有特色的实体对言架构是复现架构。实体复现存在两种情况，一种情况是通过并列的方式激活穷尽的解读。从认知上看，是通过两两并置的无限循环来遍指所有即时关注的个体，即$(2+2)+\cdots+(2_n+2_{n+1})=$总数，可称之为对言积式。

（5-18）a₁. 应该让人人都知道其中的风险。

　　　　a₂. **Everybody** should be made aware of the risks involved.

　　　　b₁. They came in by **twos and threes**.

　　　　b₂. 他们**三三两两**地进来。

在例（5-18）a中，"人人"指说话人当前关注的所有人，在英语中对应everybody，体现了英汉语中的对言与主从之别。在b中，"三三两两"对应为twos and threes，体现了英汉对言的总括性与系列性之别。具体而言，"三三两两"体现的扫描方式是，先将具有三个成员的组两两进行组构，并做穷尽性的系列扫描，再将具有两个成员的组两两进行组构，并做穷尽性的系列扫描。而twos and threes是将两个一组的全部组做总括，再将三个一组的全部组做总括，进而再进行总括。

（5-19）a₁. 宝宝今天早上吐了我一身。

　　　　a₂. **The baby** puked all over me this morning.

　　　　b₁. 别瞎操心了，妈妈，一切都好。

　　　　b₂. Don't fuss, **Mum**, everything is all right.

另一种实体复现性对言如例（5-19）所示。在此，复现重叠并未带来数量上或指称实体上的增加，带来的是亲切度上的差异。这种实体对言一则是为了满足形式上成对的需要，二则是为了适应整个话语情景。汉语中的这种实体重叠对言在认知上依然是通过系列的方式达到总括效果，这在英语实体组构中不具有同等对应形式。

（5-20）a. 他们在结冰的路上撒沙子和盐。

　　　　b. They were spreading **grit and salt** on the icy roads.

另外，尽管"和/and"对于所组构的实体没有顺序或指向要求，如例（5-20）所示，但二者本质上还是存在着基底概念的差异。从词源上来看，古英语的and，形式为ond，表达"thereupon, next"。在此，thereupon提示空间垂直维度的参照关系，而next提示空间运动上的顺序关系，这意味着and建立在非对称的关系上。不同于and，"和"在《说文》中的解释是"和，相应也"，在词源上"和"所提示的显然是一种互动过程。因此，在概念语义上，二者共享的是"成对"，而差异之处在于and是对系列实体的非对称性总括，而"和"是对并置实体的对称性总括。

尽管词源上的对称与非对称并不影响"和/and"对于实体的对称性组构，但这种结构本身对于语言学理论来说却是具有挑战性的。根据成分分析，"和/

and"将对称实体组构为一个名词短语成分，这是自然的分析，而根据依存分析，"和/and"与实体的依存方式的分析存在问题。

（5-21） a₁. (grit) (and) (salt)　　　a₂.（沙子）（和）（盐）

　　　　 b₁. (grit) (and (salt))　　　 b₂.（沙子）（和（盐））

　　　　 c₁. ((grit) and) (salt)　　　 c₂.（（沙子）和）（盐）

　　　　 d₁. (grit (and) salt)　　　　 d₂.（沙子（和）盐）

　　　　 e₁. ((grit) and (salt))　　　 e₂.（（沙子）和（盐））

在例（5-21）中，如何分析 grit、and、salt 三者的关系是一个挑战。在 a 中，"grit/沙子""and/和""salt/盐"各自独立，且地位相当；在 b 中，"grit/沙子"与"salt/盐"地位相当，但"and/和"依附于"salt/盐"；在 c 中，"grit/沙子"与"salt/盐"地位相当，"and/和"依附于"grit/沙子"；在 d 中，"grit/沙子"与"salt/盐"地位相当，但均依附于"and/和"。

所有这些分析均可能服务于某种特定理论的需要，但并未考虑事实上的需要。如果认为关系优先于实体，那么可采取例（5-21）e 的分析。问题是，在对话中，"and/和"并不充当独立的单位，也不会用其回答问题，换言之，其不具有对话意义上的独立性。如果认为实体优先于关系，则 b 至 d 的分析均有可能。这里存在的问题是："and/和"是独立的，还是依附于某个实体之上的？就汉语而言，这取决于表达的意图。在普通的表达如"我和你"中，"和"依附于任何一个实体均没有必要，但由于四字格的偏好，存在如"沙子/和盐"的对称二分，"和"依附于"盐"；而在英语中，考虑到存在 and 在列举中的后置倾向，应分析为"grit/and salt"。但这些分析均以三者各自具有独立性为前提，如 a 所示。无论是哪种分析，都可能仅是使用中的某种倾向而已。

从对比角度看，尽管 and 与"和"在提示对称关系上对等，但在使用中二者不能相互替换。

（5-22） a. 我和妹妹过去老是吵架。

　　　　 b. My sister **and** I used to quarrel all the time.

（5-23） a. 下一轮他和谁比赛？

　　　　 b. Who will he be racing **against** in the next round?

（5-24） a. 从那天起她就再没和他说话。

　　　　 b. She never spoke **to** him again from that day on.

（5-25） a. 他对自己和那位女演员的关系直言不讳。

　　　　 b. He was very frank about his relationship **with** the actress.

（5-26）a. 她和我一样什么音乐都喜欢。

b. She enjoys all kinds of music, **as** I do.

在例（5-22）中，"我和妹妹"与英文译文 my sister and I 的顺序正好相反，这表明"和"或 and 所组构实体的语序并不取决于这两个字/单词，而是取决于实体之间的关系。这种外在的关系并不单单来自实体之间，还来自过程之间。例如，在例（5-23）中，against 对应"和"，在例（5-24）中，to 对应"和"，分别提示主体之间的非对称指向关系。在例（5-25）中，with 对应"和"，提示"他/he"与"女演员/actress"的主从关系。而在（5-26）中，"和"只能与 as 对应，但"和"在汉语句中组构实体，而 as 在英语句中组构同类过程。

（5-27）a. 他们被迫与叛乱分子达成调解协议。

b. They were forced to reach an accommodation **with** the rebels.

另外，在实体的对称性组构上，汉语中还存在与"和"意义类似的"与"。从词源上看，不同于"和"提示"相应"，"与"提示"赐"，有给予之义。二者在有些表达中可互换，例如"我和你 心连心"与"我与你 心连心"。这种"与"和 with 可形成对译，如例（5-27）所示。尽管存在非正式与正式之别，但这并不影响表达整体的可接受度。二者的实质区别在于，"和"用于提示在事件中的并存，"与"可用于提示对比。

（5-28）a_1. 努力与不努力也的确是不一样的。

a_2. ?努力和不努力也的确是不一样的。

b_1. 对与不对，留待史家加以批判。

b_2. ?对和不对，留待史家加以批判。

c_1. 美与不美，就看你如何把握和驾驭。

c_2. ?美和不美，就看你如何把握和驾驭。

（5-29）a. 我上学时常常与他和他姐姐在一起。

b. 他和他姐姐上学时常常与我在一起。

在例（5-28）中，所有的句子均提示正说与反说的对立，如果用"和"来替代"与"，则每个表达都显得不自然。在这种差别中存在非实体概念以"与"为中介进行实体化的可能。在实体化中，"与"需单独读出，"与"之前的成分需要拉长。同时，"与"不提示非对称的格局，如例（5-29）所示，"与"组构的实体可置换位置。由此，这种对比差别表明对称实体框架可借助隐喻过程进行扩展。

英汉语中地位均等的实体在间距上倾向于均匀、均等。汉语的特色是对言分组，而英语的特色是层级加持。

5.3　关系对言间距

关系是用以建立起实体、过程、潜势、时间之间联系的概念。各种概念可通过关系建立起非对称的联系，例如 "to/把"；可通过关系窗建立起对称性的联系，例如 "and/和" "or/或"。关系不仅可建立起其他概念的对称联系，其自身也可处于对称之中。这种对称关系有：介词性关系，例如 either-or、or-or、and-and、"不仅-而且" 以及 "或-或"；形容词性对称关系，例如 bad luck and good luck 中 bad-good 形成对立；副词性关系，例如 "They would be better fed, better clothed" 中 better-better 形成对立。在英汉语中，具有对称关系的介词不可相邻，例如，and and、"和和" 均不可接受，其概念动因在于内在非同质的实体不确定；副词、形容词可相邻重复，提示程度加大，概念动因在于内在的同质性，例如 "a big, big rose" "一朵大大的玫瑰" 可接受。据此，关系表达的相邻可能性与概念内在的同质性切分可能性相关。

对称性关系对言最核心的要素是关系的复现。例如，"的-的" "或-或" "也-也" "一-一" "有-有" "要么-要么" "又-又"。这种复现表明单位组合存在着对言的趋势。关系复现在英汉语中均有体现，但体现在不同的层面上。"的-的" 的复现在英语中不能获得对应的体现。

（5-30） a_1. 这些糖果有红的、蓝的、黄的等颜色。

a_2. The sweets are **red**, **blue**, **yellow** and so on.

b_1. 每所房子都有自己的回忆，好的坏的都有。

b_2. Homes have their memories, **good and bad ones**.

c_1. 有两种类型的非递归锁：快的和慢的。

c_2. There are two types of non-recursive locks: **fast and slow**.

在例（5-30）中，"的-的" 均充当词缀，既提示颜色，也提示评价，还提示速度，而在英语的翻译中并不具有对应项。

（5-31） a_1. You may receive a reduction **or** benefit **or** both.

a_2. 你可获得减免或收益或二者兼具。

b_1. I never had a long-term relationship as I wasn't good enough, **or** interesting **or** amenable enough.

b_2. 因为我不够优秀，不够有趣或者不够亲切，所以恋爱关系从来都维持不长。

英汉语中存在 or-or 与 "或 - 或" 的对应。在例（5-31）中，or 和 "或" 均能形成对应。当然，这并非意味着 or-or 与 "或 - 或" 不存在差别。

（5-32）a₁. 这样做，你也许会从自己思想的牢笼里解放出来，感到一丝或大或小的解脱。

      a₂. When you do this you may feel a little, **or** large, release from the jail of your mind.

      b₁. 或早或晚，大多数作家最终都会著书讲述身为作家的苦恼。

      b₂. Sooner **or** later most writers end up making books about the torments of being a writer.

      c₁. I don't drink whisky **or** brandy **or** any other spirits.

      c₂. 我不喝威士忌和白兰地，也不喝其他烈性酒。

如例（5-32）a 和 b 所示，汉语 "或" 前置复现，而英语 or 后置单一。在 c 中，or-or 无法对应 "或"，对应的是 "和 - 也"。前后置之别体现在宏观上为汉语具有前基底后凸显的模式，而英语具有前凸显后基底的模式。汉语双 "或" 与英语单 or 之别体现了汉语的对称趋势和英语的主从趋势。这种对称趋势体现在 c 中则是用 "不喝 - 也不喝" 的对立来翻译英语中单一 drink 与多个实体的主从关系，在此，英语的实体系列在汉语中转变为汉语的过程对言。

（5-33）a₁. 然后，他把拿来的箭一一折断，扔在地上。

      a₂. Then, he broke the arrows **one by one** and threw them on the ground.

      b₁. Ship **after** ship and train **after** train of them, every day they're coming in!

      b₂. 一轮船，一轮船，一火车，一火车，天天装来！

在例（5-33）a 中，对称的 "一一" 对应非对称的 one by one。在 b 中，英汉语的主从与对言之别在关系对言中获得了非常明显的体现。ship after ship 的非对称对应 "一轮船，一轮船" 的对称，train after train 的非对称对应 "一火车，一火车" 的对称，X of them 的非对称对应 "AA BB" 的对称。单就这个对比而言，英语中也存在成对，但是对称的成对以层级不对称为架构，而汉语中的成对以对称为架构。

（5-34）a₁. The silk is thin, white **and** sticky.

      a₂. 蜘蛛丝又细又白又黏。

      b₁. We were angry **and** amused at the same time.

      b₂. 我们又气又笑。

      c₁. 工人又锯又锤，干了整整一天。

c_2. The workmen sawed **and** hammered all day.

d_1. They talked **and** laughed.

d_2. 他们又谈又笑。

e_1. He's a jerk.

e_2. 他又蠢又笨。

f_1. 这孩子睁着又大又圆的眼睛看着这一切。

f_2. The child was watching it all **with** big round eyes.

　　另外，如例（5-34）a所示，类似于"或-或"，"又-又"也可与列举项依次配对，这种普遍性与英译中的对应项形成对比。尤为特殊的是，在e中，英语中实体性的jerk在汉语中体现为对言格式的"又蠢又笨"；而在f中，"又大又圆"形成不具有关系明示项的big round，二者均等地用以修饰eyes。"又-又"所组构的内容不具有实体性，在这方面与"一-一"形成对比，例如，"一山一水"难以描述为"又山又水"。当然，除此之外，二者的差异在于不同域与同域之别，例如，"一黑一白"可接受，而"又黑又白"不易接受，但对应的译文black and white表达两个范畴共存。

（5-35）a_1. In my opinion, failure is **neither bad nor good**.

　　　　a_2. 依我看，失败亦好亦坏。

　　　　b_1. He was born poor **and** died poor.

　　　　b_2. 他生亦穷来死亦穷。

　　　　c_1. 1999年欧元的登场对英国的金融公司来说亦祸亦福。

　　　　c_2. The advent of the euro in 1999 at first seemed a **mixed** blessing.

　　　　d_1. Poe and Edgarpo, word and echo, are in truth **indistinguishable**.

　　　　d_2. 坡和艾德加坡，一如声和回声，实际上亦此亦彼。

　　在例（5-35）a中，肯定的"亦好亦坏"对应否定的neither bad nor good，二者并不存在意义上的差异，这种正反对应表明，在正反并存的往复语义结构中，正反判断不会改变语义。在b中，"亦-亦"对应and，提示两项在关注范围内是并存的状态，即二者处于不同的时位，二者并存。在c和d中，"亦-亦"分别对应mixed和indistinguishable，这说明"亦-亦"具有对关系的总括性。考虑到"亦-亦"所提示的两极概括了描写对象的属性，同时这两个极端属性又是对描写对象两个方面的列举，因此具有精细化特征。在概括与精细一体的协同共存下浮现出一个形义组配整体，即往复结构。

（5-36）a_1. He may **or** may not come tomorrow.

a_2. 明天他也兴来，也兴不来。

b_1. He just couldn't make up his mind **either way**.

b_2. 他左想也不是，右想也不是。

c_1. 结果呢？公羊的犄角被篱笆夹住，进也不得，退也不得，只能"咩咩"不停地叫唤。

c_2. As a result, with its horns caught in the fence, the ram could **neither** advance **nor** retreat but bleat helplessly.

d_1. 他左想也不是，右想也不是。

d_2. He just couldn't make up his mind **either way**.

e_1. 脚踏上去，声音也没有，气味也没有，只能感出一点点极微细极柔软的触觉。

e_2. Quiet and smell-less, they feel tiny **and** soft underfoot.

f_1. Even so, Ken told Brian that he was not funny, **and** that he would never be successful.

f_2. 即便如此，肯还是跟布赖恩说他一点也不好笑，也永远不会成功。

例（5-36）显示，"也-也"组构的内容呈现出过程泛化的倾向。在a中，"也-也"对应or；在b中，"也-也"对应either way，表达对二者的选择。在c中，"也-也"与"不得-不得"共现，对应neither-nor。在d中，"也-也"与"不是-不是"共现，对应either way。这均说明，"也-也"已从组构过程扩展到组构潜势。另外，如e所示，"也-也"也可对应and，既然其也可对应or，这表明其本身是并置与选择的概括，概念层级更高，也就是不受实体、过程或潜势这些内容性的概念所约束。这种广泛性的另外一个体现是"也-也"可用于组构"不-不"，如f所示。

（5-37）a_1. 狗有大有小，模样也各不相同。

a_2. Dogs come in all shapes **and** sizes.

b_1. 整个调查过程中他们都有礼有节，对我很尊重。

b_2. I was treated with decorum **and** respect throughout the investigation.

这种跨越概念层级的扩展与"有-有"存在一定的对比性。在例（5-37）a_1中，"有-有"不仅用于组构"大-小"，还用于对"狗"进行现实化，起到指称的作用；在b_1中，"有-有"用以提示两个过程。这些表达不能被"又-又""亦-亦""也-也"所替代，但均可为and所译，这说明，复现对言与and均呈现出跨实体、跨过程的一般性。

（5-38）a₁. We will either find a way, or make one.

　　　　a₂. 要么发现一条路，要么踏出一条路。

　　　　b₁. Buy more and get more free until supply runs out.

　　　　b₂. 多买多送，送完为止。

　　　　c₁. the more sons, the more blessings

　　　　c₂. 多子多福

　　　　d₁. 腰围可松可紧适合任何尺码。

　　　　d₂. The waist expands to fit all sizes.

　　　　e₁. 士可杀，不可辱。

　　　　e₂. A scholar prefers death to humiliation.

　　关系复现在汉语中具有极大的开放性，这基本上在英语中难以对应。在例（5-38）a中，"要么-要么"提示意图复现；在b和c中，"多-多"提示量级复现，既可组构过程，也可组构实体；在d和e中，"可-可"提示潜势，既可组构状态，也可组构过程。除了量的复现在英语中存在对应，其他的均无对应。当然，这些表达也并未穷尽所有汉语中或英语中可能的复现关系，但确实表明，复现用以提示关系在汉语中呈现出普遍性。

（5-39）a₁. 她极富创造力，既赋诗又作画。

　　　　a₂. She's very creative — she writes poetry and paints.

　　　　b₁. He was contented **because** he was wealthy, and wealthy **because** he was contented.

　　　　b₂. 他因为富有所以满足，又因为满足所以富有。

　　　　c₁. 不但要看，而且要帮。

　　　　c₂. One should **not only** observe **but also** help.

　　　　d₁. You'll stay right where you are!

　　　　d₂. 该干什么就干什么去吧！

　　　　e₁. **Although** traffic is bad, there have beautiful hills and waters.

　　　　e₂. 虽然这里交通不便，但是风光秀丽。

　　　　f₁. **If** you were so worried, why were you so harsh on him?

　　　　f₂. 你如果那么担心他，干吗又对他那么苛刻？

　　　　g₁. A tyre expands **when** you pump air into it.

　　　　g₂. 轮胎一打气就鼓起来。

　　除了复现关系，还存在非复现的关系对言，也能呈现出英汉语的动态异同。在例（5-39）中存在各种概念关系，例如，表达同时的"既-又""不但-而且""虽然-但是"，表达因果关系的"因为-所以"，表达虚拟空间的"如果-又"，表达时间关系的"一-就"，提示意向潜势的"该-就"。在英汉互译的实例中，也存在英汉依存的对应，例如，"不但-而且"与not only-but also的对应。而其他的长距离依存中，英汉语并不存在成对的对应，均呈现出"汉双-英单"的错配，例如，"因为-所以"对应because，"一-就"对应when。尽管这些似乎体现出汉语在关系概念中成对实现的优势，但也应该看到，在微观层面上英汉语均具有长距离依存的使用。

（5-40）a. So real, so brilliant.

b. 因为真实，所以精彩。

汉语复现对言难以在英语中获得对应，而英语的复现对言也未必能在汉译中实现复现的对应。例如，在例（5-40）中，so-so对应"因为-所以"。这种对应说明，英语的复现与汉语的复现在各自不同的语法系统之内所充当的角色存在着差异。就此例而言，英语的so-so凸显强调，而汉语的"因为-所以"凸显因果。尽管有这种差异，但英汉复现均具有组构功能。

（5-41）a₁. 安装驻车制动蹄、回位弹簧、调节装置和压缩弹簧并检查且确认它们正确就位。

a₂. Install parking-brake shoes, return springs, adjustment device and compression springs and check that they are seated correctly.

b₁. 他们把她劫持了，并索要巨额赎金。

b₂. They are holding her prisoner and demanding a large ransom.

c₁. 我很欣赏她的论证，言辞清晰且有条理。

c₂. I admire the clear, logical presentation of her arguments.

d₁. 他对失败表现得很洒脱，并且赞扬了对手的才能。

d₂. He was magnanimous in defeat and praised his opponent's skill.

汉语相对于英语比较有特色的是，汉语对言性的关系依存呈现出灵活性的间距变化。在例（5-41）中，"并-且"或分离或依存，用以提示并置的两个过程，而原本"并""且""并且"均可独立提示并置。在这种分分合合的转化中，表达可突破线性的限制，从而用于组构不同于概念层级的内容。

简言之，在关系对言中，"英语单对汉语双"的对应说明，英语压缩间距，体现对言的词汇性倾向，而汉语拉长间距，体现关系对言的常规性倾向。这是宏观上英语的层级倾向与汉语的对言倾向的证据。

5.4 过程对言间距

重叠是过程对言的一种，是复杂过程在汉语对言集配中以最小化间距实现的方式。汉语动词重叠在英译中基本上不能通过对言体现，而只能通过单个单词来翻译，这构成了汉语对言倾向和英语层级倾向对比差异的核心证据。

（5-42）a_1. 你总是和女孩子们**说说笑笑**。

a_2. You're always **laughing and chatting** with girls.

b_1. 你可以**说说**你的工作经历吗？

b_2. Would you please **say** something about your career experience?

c_1. 她把具体情形对他简单地**说了说**。

c_2. She **gave** him brief particulars.

d_1. **说一说**我是谁，我就离开。

d_2. **Say** who I am, then I'll make myself scarce.

e_1. 他无休止的抱怨**说来说去**全是同一码子事。

e_2. His **endless complaints** are all variations on the same thing.

f_1. "我们先看鸟吧，"苏珊说，"有些鹦鹉**说话说得**很好。"

f_2. "Let's look at the birds first," said Susan, "Some of the parrots can **talk very well**."

在例（5-42）a中，"说说笑笑"的成对对应为laughing and chatting；在b中，"说说"对应say；在c中，"说了说"对应gave；在d中，"说一说"对应say；在e中，"说来说去"通过阐释"抱怨"对应endless complaints；在f中，"说话说得"对应talk。

进一步看，过程对言还具有异同往复的方式，复现对言可以此为原型进行描写。例如，"说说"由两个同质符号接续构成，最大程度地体现过程同质的重复，而"说来说去"用"来-去"的对立将同质的过程描写为异质，基于此再进行往复操作，从而实现持续之义。这是典型的异同往复的实现模式。简言之，"说说"通过同同反复实现语义表达，而"说来说去"通过同异反复实现语义表达。基于异同往复机制，汉语中存在大量的以过程对言为主导的表达，这些表达很大的特点就是二分对立的周期性适用。

（5-43）a₁. Is it not, therefore, shameful that **a people accustomed to be conquered**, a people ignorant of war, a people even without arrows, should proceed in order of battle against you, my brave men?

a₂. 一个屡战屡败、对军事一无所知、连弓矢都没有的民族，竟然陈兵列阵，挡住你们，这岂不是奇耻大辱吗，我勇敢的士兵们？

b₁. 敌退我追。

b₂. We **pursue** the enemy if they **retreat**.

c₁. Here one side **does** not want to fight and the other **does**.

c₂. 一个不要打，一个要打。

d₁. 一边谈谈这个，说说那个，这时候，很自然地，我把话头转到巨大的海麒麟上面了。

d₂. Quite naturally, I led our conversation around to the giant unicorn.

e₁. You **go** that way and I'll **go** this way.

e₂. 你往那走，我往这走。

f₁. Look, listen and learn.

f₂. 看一看，听一听，学一学。

g₁. My dog **barks** an awful lot, but it isn't **barking** at the moment.

g₂. 我的狗经常叫，但此刻没有叫。

在例（5-43）a中，"屡战屡败"提示"战-败"对立，用以一般性地描写在现实中经历的状态，而"屡-屡"提示两种状态的频次，这样就形成了现实中"行为—结果—行为—结果—行为"的往复系列与语言表达中"行为—结果"的差异。换言之，在现实中经历的连续成对系列在语言中压缩为单个概念的对立，这是一种无限意图与有限现实的对立。在此出现了概括式的压缩，其认知策略是：符号以象似方式模拟系列的时序；将系列的局部分为两种对立状态；两种对立状态整体性地对所有状态分别范畴化且形成图式；一个往复周期代表现实–潜势二分的系列。翻译中，"屡战屡败"对应为a people accustomed to be conquered，汉语的二分对立模式体现为英语的主从模式。而在b中，"退"与"追"的对立联系被if在英语译文中明示为条件关系；在c中，"要-要"的复现模式对应为does-does的模式，而"打-打"的复现未能获得相应的体现；在d中，"谈谈-说说"对立所提示的往复系列在英语中未体现为对应项；在e中，前后过程分立的汉语句在英语中通过and将对立并置于层级架构上；在f中，英语的三个分立过程实现为汉语的三个复现过程，英汉语的不对应体现为汉语的多层复现；在 g 中，英语中过程之间的关系在汉语中得到对应，此类对应以较长间距为基础，并且英语依然需要主从性的时体标记。

总体上，过程对言在英汉翻译中呈现出不译与全译的连续统。这个连续统提示，过程对言尽管在英汉语中普遍存在，但在英汉语中存在着系统性的异同。即汉语的对言在抑制概念层级的扩展，而英语的层级在抑制概念对应的扩展。间距是探测这种差异的基本进路之一。

5.5　潜势对言间距

当过程被视为依赖于主体而不依赖于外在的现实观察时，便浮现出潜势。当然，潜势也是一种过程，但此过程预设现实与主观拟合与否的对立。潜势与潜势也可形成复现或对立的对言。这在汉语中具有丰富的体现，而在英译中不易获得对应。潜势对言的基础是强制性的间距。

（5-44）a_1. 这个能开能关，就像这样。

a_2. It opens and closes, like this.

b_1. You **may** go or stay at your pleasure.

b_2. 你愿走就走，愿留就留。

c_1. 他对美国提出的行动要求完全不理不睬。

c_2. He has turned **a resolutely deaf ear** to American demands for action.

d_1. 我想唱就唱——谁也管不着。

d_2. I'll **sing** if I want to——there's no law against it.

e_1. In a word, they have everything that you expect to find.

e_2. 总之，应有尽有。

在例（5-44）a 中，"能-能"复现形成对言，限定"开-关"过程处于主观设定的潜势空间之内，在英语中对应的是一般现在时，这意味着两个处于潜势并置的过程转变为一个现实时空中的两个状态。在此，过程对言得以体现，而潜势对言未获体现。之所以仍将此视为一个可接受的翻译，根本原因在于即时过程与潜势过程存在着概念上的认知依存。在 b 中，汉语通过"愿-就"所提示的意愿-现实的完美拟合，来提示英语中所表达的潜势（may）中的可能过程（go；stay）。在 c 中，"不-不"所设定的对立潜势实则是对"理"和"睬"的连续否定，这在英语中通过隐喻层级结构来表达。在 d 中，汉语中过程"唱"的复现对言在英语中以主句明示、从句省略的方式来表达。同时，汉语中"想-就"所提示的"主观-现实"的对立在英语中通过将来时-现在时的对立加以对译。另外，英语译文增加了汉语中未出现的条件标记if，结果造成在汉语中共享的单一主体在英语中需要通过I-I的复现来实现，这在一定程度上表明汉语中过程之间比实体之间更具黏合性，而英语中实体-过程更具黏合性。这种差异体现于e中。在此，汉语的((潜势_应(过程_有))(潜势_尽(过程_有)))模式对应英语中的((实体_they/everyting(实体_you(潜势_expect(过程_find))))过程_have)模式。换言之，英语中是递归往复，而汉语中是通联异同往复。

5.6　时间对言间距

　　时间指说话人对所表述的过程的主观经历，这种经历可体现为形态变化、附着单位、独立单位和组合结构。时间在集配中实现的间距逐步拉大。形态变化体现为英语的时态变化；附着单位是词缀，例如"走了"中的"了"；独立单位体现为单词，例如now；以词组方式呈现的是对言，例如，"时高时低"中，"时-时"复现提示"高-低"的情形处于主观经历中。

（5-45）a_1. 各种现吃现制的水果汁里含有充足的天然风味。

　　　　a_2. Fruit juice made for **immediate consumption** are full of natural taste.

　　　　b_1. 在部署应用程序时提供公布、发布、修复和即需即装功能。

　　　　b_2. Advertisement, publishing, repair, and **install-on-demand** are all available when deploying your application.

　　　　c_1. 要求人家随传随到，太不近人情了吧。

　　　　c_2. It would be unreasonable to expect somebody to **come at such short notice**.

　　　　d_1. 灯光忽明忽暗。

　　　　d_2. The lights keep flickering.

　　　　e_1. 我们到那儿去，**边走边说**。

　　　　e_2. Let's go over and talk **as** we walk **along**.

　　　　f_1. 电视自己一会开，一会关。

　　　　f_2. The TV turned itself **on and off**.

时间对言在英汉翻译中不易形成对应。在例（5-45）a中，"现-现"提示

"吃-制"处于任意主体当时的经历中，两个过程发生于同一时段，这在英语中对应的是immediate。在b中，类似地，"即-即"对应空间介词on。考虑到"即"具有靠近之义，这种近距离也是on在提示空间关系中的必然推理，二者均体现"现在是接近"的隐喻。尽管共享同类概念操作，但是二者仍体现对言与层级之别。在c中，"随-随"通过实体在运动中的伴随关系表达"传-到"过程中的即时联系，体现"即时是伴随"的隐喻关系。这种关系在英语中对应为层级的short notice，基于"时间是距离"的隐喻，汉语和英语仍然体现对言与层级的分立。在d中，"忽"提示过程相对于主体经历的短时，"忽-忽"提示对立过程循环往复，这在英语中对应keep，其将时间描述为力作用的过程。在e中，"边-边"将两个过程置于同一空间上，这在英语中对应as。从词源上看，as本义为all so，so表达in this way；"边"表达"山崖的边缘"，提示空间的一部分。因此，as与"边-边"均提示"空间是时间"的隐喻，对其的推理是，同一个空间中的两个位置存在同时发生的两个过程。此处依然呈现出对言与层级之别。在f中，"一会-一会"复现在英语中对应and。从词源上看，"会"提示"会合"，在经抽象之后提示时间的长度，鉴于"一会"提示短时，这体现了"时间距离是会合次数"的隐喻。"一会-一会"复现在英语中对应and。所有这些实例均显示，汉语以一致性的复现对言提示时间，而英语以层级加以表达。这些不匹配说明英语与汉语存在着系统性的差异。

另外，汉语中一个争议较多的对言格式是"了-了"。争议的焦点主要集中于"了-了"是否是对称的（沈家煊，2021）。沈家煊依据图皮−瓜拉尼语（Tupí-Guaraní）中名词具有时态的特征，认为"他去了水边了"中后一个"了"也可依附于名词"水边"之上，从而形成"去了"与"水边了"的二分。虽然汉语并不存在名词的时态标记，但是"了"确实对于名词和动词是中性的，因此原句既可说成"他去了"，又可说成"他水边了"。这种对言格式的根本动因是对称与非对称在汉语中的竞争性依存。

当然，"了-了"依存并非只限于动宾短语，例如，"他玩了很久了""多了去了"。而在"多了去了"中，由于"*多去""*多去了""?多了去"是不可接受的表达，而"多了"或"去了"可接受，因此，"了-了"既体现"合"的特性，即架构性，又体现出"对"的特性，即分的特性。分合的合二为一是对言性。

（5-46）a₁. 我的手套已经丢了很久了。

　　　　a₂. My gloves have been missing for ages.

b₁. 我要了香槟了！

b₂. I've ordered champagne!

c₁. 你以为已经赢了我了。

c₂. You think you've beaten me.

d₁. 他已经完全昏了头了。

d₂. He's gone completely off his head.

e₁. 旅行袋忘了拿了。

e₂. The travelling bag has been left behind.

f₁. 这回可来了运气了。

f₂. This time my luck's in.

相对于英语，"了-了"具有一定的特色，主要面向谓语成分。例（5-46）中，"了-了"可组构过程–时长，如"丢了很久了"（谓补），也可组构意图–目标，如"要了香槟了"（谓宾），亦可组构过程–对象，如"赢了我了"（谓宾），还可组构心理过程，如"昏了头了"（谓宾），还可以组构层级过程，如"忘了拿了"（主谓–从谓），甚至还可组构位移–实体，如"来了运气了"（谓语–主语）。在组构主谓结构时，"了-了"高度依赖语序，如"*运气了来了"是不可接受的表达。在这种情况下，"了-了"中的间距由任何处于过程之后的成分确定。从整体上看，如果"了-了"复现限于一个主过程，那么"了-了"中的间距在排斥零间距的同时也具有缩短趋势（参见6.9节）。

（5-47）a. Years **have** passed, and life **has gone** on.（Judge, Paterson, Liu et al., 2009: 41）

　　b. 时间流逝，生活依旧。

相对于汉语而言，英语的特色是层级依存。如例（5-47）所示，整体上看，英汉语均使用时间对言，也均通过隐喻表达时间，只是由于汉语缺乏像英语那样丰富的时间层级依存模式，当英语通过have-V-ed复现进行对言表达时，汉语也只能通过韵律对言加以对应。

5.7　小结

对言是相对于主谓主从而提出的，一方面指非对称中的对应，另一方面则指对称中的对应。本章主要从间距角度考察实体、关系、过程、潜势和时间在对言集配上的实现方式，结果发现，实体、关系、过程、潜势和时间等不同概念对间距具有不同的要求。在汉语对言集配中，实体、非介词性关系、过程容纳相邻，而介词性关系、潜势和时间排斥相邻；在英语对言集配中，实体、非介词性关系容纳相邻，而过程、介词性关系、潜势和时间排斥相邻。由于汉语有对言集配倾向而英语有层级集配倾向，英汉语对言集配在翻译中较难对应。英汉语这种宏观差异的最典型证据是，汉语对言中盛行的复现对言在英语中较难获得对译。尽管有这种优势上的差异，英语也在一定程度上存在对言集配，但这种集配难以在整体上获得架构地位。

第六章 英汉典型依存对的间距集配对比

在英汉使用中均存在大量的非相邻但却直接依存的成对表达，如连词对（朱林清等，1987）、复现结构（马书东、梁君英，2015；王天佑，2021）、框式结构（邵敬敏，2011）、离合结构（庞加光、张韧，2022）、互文和联语（沈家煊，2020a）、离合词的语体分布（王海峰，2009）、"没有了NP"与"没有NP了"（陈一、李洋，2022）、"在N上"（叶蕴、孙道功，2020）、more-more、not only-but also、more than 等等。这些依存对既可作为语窗集配内局域的架构，也可作为整个语句的架构。尽管相关研究丰富，但细致考察间距分布的研究较罕见，而基于语义的英汉间距效应对比则未见相关研究。本研究发现，一部分依存架构为英汉语各自所独有，而另一部分架构为英汉语所共享。在英汉语共享的架构中也呈现出集配模式的间距差异。

6.1 from-to与"从-到"的集配对比

6.1.1 from-to与"从-到"的概念框架对比

Lakoff（1986: 275）提出了一个起点—路径—目标图式（source-path-goal schema），该图式是在身体反复的运动经验中浮现出的知识结构，包含起点、终点、路径和方向。这是一个整体性的知识结构。该图式可由 from-to 提示，具有如下元素："移动的动体；起点位置；目标，即动体意图的终点；从起点到终点的路线；运动轨迹；特定时间动体的位置；该特定时间动体的方向；动体最

终的实际位置，该位置既可与意图的位置重合也可不重合。"（Lakoff & Núñez, 2000: 37）

这个路径框架是主体作为动体的反复性经验。Lakoff 和 Núñez（2000）将该经验框架绘制成一个缩略图，如图 6-1 所示。

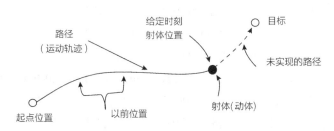

图 6-1　起点—路径—目标图式
图片来源：（Lakoff & Núñez, 2000: 38）

路径图式是一个整体。在这个整体中，动体处于路径上，将路径一分为二，一部分是起点所在的路径，由实线来表示，为已经实现的路径，可称之为实径，另一部分是终点所在的路径，由虚线表示，为潜在的路径，可称之为虚径。实径和虚径的核心差异是动体的即时意图。这意味着终点和起点是一个意图中的两个方面。依据这样的框架，from-to 作为依存整体，提示起点和终点是由意图、路径和指向联系起来的整体。也就是说，from 提示出发，而 to 提示指向。整体上，from 凸显起点，而 to 凸显终点。这种描写对于汉语的"从-到"也适用。

从词源上来看，from-to 与"从-到"存在差异。"从"在甲骨文中像二者相从，表达随行或跟随之义。"从，随行也。"（《说文》）随行与起点之间的共同特征是：动体与参照体形成不均衡的依存关系。动体与实体的依存意味着，在运动情境下，运动必须具有参照物，否则无法定义或观察运动。随行与起点的不同是，随行中动体、路径和同行形成相互参照的关系，但关注的是动体与同行的非对称关系，即动体的方位由同行来决定，而路径被屏蔽；相对应地，起点中关注动体与路径的依存关系，动体可理想化为一维的，而路径可理想化为二维的，基于此，一维动体的运动由其在二维路径上所处的位置来描写或定义。从随行变为起点，就是关注动体与同行的非对称关系切换为关注动体与路径的依存关系。不同于"从"的演变，古英语中，from 来自 fram，表示离开某个地方。从这个意义上来看，from 在演变过程中在语义上没有发生实质变化，始终关注动体的路径在形成中的动态依存关系。

"到"原本表达"到达"，例如，"朝发白帝，暮到江陵"（《水经注》）。在此，"到"提示意图预设的动体位置在给定的场景中获得实现。在这个意义上，"到"区别于to。在词源上，古英语to表达方向、目的、进一步，来自西日耳曼语to。鉴于此，"到"与to的区别是前者提示意图位置与给定位置的匹配，而后者提示意图位置。

另外还存在一个组合的问题。from与to在使用中形成具有一体性的依存性表达。整体上看，组合的结果from-to实际上并非简单地表达起点和终点，而是表达意图选择的范围，如例（6-1）所示。

（6-1） a. Robert De Niro chased a mafia accountant **from Brooklyn to Las Vegas**.

b. 从北京到武汉，全程约1200公里，占京广铁路全程的一半左右。

from-to与"从-到"均指路径域中动体经过的某段路径，或者说，from-to与"从-到"的核心功能就是从事件中指示具有界限的范围。如果以"from/从"和"to/到"分别指示两个具体的点为本义，那么二者形成依存性的组配发生了整合效应，即具有意图指向关系的两点代表性地表达范围或区间。简言之，from-to与"从-到"是指示路径范围的依存框架。

（6-2） a 他们从北京到杭州开会。

b. There is nobody working **from here to Killin**.

c. 从通辽到酒泉，这一带旗(县)以上地方我们都跑遍了。

d. They attract visitors **from Anchorage to Zurich, from London to Lakeland, Fla**.

路径范围框架在from-to与"从-到"的使用中可进行扩展。在语义扩展中，语境表达可对路径范围重新进行关注或识解，例如，在例（6-2）a和b中关注的焦点是目的地，在c和d中，关注的焦点是范围。

6.1.2 from-to与"从-到"的间距模式对比

from-to与"从-到"在间距上会受到中间成分的稀释或干扰。from-to与"从-到"所受的干扰方式存在着差别。"从"和"到"之间可插入动词，但并不影响二者标记同一个路径整体的结构，而from和to之间不能插入动词。

（6-3） a₁. 4时起，一辆辆邮车从印刷厂将报纸运到发报点。

a₂. 4时起，一辆辆邮车从印刷厂将报纸运到。

a₃. 4时起，一辆辆邮车将报纸运到发报点。

b₁. 仅中山路，从东到西的专卖店就有16家。

b₂. *仅中山路，到西的专卖店就有16家。

b₃. *仅中山路，从东的专卖店就有 16 家。

c. The concept of London and the machine revolved round two problems: journeying to work and the obsession with the notion of through traffic **from west London via the centre to** the docks.

在例（6-3）a 中，"运"置于"从"和"到"中间，与"从"和"到"建立起常规的"动词-框架"结构。如果依据动词为中心的描写方式，"从"和"到"高依存度的框架关系被"运"所干扰，但这种干扰也并未影响"从"和"到"分别表述同一个位移的起点和终点。但显然，这种干扰改变了整个"从"和"到"的依存关系，证据是 a 中的"从"可省略，而不影响整句意义的表达。但在 b 中，若省略"从"和"到"中的任何一个，均为不可接受的表达。也就是说，插入的动词使得"从"和"到"在概念上的依存对于整句而言变得弱化，但这与 from 与 to 中间插入的 via 完全不同。例如，在 c 中，via 虽然也对 from 与 to 的依存产生影响，但是并没有打破这种依存关系，而只是更明晰地将更多的方位表述出来。

另外，"从-到"中，"从"与"到"二者并非对称的，"到"也会承担表达过程的任务，例如：

（6-4）　a. 从北京飞到台北

　　　　b. 从北京到了台北

　　　　c. 1997 年，爱人和两个孩子农转非从老家到了南宁。

如例（6-4）所示，"到了"的出现说明"到"不再仅仅提示终点框架，还提示一个过程。从依存角度看，"从"与"到"之间出现了"到"主导"从"的情况。这种转变的根本原因是"到"汇聚了"过程-框架"两个因素。虽然这种依存非对称并非绝对出现于长间距情况下，但是这种长间距确实增加了非对称依存的可能性。也就是出现了间距效应：间距越小，依存越对称；而间距越大，依存越不对称。这种间距效应体现于汉语而非英语中，这是英汉语的差别之一：汉语相较于英语更倾向于通过间距重塑依存关系（总结如表 6-1 所示）。

表 6-1　间距效应举例

对比	英语	汉语
历数	**from** time **to** time	从会议到会议
遍指	People stared at him sometimes, jumping **from** one paving stone border **to** another.	广东家具独领风骚，**从**南**到**北，跑马占地。
依存非对称	fly **from** Beijing **to** Taipei	从北京飞到台北

续表

对比	英语	汉语
可介入性	The typical American buyer will live in an area which the advertising world calls the American smile which stretches **from** New York **via** Florida and Texas **to** California.	苏联飞行员开始首次从莫斯科经北极到美国波特兰的飞行。
依存指向	Others are said to have abused passengers on the train **from** Peterborough **to** Harwich.	十年前,冯敏从北京到西递观光旅游。
依存强度	/	热汗从他脸上流下,滴到地上。

　　from-to与"从-到"之间一个细微的差异体现于组构的形式上。具体而言,当A和B相同时,from A to B的很多实例不能对译为"从A到B",例如,from time to time不能译为"从时到时"。这种对比呈现出,在短间距上"从A到B"中A和B倾向于不同,而from A to B中A和B倾向于相同。

　　from-to和"从-到"的相同之处在于,组构的对象为同类,例如,from London to Washington和"从伦敦到华盛顿"中,组构的对象均为地点,是地点范畴的不同成员。在组构对象时,from-to和"从-到"类似,都用于确定路径范围,基于此,二者可描述包括时间范围的任何范围,例如,from head to toe(从头到脚)、from 1920 to 1928(从1920到1928)、from side to centre(从边缘到中心)。这种确定范围的方式是用范围的边界定义或表述整个范围。这种方式是"从-到"和from-to的典型语义建构策略。

　　需要说明的是,当from-to组构的对象相同时,实则是通过任取两点并往复运行的方式来表达整个范围,例如:

(6-5)　from course to course　　　　from time to time

　　　　from person to person　　　　from force to force

　　　　from me to me　　　　　　　from aircraft to aircraft

　　　　from culture to culture　　　　from brand to brand

　　例(6-5)这些表述中,范围被视为由离散个体组成的群整体。在整体中,所有离散个体用相同的表达描述,被视为等同或同质。这里尤为突出的是,如果from-to中A和B提示的是路程上的不同方位,那么会发生从方位到实体到时间的隐喻投射。从方位到实体的投射带来"遍历"的解读,而从方位到时间的投射是用空间来切割时间。这在形式上是间距压缩的结果。

　　from A to B中的A和B也并不限于类同的对象。例如,在 *Destined for War*(《注定一战》)的其中一章,作者使用的标题是From here to war,还有美国的歌剧 *From Here to Eternity*(《从这里到永恒》)的标题。在此类创造性表达中,关注的是事件演变的历程，也就是将过程演变描述成身体运动。在此类结构中，from here to 具有规约优势。

（6-6）　a. You're supposed to be able to walk all the way **from here to the coast**.

b. You will move poor children **from here to there**.

c. 'Otherwise he'd kick you **from here to Barnsley**,' says Penny.

d. ... so we can see that it has taken seventeen years for the water to travel **from here to here**.

相对而言，例（6-6）中的前三个 from-to 短语可对译为汉语的"从这儿到海边""从这到那""从这儿到巴恩斯利"，但 from here to here 译为"从这儿到这儿"时并不自然，这显示 from-to 与"从-到"具有规约差异。这种规约差异可通过扩大间距来加以缓解，例如"从何时到何时""从人再到人"，只是这种缓解只停留于语感层面，在语料中并未观察到。从概念上看，由于英语遵循线性图式，from here to here 中两个 here 可分别指不同的地点，但在汉语中，由于重复可同指，例如，"从哪儿来回哪儿去"中的"哪"和"哪"同指，因此"从这到这"倾向于解读为没有位置变化。这种英语的线性图式与汉语的循环图式之别如图 6-2 所示。

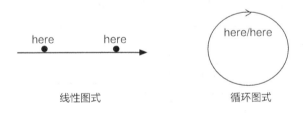

图 6-2　"from-to/从-到"路径图式

具体而言，如果 from-to 和"从-到"框架用来标记运动的起点和终点，那么 A 和 B 分别用来对起点和终点进行具体化。这意味着，A 和 B 分别是对 from-to 或"从-到"所设定的结构的限制。根据常识，from-to 或"从-到"设定的框架中，起点和终点应该是不同的地方，无论路径是直线还是曲线。但有一种情况下二者是相同的地方，那就是运动轨迹形成一个圈，这是经验中的返回路径。就如在空间卫星实验中存在返回原点的实验，在表达中也并不能排除这种情况，这就形成了规约上英汉语对 A 与 B 差异化的动因。

如图 6-3 所示，在该集配分析中，"从头"与"到脚"形成对称二分，二者再进一步细分为"从""头""到""脚"四个成分。其中，"头-脚"形成对立依存（双箭头），"从-到"形成对立依存（双箭头）。该分析也适用于from-to。
该集配形成"from-to/从-到"语义扩展的基础。

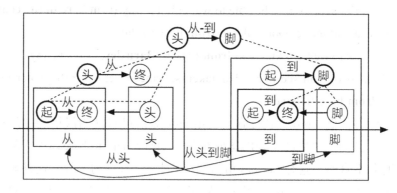

图6-3 "从头到脚"的集配分析

语料显示，"from-to/从-到"所提示的起点-终点运动经验可用于描述丰富
的经验，如表6-2所示。

表6-2 from-to与"从-到"组构对象分类对比

范畴	from-to	从-到
物体	from cottages to castles	/
	from verso to recto	/
	from clothes to waste paper bins	/
	from table to table	/
	from room to room	/
	from house to house	/
人物	from mother to unborn child	/
事件	from case to case	/
符号	from A to C	/
方位	from porch to apse	从市到县
	from Torbay to enemy waters off Brest	从市到乡镇
	from West to East	从南到北
	from place to place	/
	from country to country	/
指称	from that to that	从哪到哪
空间	from side to centre	从里到外
	/	从上到下
	/	从高到低
	/	从低到高

续表

范畴	from-to	从－到
身体	from head to toe	从头到脚
	from end to end	从头到尾
	from ear to ear	/
	from right to left	/
	from side to side	/
过程	/	从始到终
时间	from time to time	从早到晚
	from moment to moment	从古到今
	/	从小到大
存在	/	从无到有
程度	/	从硬到软

A和B需要属于同一个认知域，且在范畴上处于同一个层级，并形成概念上的对立依存关系。例如，from verso to recto中，verso指打开的书页的背面（左页），recto指打开的书页的正面（右页）。这类似硬币的两面，二者在对硬币的认知上形成相互依存的关系。在相互依存关系中，A与B可用作指代或截取整个域，例如，"from head to toe/从头到脚"中，"头"和"脚"分别指位于身体两端的部位，在from-to或"从-到"框架下表达整个身体。如例（6-7）：

（6-7）　a. I was clothed in black **from head to toe** six weeks after my eighteenth birthday.

　　b. 让天下女人**从头到脚**，都变得美美的！

如果假定在"from-to/从-到"条件下A和B指路径上的两个界标性物体，那么当A和B指身体两个部位时，会发生从物体到身体的投射，即"身体被描述为道路"。

（6-8）　要按照产、需的情况从市到县层层落实包干任务。

界标化物体自然地也可由行政单位所表达，如例（6-8）中，行政单位一方面提示空间地理方位，另一方面存在层级结构，也就是将地理方位表达于层级结构上。地理空间范围上，市包含县，这种空间的包含关系与行政上的层级关系形成相关，空间范围越大，权力层级越高。因此，市–县可用作截取或界定层级结构的范围。

道路的方位由运动的内在逻辑来确定，行政单位由层级社会结构的内在逻辑来界定，除此之外，还存在空间格局由观察者的方位和大小来确定，或者说，空间格局的确定需要参照身体。例如，"里"为人所居住之处，而"外"指远处，均以人所处的方位为参照。上–下和高–低则以人体的高度为背景。

（6-9）开幕式从始至终没有出现过本届运动会的吉祥物。

运动会界标用作描述过程或切分过程，如例（6-9）所示，"始"和"终"分别指示开幕式整个过程在时间上的界限。开幕式是一个在固定地点进行的活动或历程，其本身并不带来相对于地面的位移，但却被描述成一个相对于地面的位移，也就是用路径位移来理解经历变化。

路径位移也用于表述时间、每日的规律变化，例如"从早到晚"；可描述长跨度的时间经历，例如"从古到今"；还可描述人的成长经历，例如"从小到大"。这在英语中体现为 from moment to moment、from time to time 等，如例（6-10）所示。

（6-10）a. In an art museum, the works may be described **from room to room**, whether in a book or on a sound guide.

b. An actor can wear his cap as an academic in private conversation as well as the next person, but once on stage the actor responds to the requirements of a scene being played, and works through **from moment to moment**.

c. The facilities available for television training differs **from school to school**; filming and television work is expensive to organise, and really there is not so much opportunity as one would like to see for students to gain experience in these vital areas.

d. Spencer's argument has been banded about **from time to time**.

e. HIV spreads between people who have sexual intercourse together, or who share needles when injecting drugs, or **from mother to unborn child**.

在时间的运动表述中英汉语存在明显差别，例如，"从时到时"在汉语中是不可接受的，这说明英汉语通过运动建构时间的方式存在很大差别。这种差别表现为汉语中的对立往复时间模式和英语中的线性往复时间模式。对立往复时间模式驱动"从A到B"中组构的A与B被解读为对立，而线性往复时间模式驱动 from A to B 中A与B被解读为同质的不同时点。这显示英汉时空隐喻存在差别性运作。这种差异只是选择之一，如例（6-11）b和c所示，A-B等同也是"从-到"的组构方式。这种差异是规约上的，而不是来自该依存结构的内在规定性。

（6-11）a. When we do this, we find that a critic's range of activities varies **from place to place** and period to period.

b. 他将那本小说集从头到尾翻了一遍。

c. 每建一个企业，厂区从哪到哪，我都要亲自用脚划个印。

d. 我们觉得就是更应该反思我们这种从形式到形式的。

"from-to/从-到"提示的运动隐喻框架实际上已经相当抽象，甚至可用于提示遍历任何物体的主观注意过程，如例（6-11）a中from-to提示物体的遍历，b提示以注意为核心的阅读过程，c提示方位，d提示活动程序。

（6-12）a. 原料从贝壳到电玉、胶木再到塑料，进而被有机玻璃取代。

b. **From his bowler to his riding-mac to his moustache to his highly-polished shoes** he embodies spleen and dodginess.

（6-13）a. There should also be a Holiday Information Book in the reception area of your hotel giving full details, as well as helpful information about everything **from stamps to church services, meal times to telephoning home**.

b. When we do this, we find that a critic's range of activities varies **from place to place and period to period**.

c. 一个字从篆书到隶书、到楷书，是书写形体本身的变化，还是同一个字。

另外，from-to和"从-到"存在相同的重复模式，即"from/从"不重复，而"to/到"进行重复，从而实现列举项的扩展，如例（6-12）、例（6-13）所示。这种模式中起点被视为锚定项，而终点被视为不确定的动体，这种模式为英汉语所共有。该模式的概念动因是起点界标与历程界标的非对称。

如上所述，from-to和"从-到"均通过运动隐喻的方式实现使用上的扩展。基于此，二者在语料（BNC与CCL）中的使用均可分为三类：隐喻、非隐喻运动、模糊非运动。对三类语义扩展模式进行语料标记，获得的结果如图6-4所示。

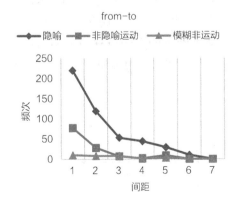
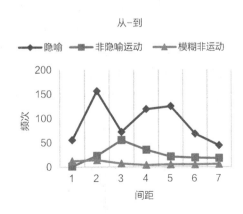

图6-4 from-to与"从-到"的间距分布对比

分布显示，from-to 条件下，三种类型的分布趋势类似，即均呈现间距越小、频次越高的趋势。在"从-到"条件下，三种类型间的分布趋势呈现出显著的差异。这种差异说明，from-to 与"从-到"在语义扩展上存在差异。

6.1.3　小结

from-to 与"从-到"共享路径图式，分别凸显路径中的起点和终点，二者最明显的差异在于，from 与 to 之间可插入介词，而"从"与"到"之间可插入动词。这种差异的结果是，from-to 更容易形成 to 的系列性扩展，而"从-到"在长间距上更容易分别形成两个对等的集配中心。这体现了英语集配基于动词过程、以繁殖空间为扩展策略，而汉语集配基于过程对立、以繁殖过程为扩展策略。在语义扩展上，from-to 的隐喻扩展具有强的短间距倾向，且语义建构在间距上存在内在的一致性，而"从-到"的隐喻扩展具有中间间距倾向，且语义建构在间距上存在着内异性。这种差异表明，from-to 与"从-到"的英汉语存在着差异化的语义集配模式。

6.2　more-more 与"越-越"的集配对比

6.2.1　more-more 与"越-越"的概念模式对比

more-more（或写为 the more-the more）与"越-越"分别是英语和汉语中两个表达长距离依存的集配，两个集配用以提示两个动态变化在量级上的相关关系。从词源上看，more 表达"greater, relatively greater, more, stronger, mightier"，提示比较级、力量上的累积，而"越"原本提示过程，表达"越过，经过"之义，从图式角度看，这提示了空间上相对于某个确立的点的位移距离的累积，二者共享的图式是域的扩展（extension），如图 6-5 所示。也就是 more-more 和"越-越"已经抽象化为一般性的累积图式。

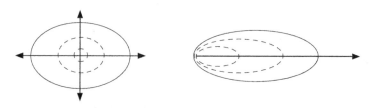

图 6-5　力量累积与位移累积图示

当more-more和"越-越"将两个不同域的累积进行同步并置，并提示二者之间丰富的相关性通联时，会呈现出"变化是位移"（例如"越来越亮"）和"力增是量增"（例如"越干越起劲"）的隐喻。基于累积图式，more-more与"越-越"在英汉翻译中可互译。

（6-14）a₁. **The more** he thought **the more** confused he became.

  a₂. 他越想越糊涂。

  b₁. **The more** they worked, **the more** energetical they became.

  b₂. 他们越干越起劲。

  c₁. **The more** they talked, **the more** they disagreed.

  c₂. 两人越说越拧。

more-more和"越-越"共享的特征是，前后分语窗的顺序具有强制性，不能调换顺序，这种顺序在互译中也需要维持。这种顺序上的强制性体现了相关内容具有关注度上的不对称，即先表述的内容是后表述内容的基底，而后表述的内容是对先表述内容某一方面变化的细描或凸显。在例（6-14）a中，"糊涂"依附于过程"想"，"糊涂"是伴随着"想"而呈现的一种现象，并非在所有的"想"中均呈现"糊涂"，但所有的"糊涂"均预设"想"。"想"充当"糊涂"的基线或基底，而"糊涂"是在基线"想"上浮现出的副现象。这种概念依存阐释也存在于"起劲"与"干"之间。同时，在c中，"拧"以"说话方式是施力方式"的隐喻来凸显对话过程的具体情形。所有这些翻译的共同特征是，more-more是基于两个明示主语的两个过程，而"越-越"是基于一个明示主语的两个过程，也就是汉语的一个主谓结构译为英语的两个主谓结构。这种差别表明，英汉语在实现相关通联时受到各自常规性的集配模式限制。从对言角度看，例（6-14）似乎表明，"越-越"仍只是主谓集配之内的成分，而more-more则超越了主谓集配。而事实是，二者既可位于主谓之内，又可超越主谓，如例（6-15）所示。

（6-15）a₁. 水越多，火越旺。

  a₂. The **more** water, the **more** fire.

  b₁. As the economy keeps growing, the result will be **more** cars, **more** traffic and **more** pollution.

  b₂. 随着经济持续增长，结果会是，车越多，交通越忙，污染越重。

在例（6-15）a中，两个"越"分别处于两个主谓结构中表达相关之义，而两个more分处于名词短语中表达相关之义；在b中，more-more-more处于名词短语中表达连续相关，而"越-越-越"处于三个主谓结构之中表达连续相关。more-more与"越-越"均提示主谓与对言是英汉语两个竞争性的集配。

对言性的more-more与"越-越"存在两个分语窗成分在间距上是否对称的问题。如例（6-15）a₁中，"水越多，火越旺"中的前后分语窗字数一致、结构一致，则为对称；同样地，a₂中，the more water与the more fire也对称。这体现了语义相关驱动形式相关。

（6-16）a₁. **The more** powerful the car **the more** difficult it is to handle.

a₂. 汽车的功率越大，就越难驾驭。

b₁. **The more** you practise, **the more** skillful you'll become.

b₂. 练习的次数越多，熟练的程度越高。

此外，这种相关对言中还可解读出因果关系。在例（6-16）a中，"功率大"是"难度大"的原因，二者浮现于"驾车"事件中；在b中，"次数多"可解读为"程度高"的原因，二者浮现于"练习"事件中。更进一步看，动态相关也体现于整体与部分之间。

（6-17）a₁. The **more** varied the organisms, the **more** varied the DNA sequences.

a₂. 生物变化越多，DNA序列的变化也就越多。

b₁. The **more** irregular the service, the **more** irregular the life.

b₂. 任务越不正规，生活也就越不正规。

c₁. The **more** you pay, the **more** you will get.

c₂. 你付钱越多，得到的东西就越多。

例（6-17）a中，生物多样性与DNA的多样性被表述为相关关系。同时，部分与部分也可体现为相关，如b中"任务"与"生活"所体现的部分与部分的动态相关。这种部分与部分的相关关系是一种对立双方的相关关系。在c中，钱的数量与货物的数量在买卖活动中呈现出实体之间的相关关系，这体现了一个过程的两个方面所存在的相关关系。这种对立关系从事件的构成角度来看，是彼此依存，缺少一方，那么另一方也不存在。以上是定义上的相关，此外还存在物理上的相关和社会上的相关。

（6-18）a₁. The **more** you sweat, the **more** fat you burn.

a₂. 流汗越多，脂肪消耗越多。

b₁. The **more** you chase it, the **more** it eludes you.

b₂. 你越追它，它越躲闪你。

在例（6-18）a中，流汗量与脂肪消耗量存在着物理上的相关，而在b中，一个人的行为与另一个人的行为被描述为社会意义上的相关。这是将不同的过程建立起联系。当某个过程固定地用以提示动态基底过程，而另一个过程用以提示关注的内容，就呈现出隐喻。在此例中，源域前置，靶域后置，通过线性维度而非层级维度对隐喻加以实现。这种隐喻结构本身也可进行更为复杂的扩展。需要说明的是，此处所说的隐喻并非 more-more 或 "越-越" 进行图式化中的隐喻，而是二者所组构内容的隐喻。

（6-19）a₁. The rainstorm is more and more fierce.

　　　　a₂. 暴风雨越来越猛烈。

　　　　b₁. His anger is gathering volume.

　　　　b₂. 他越来越恼火。

　　　　c₁. They are getting increasingly isolated.

　　　　c₂. 他们越来越孤立。

　　　　d₁. Things are getting worse.

　　　　d₂. 情况越来越不妙。

"来"提示接近自我的位移过程，在例（6-19）a 中用以描写暴风雨动态过程的变化，在 b 中用以描写情绪的动态过程，在 c 中用以描述社会关系的动态变化，在 d 中用以描写对于抽象环境评价的动态变化。这种将源域与靶域置于线性维度上的 "越-越" 不能实现为 more-more。在这种差异的背后是 "越-越" 的主语置于前，而 more-more 的主语置于两个分语窗之内，这意味着，"越-越" 更倾向用于组构过程。例如，"the more sons, the more blessings" 可译为 "多子多福"，而不可译为 "*越子越福"，但可译为 "子越多，福越多"。在翻译中，为了弥补这种差异，一种方法是放弃使用 "越-越"，另一种方法是增补过程。

（6-20）a₁. The **more** courtesy, the **more** craft.

　　　　a₂. 礼多藏祸心。

　　　　b₁. The **more** clients the **more** revenue.

　　　　b₂. 顾客越多利润收入越多。

在例（6-20）a 中，more-more 未通过 "越-越" 进行翻译；在 b 中，more-more 描述实体内容，而 "越-越" 修饰 "多-多"，充当谓语修饰，不可脱离"多-多" 单独使用，即 "*顾客越，利润越" 不是自然表达。这表明，"越-越"呈现出关系面向的特征。这种关系面向的灵活性使得 "越-越" 在翻译实体面向的 more-more 时难以形成集配上的英汉对应。

（6-21）a₁. The **more** water, the **more** fire.

a₂. 水越多，火越旺。

b₁. The **more** carving, the **more** money.

b₂. 字刻得越多就越费钱。

c₁. The **more** alternative, the **more** difficult the choice.

c₂. 选择越多越难抉择。

在例（6-21）a中，虽然"越-越"通过修饰"多-旺"来对应more-more对于实体的描写，在句法上体现出英汉语的非对应，但二者均是建构分语窗对称的成分。在b中，more-more将过程面向的carving与实体面向的money进行对称性描写，但在汉语译文中，前后分语窗并未呈现出结构上的对称，即前分窗是由"得"引导的复杂谓语，而后分窗是一个谓语。重要的是，虽然"字"的"雕刻"充当所有谓语性语窗的基底概念，但其只与"就"之前的语窗形成整体，而与"就"之后的"'越'费钱"不能形成即时的关系。简言之，在此，"越-越"只是在两个非对称分语窗之间提示部分内容间的重叠，但其所体现的对称并不匹配整个结构的非对称。这种成分的对称与语窗结构的非对称也体现于c中，在此，前分窗"选择越多"是主语+谓语集配，"越"修饰谓语"多"，而后分窗"越难抉择"是修饰+动词集配，"越"修饰"难"。c中"越-越"分别是量级和程度面向，对应的英语more-more分别是实体面向和关系面向，呈现出微观复现对称与宏观结构不对称的分离。

当然，即使在分语窗层面上，也存在着不对称，这种不对称体现于，前分窗的动词可省略，而后分窗的动词不能随之省略。

（6-22）a. Nothing is impossible and **the more unlikely the allegation** the more likely it is to be true.

b. **The more supple a line** the more natural a bait will behave in the water.

c. **The more severe PMS**, the more likely it is to be noticed.

d. Whilst there are many ways of breaking free from restraint **the more complex the movement** the more can go wrong.

在例（6-22）中，the more unlikely the allegation、the more supple a line、the more severe PMS和the more complex the movement单独来看，并非完整的表达，但在more-more架构下，可成为次级成分语窗。这种省略体现了英语的层级性，即以省略重复动词的方式尽可能地将依存重心集中于单一动词之上。

（6-23）a₁. 帽子越好看，一般来说价钱就越贵。

a₂. The more beautiful the hat, the more expensive it usually is.

b₁. 肿瘤越大，它吸收的 B-12 也就越多。

b₂. The more aggressive the tumor, the more B-12 it absorbs.

c₁. 植物越没有价值，生长得越快，而且长得越好。

c₂. The more worthless the plant, the more rapid and splendid is its growth.

尽管英语前分窗中省略动词，但在汉语中由于并无对动词的强制要求，只需要呈现层次上的非对等即可形成完整表达，如例（6-23）。在这种情况下，成分复现虽然可以提示两个分语窗的对立，但不能预测结构是否对称。从凸显角度看，"越-越"并未确立起整个语段的充分架构地位。

尽管成分复现对称与分语窗非对称分离，但 more-more 与"越-越"事实上呈现出很强的对称倾向，这在一定程度上显示了英汉语的一致性。

（6-24）a₁. 风越久，浪越狂。

a₂. The longer the wind blows, the larger the waves are.

b₁. The more you learn, the more you know; the more you know, the more you forget.

b₂. 学的越多，知道的越多，知道的越多，忘记的越多。

在例（6-24）中，前后分窗在音节数、句法结构、语义内容上均对等。在此，英汉语的差异是，英语中 more-more 居于分语窗之前，其依存构成整个语窗的架构；汉语中"越-越"不必居于分语窗之前，而是处于谓语位置，不必分析成分语窗内的主窗，其整体上通过各个单位语窗或异或同的通联对应以完句。

（6-25）a. 雨实体越下空间越欢情绪。

b. It's raining harder and harder.

如果单纯考虑通联以及累积图式，即使两个比较级由 and 连接，也可视为 more-more 集配。如例（6-25）中，"越-越"对译为 -er--er。在这种对译中，"越-越"句分别用空间关系"下"和情绪状态"欢"来描写物理实体"雨"的过程，"越-越"将"雨"在空间和程度两个不同维度中的表达加以具体化。需要注意的是，这种隐喻分析并非依赖于"越-越"，而是依赖于"下/欢"与"雨"在概念域上的配与不配。这种隐喻性的配与不配并未体现于英语译文中。对应的英语句生造出 it，用以充当 raining 的描写对象。之所以称之为生造，是因为 it 与 rain 并非实体与过程的关系。如果 it 指天空，那么 it 与 rain 形成的是基底–凸显的关系。但无论如何描写，it 与 rain 的关系也明显与 it is heavy 中所体现的主谓关系存在差别。这种差异是语法概念结构与指称概念的分离。这种分离本质上是虚拟与现实在层级集配上的分离，而非线性维度上的对言性分离。

6.2.2　more-more与"越-越"的间距模式对比

可以从两个层面来考虑间距的问题。一个是more-more与"越-越"的相关架构在间距上的分布实例，另一个是在不同间距上隐喻的实现问题。从实例的间距分布（图6-6）来看，more-more与"越-越"具有不同的间距分布模式。

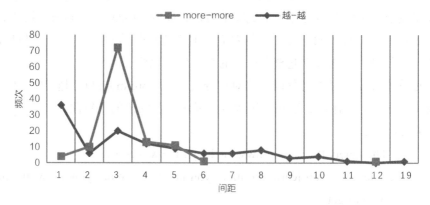

图6-6　互译语料中more-more与"越-越"的间距分布对比

more-more与"越-越"之间存在不同的间距分布，相关系数是Correl=0.265。从间距跨度上看，more-more中的间距跨度短于"越-越"，从间距的总量上看，more-more的实例主要集中于间距3上，而"越-越"主要集中于间距1上。"越-越"呈现出短间距优势，这反映出其词汇化的趋势，而more-more呈现出优选趋势，并不偏好短间距或长间距。

more-more或"越-越"在组构特定概念内容时，均通过隐喻过程发挥作用。在这种基础隐喻之上，被组构的内容表达与所描述的对象也存在着进一步的隐喻性扩展。

（6-26）a₁. 火越烧越旺。

　　　　a₂. The flames burned with increasing force.

　　　　b₁. 她感到胸中的怒火不断往上蹿，正越烧越旺。

　　　　b₂. She could feel the anger growing, bubbling up inside her.

（6-27）a₁. 我看着她沿公路越走越远，直至消失在黑暗中。

　　　　a₂. I watched her walk down the road until she was swallowed by the darkness.

　　　　b₁. 看阴天的岁月越走越远。

　　　　b₂. I watch gloomy days fade further and further away.

有些隐喻的扩展与集配模式存在关系，而有些隐喻依赖于宏观的语境。如例（6-26）所示，"越烧越旺"在a中用以描写"火"，整体上看，是非隐喻表达，而在b中用以描写情绪，在此浮现出隐喻"情绪是火势"。"越走越远"在例（6-27）a中表达空间位移的累积，而在b中用以描写时间的流逝，在此呈现出的隐喻是"时间流逝是距离变远"。"越-越"所提示的运动源域很难在英译中保留，比如"越烧越旺"在例（6-26）b₂中对译为bubbling up，"越走越远"在例（6-27）b₂对译为fade further and further away。

由此可知，在more-more和"越-越"中存在分隐喻和合隐喻的问题。在分隐喻中，分语窗之内呈现出隐喻，而在合隐喻中，整个宏语窗构成隐喻。如表6-3所示，"越-越"中分隐喻与合隐喻并存，而在more-more中并不存在合隐喻。当然，这是在不考虑驱动more-more和"越-越"图式化中的基础隐喻的情况下的。

表6-3 more-more与"越-越"的隐喻分布对比

结构	分隐喻	合隐喻
more-more	16	0
越-越	17	13

"越-越"的间距效应是，当"越-越"中的间距拉长时，其中一个"越"可以为其他表达所替代，这在短间距时则不允许。

（6-28）a₁. 新的器械越多，他们就更/越容易放松。

　　a₂. The **more** new instruments, the **more** they relax.

　　b₁. 天气越热越闷气。

　　b₂. *天气越热更闷气。

　　b₃. The hotter it is, the more oppressive.

在例（6-28）a中，"越"可为"更"所替代，而在b中，"越"不能为"更"所替代。在翻译中，二者均可对应more-more。

从分布（图6-7）上看，more-more呈现出中间间距的同主语与异主语的优势，而"越-越"呈现出短间距分语窗间的同主语优势。在more-more中，同主语与异主语呈现出相似的分布趋势，Correl=0.86，而在"越-越"中，同主语与异主语呈现出互补，Correl=-0.16。

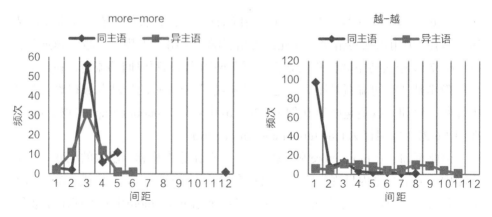

图 6-7　同主语与异主语的 more-more 与"越-越"集配的间距分布对比

6.2.3　小结

　　more-more 与"越-越"均是对言结构的典型实例，二者的句法描写对于句法理论具有一定的挑战性。more-more 与"越-越"均提示非对称、不相邻依存，这适合用依存语法加以描写，如图 6-8 所示。其中，图 a 为 Osborne 和 Gross（2012: 204）给出的 more-more 的依存语法分析，而图 b 为笔者给出的"越-越"依存语法描写方案。

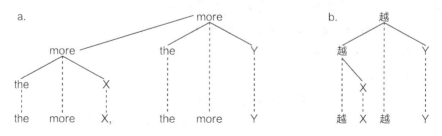

图 6-8　more-more 和"越-越"的依存树

图 a 来源：Osborne & Gross（2012: 204）

　　在依存树中，more 与 more 的直接依存得以展示，但同时，此依存存在着非对称，前 more 依存于后 more，并且围绕两个 more 分别形成两个独立的依存树。more 与 more 的非对称也体现于"越-越"上。依存树可展示 more-more 与"越-越"的相同之处。这种相同之处从概念上看就是前"more/越"充当基底或基线，而后"more/越"充当凸显内容。这种基底-凸显的关系本质上是两种状态的非对称，以此为基础，可获得"越-越"的集配分析模式，如图 6-9 所示。

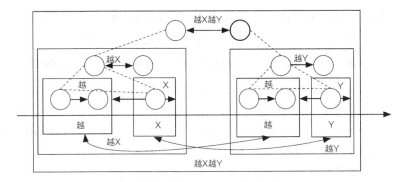

图 6-9　"越 - 越"的集配分析模式

"越 - 越"提示两个实体的指向关系，而 X 和 Y 提示指向性的变化，用于阐释 "越"的指向性。"越 Y"的凸显地位由粗圈与细圈的对比提示。在此，粗圈和细圈的内容如果相同，代表两个过程描述一个实体，而如果不同，代表两个过程描述不同的实体。粗圈与细圈的双向箭头提示实体变化的相关，方框之间的双向箭头提示语窗的依存。这同样适用于 more-more 的描写。在此集配中，X 与 Y 的类同之处在于变化性累积。相对于依存，集配描写的优势在于，可揭示对言对于集配自足的贡献，也可兼容对称与非对称。

6.3　not only–but also 与 "不仅–而且"的集配对比

not only-but also 与 "不仅 - 而且"在英语和汉语中提示两个范畴的并存，形成较为固定的依存关系。二者的共同之处在于，均可对 (((((实体)关系)过程)潜势)时间) 等各种概念面向的集配进行并置。

（6-29）a₁. 老工人对青年工人不仅言传_过程_而且身教_过程_。

　　a₂. The old workers instruct the young workers **not only** in words_关系_ **but** in deeds_关系_。

　　b₁. 加强核心力量训练不仅重要_关系_而且必要_关系_。

　　b₂. Core strength training is **not only** important_关系_ **but also** necessary_关系_。

　　c₁. 绘画不仅要求形似_潜势过程_，而且要求神似_潜势过程_。

　　c₂. Painters aim at a likeness **not only** in appearance_关系_, **but also** in spirit_关系_。

　　d₁. **Not only** Jim_实体_ **but also** his wife_实体_ saw her.

　　d₂. 不仅吉姆_实体_而且他妻子_实体_也见到了她。

e₁. She **not only** wrote 过程/时 the text **but also** selected 过程/时 the illustrations.

e₂. 她不仅写了 过程/体 正文部分，而且还挑选了 过程/体 插图。

f₁. Air **not only** occupies 过程/时 space **but it also** has 过程/时 weight.

f₂. 空气不仅占据 过程 空间，而且它还具有 过程 重量。

g₁. 不仅今天 时间，而且今后 时间，我们都要高举毛泽东思想的旗帜。

g₂. We must hold high the banner of Mao Zedong Thought **not only** today 时间 **but** in the future 关系/时间。

h₁. 新世纪要求教师 **不仅** 能 潜势 上课，而且能 潜势 科研。

h₂. New century requires the teacher **not only** to be able to 潜势 give a lesson, **but also** do scientific research.

在例（6-29）a中，"不仅-而且"用于组构过程性的"言传–身教"，对应在英语译文中是not only-but also组构的关系面向的in words-in deeds。在b中，"不仅-而且"用于组构关系面向的"重要-必要"，not only-but also与此对应。在c中，"不仅-而且"用于组构潜势过程性的"要求形似-要求神似"，对应的not only-but also组构关系面向的in appearance-in spirit。在d中，not only-but also和"不仅-而且"均用于组构实体性的"Jim/吉姆-wife/妻子"。在e中，not only-but also和"不仅-而且"分别组构两个谓语性或过程性的短语，提示两个完整的主谓分句。在g中，"不仅-而且"和not only-but分别用于组构时间。在h中，"不仅-而且"和not only-but also用于组构潜势，形成对译。在这些实例中，所有的表达均是并置的，在概念和结构上存在着对应或重叠。

这些英汉互译例子显示，在集配上，not only-but also和"不仅-而且"可自由地组构概念层级上的各种概念，这说明在本质上对言依存独立于层级依存。同时在形式上，语料显示，not only-but also与"不仅-而且"均存在一些变体，例如，not only-also/but also、"不仅-还/也"。这些变体并未从根本上改变对言依存的格局，如例（6-30）。

（6-30）a₁. Everyone will **not only** be able to contact each other regardless of distance, **but also** see them.

a₂. 每个人将不仅能够互相接触而不管相隔多远，还能看到他们。

b₁. We would **not only** be able to travel around the world, **but also** go to study in any world-famous university we wanted to.

b₂. 我们不但可以环游世界，而且可以去任何我们想去的世界著名的大学学习。

c_1. You can really have eternal youth. You will **not only** be able to gain more wealth, you **also** have more time to enjoy life.

c_2. 若真能永葆青春，**不仅**大家能赚取更多的财富，**也**能拥有更多时间享受生活。

不过，"不仅"或"而且"是线性维度上不可中断的整体，而相对应地，在 not only-but also 中，it 可在线性维度上打断 but also 从而形成 but it also。这种差别说明，"不仅 - 而且"的形式对称规约度比 not only-but also 的要高。

（6-31）a_1. People **not only** have meals **but also** want to take nice food.

a_2. 人们**不仅**要用餐，**而且**要吃美食。

b_1. The public loses interest, and undergoes reaction.

b_2. 人们**不仅**感到扫兴，**而且**还起了反感。

虽然 not only-but also 与"不仅 - 而且"在语义上表达对称，但二者在使用中也可组构非对称语义关系。"不但 - 而且"所提示的并置并非单纯地对同一个域内的两个方面进行列举，还可以对一个方面进行阐释。在例（6-31）a 中，"吃美食"是对"用餐"的阐释；在 b 中，"反感"是"扫兴"负面情绪的增强版。这背后的动因是并列依存，本质上是线性和对称整合为整体的对言，在使用中可选择性地凸显某个方面。

二者另外的差别表现在，not only-but also 可用于组构两个完整的主谓性分语窗，而"不仅 - 而且"倾向于组构谓语性的语窗。

（6-32）a_1. **Not only** is she pretty **but also** kindhearted.

a_2. 她**不仅**漂亮，**而且**心眼也好。

b_1. **Not only** is it mad **but it's also** wicked.

b_2. 这**不仅**疯狂，**而且**很坏。

（6-33）a_1. ?你说实话，你**不仅而且**她已放弃了所有的零用钱，给了希望工程。

a_2. To tell you the truth, **not only** you **but also** she has given away all the pocket money to Project Hope.

b_1. 我相信你们**不仅**可靠，**而且**价格有竞争力。

b_2. I believe you are **not only** trustworthy **but also** competitive in price.

在例（6-32）中，not only 前置，并伴随着过程性动词的前置，用以引导主句，而相对应地，"不仅 - 而且"分语窗分别描述"她"或"这"。主语的这种前置性倾向体现于例（6-33）a 中，"不仅你而且她"可接受。在例（6-33）b 中体现为，"价格"需解读为"你们的价格"；英语对译中体现为 you 是唯一的主语。在此，汉语句中"你们"具有基线性地位，同时通过通联阐释"价格"。这种差异说明，与英语的主语相比，汉语中的基线对于句法结构的影响较弱。从译文语料来看，在笔者搜集的 57 个互译实例中，只有 2 例中的"不仅-而且"用以提示两个主谓性的分句，而相对应地，英语有 13 例，均占少数。

（6-34） a₁. **Not only** did I hear about it, **but** I saw it.

　　　　 a₂. 我**不仅**听到了，**而且**我也看到了。

　　　　 b₁. **Not only** do they rob you, they smash everything.

　　　　 b₂. 他们**不仅**抢劫你，**而且**还打碎一切。

　　　在 not only 提前的同时，but also 的地位下降，甚至消失。例如，在例（6-34）a 中，只有 but，而 also 省略；在 b 中，but 和 also 均省略，但"不仅-而且/还"中的依存是完备的。这种差异的根本动因是英语架构上的非对称依存趋势和汉语基于基线的对称趋势。

（6-35） a₁. **Not only** you, **but (also)** I am to blame.

　　　　 a₂. **不仅**你，**连**我都要受责难。

　　　　 b₁. Make-up is required to be **not only** beautiful **but also** tasteful.

　　　　 b₂. 打扮**不仅**要时髦，**更**要得体。

　　　　 c₁. 他**既**软弱**又**爱慕虚荣。

　　　　 c₂. He is **not only** weak **but also** admires vanity.

　　　另外，"不仅-而且"的可替代性很强，如例（6-35）所示，not only-but also 在翻译中对应"不仅-连/不仅-更/既-又"。这种可替代性均是汉语对言性的证据。

（6-36） a₁. 这一次**不仅**我自己回来了，**而且**我还和我的导师把一大群投资人一起带来了。

　　　　 a₂. **不仅**我自己回来了，**而且**我还和我的导师把一大群投资人一起带来了。

　　　　 b₁. 胚胎的性状在分类上具有最高度的价值，这**不仅**动物是这样，**而且**植物也是如此。

　　　　 b₂. 胚胎的性状在分类上具有最高度的价值，**不仅**动物是这样，**而且**植物也是如此。

　　　　 c. 黑龙江省**不仅**电力供应稳定，**而且**电价较低。

　　　　 d. 这里**不仅**山美、水美，**而且**还有一个良好的社会环境。

　　　　 e. 今年 5 月，我们在宜兴旅游途中就碰到了两起恼人的遭遇。**不仅**挨了宰，**而且**受了罪。

f. 公车修理中"回扣"之风潜滋暗长，其危害不可低估。不仅单位多花了钱，而且修理质量也难保证。

从更广的角度看，"不仅-而且"呈现出对于基线主语的强制性倾向，同时也呈现出对言的使用倾向。在例（6-36）a中，"这一次"可省略，在b中"这"可省略。但在c中，尽管"不仅-而且"并置两个主谓结构，但是"黑龙江省"不可省略，否则整个表达的内容不完整，这也体现于d中"这里"的使用。这种倾向是概念内容上的通联，并非可有可无。例如，在e中，尽管句号前置标记了对言结构"不仅挨了宰，而且受了罪"的完整与独立，但是其仍然在内容上与前句通联。这种通联预设也体现于f中。这表明，对言完整性具有去基线的作用，但在"不仅-而且"依存中，这种趋势受到了抑制。例如，在"不仅周苏红的快攻频频得手，而且队中的第一炮手杨昊也屡次发威"中，即使在两个并列分语窗中存在完整的主谓结构，并且二者形成对立，但仍然需要基线"世界女排锦标赛"的接入，否则不能展示所描述的内容。这说明，对言性表达的完整性建立在概括性或总括性的基础之上。在概括性的完整中，基线在形式上被排斥，但在内容上被需要。

（6-37）a. 不仅你错了，而且我也错了。

b. **Not only** you, **but also** I am mistaken.

（6-38）a. 图书出版不仅包括精神生产，而且包括物质生产。

b. Be sure that the holiday price **includes** not only free use of the transport system, but also a pass to all parks.

c. Not only will he be **accepted** on the terraces but also as a drinking partner in the local pubs.

d. If you have **decided** not only to start at the starboard end, but also to tack onto port as soon as possible, then a different set of priorities apply.

不同于汉语的对言性，英语的对言以动词为中心，而汉语的动词是对言的一种表现方式。在例（6-37）中，"不仅-而且"用以组构主谓结构，"错了"通过复现实现对称，而对应的not only-but also用以组构主语，动词未进行重复。在例（6-38）a中，"不仅-而且"用以引导重复的"包括"，而相对应地，在b中includes不复现，在c中accepted不复现，在d中decided也不复现。

从间距上看（图6-10），在互译语料中not only-but also和"不仅-而且"的间距呈现出互补性的分布，这表明英汉语以不同的间距配置概念语窗。类似地，在CCL和BNC非互译语料中，二者的间距分布依然呈现出互补性。整体上，

"不仅-而且"的使用频率远高于not only-but also,这说明相对于英语,汉语具有依存窗优势,这是汉语对言性倾向的频率证据。

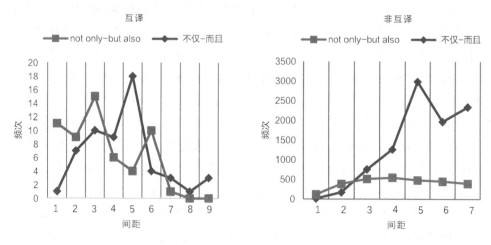

图6-10　互译与非互译语料中not only-but also与"不仅-而且"的间距分布对比

6.4　let-V与"让-V"的间距对比

6.4.1　let-V与"让-V"的致使框架对比

从词源上看,let与"让"虽然来源有差异,但具有共享的语义图式。

(6-39) Old English *lætan* (Northumbrian *leta*) "to allow; to leave behind, **depart from**; leave undone; bequeath..."(https://www.etymonline.com)

(6-40) 诘责以辞谓之让。(《小尔雅》)

如例(6-39)所示,let在词源上表达"允许""留下……""离开",而如例(6-40)所示,"让"表达在指责中辞掉。词源上,二者共享的图式是"施事不再控制某物或某处"。在动态竞争的物理系统中,当某物不再占据某处时,该处会为另一物体所占据;在动态竞争的社会系统中,当某人不再占据社会组织中的某个角色时,该角色会为另一人所占据。也就是力动态中现实与潜势的对立。当这个"不占据"为主体的主观行为时,即在主体意识中其不占据的现实行为预设被占据的潜势,"不占据"就成为主体的主动行为,即"主体不占据某位以排除别人占据该位的妨碍"。简言之,主动施为排除妨碍是let与"让"的共享图式。

(6-41) a1. He decided to **let** his hair grow long.

a₂. 他决定让头发长长。

b₁. I'm **letting** you stay up late, just this once.

b₂. 我让你熬夜，仅此一次。

c₁. The plug's coming loose **let** the water flow from the tank. (Talmy, 2000: 418)

c₂. 塞子松动让水从罐子里流出。

在例（6-41）a中，let提示he与his hair的排除妨碍关系。其中，let提示he的不作为或不妨碍以为头发生长创造条件。由于这样的let是行为，其提示he与hair之间的不设置妨碍与意图潜势形成一致。之所以说是"不设置妨碍"，是因为在通常条件下，设置头发长长的妨碍符合期待的潜势。这种不设置妨碍也适用于b，其中I对you的行为不设置任何妨碍。a和b的区别在于，前者涉及物理关系，后者涉及社会关系，而c中只涉及物理关系但不涉及心理和社会关系。在这些使用场景中，let与"让"均存在对应。

（6-42）a. The crowd parted and let him go through.

b. 群众让开路，让他走过。

基于排除妨碍之义，let与"让"所体现的物理和社会面向二分尤为明显地体现于例（6-42）中。"让开路"是面向主体与路之间关系的意图，而"让他走"是面向主体与主体之间交际的意图，这体现了物理与社会之别。从阐释角度看，交际一方所"让"之角色为另一方所阐释。从英汉对比角度看，两个"让"只对应一个let，这说明"让"的灵活度比let大。

"让"使用中排除妨碍之义会转变为主动施为，这种转变是凸显排除妨碍中的主动方面而隐没排除动作本身。例如，"画出图表为的是**让**读者一目了然"中"画图表"是主动创造条件排除文字造成的理解干扰，但干扰被隐没。在"诵读后老师**让**同学默写"中，"让"表达老师对同学主动施加言语行为；在"软腭低垂，堵住口腔的通道，**让**气流从鼻腔出来"中，主体主动施为身体部分以造成妨碍，从而对气流的运动潜势造成影响。

在"让/let"的社会施为中，施事同时进行两个施为：一个施为是对受事甲进行施为，而另一个施为是对受事乙进行施为。受事甲与受事乙均存在两个状态的对抗。其中，受事甲中存在状态A与状态B的对抗或选择，而受事乙中存在状态C与状态D的对抗或选择，其中状态B是状态C得以实现的条件。基于此框架，在使用中"让/let"可表现为多种施为情形。

（6-43）a₁. 学校完全让新生自生自灭。　　不施应为

a₂. The new students were just left to sink or swim.

b₁. 农民让土地休耕现在得到了回报。　不施错为

b₂. Farmers are now paid to **let** their land lie fallow.

c₁. Greg flattened himself against the wall to **let** me pass.

c₂. 格雷格身体紧靠着墙让我通过。　妨碍排除

d₁. I'd never **let** you go short of anything.　施为补足

d₂. 我什么都不会让你缺的。

　　例（6-43）a体现了学校潜势责任与现实施为的冲突不能拟合于社会对高质量教育的期待；b体现了农民潜势施为与现实不施为的冲突拟合了提高土地质量的意图；c中，格雷格需要主动调节身体与"通过"条件拟合；d中，施事积极主动施为与潜势受益拟合。

（6-44）a₁. 我不应该让他这么骗到我。

a₂. I shouldn't have **let** him fool me like that.

b₁. 注意别让他们多收饮料费。

b₂. Make sure they don't overcharge you for the drinks.

c₁. 我不能让他骗我.

c₂. I will not have him cheat me.

d₁. Okay, did I just **let** Sara Harvey trick me?

d₂. 我刚是不是让莎拉·哈维骗了我？

e₁. I'm not going to **let** them get one over on me!

e₂. 我决不让他们胜过我！

f₁. He stepped off the pavement, and was nearly knocked down by a taxi.

f₂. 他走下人行道，差点儿让一辆出租汽车撞倒。

　　"let/让"所涉及的另一个力动态变异是主动和受动地位的转换。例如，不同于例（6-43）中凸显主语的主动性，在例（6-44）中，主语处于受动地位，而宾语处于主动地位，其中的否定用于提示主语作为受体所采取的主动应对。这体现于例（6-44）e中是，"我"采取主动行为以克服"他们"主动行为所引发的潜在优势。这种主动-受动的转换体现于f中是宾语"出租汽车"的完全主动优势地位，这种优势地位是施为的主动和优势的合体。

　　从隐喻角度看，"let/让"的隐喻投射存在确定源域的问题。由于"let/让"本身就提示社会中的互动，在这个过程中物理身体、心理认知和社会交际融为一体。如果假设"let/让"的起点是社会交际，那么其隐喻是从社会交际向物理过程进行投射，或者说就是用已确立的、熟悉的社会交际过程来描写正在经历

的物理过程。这种过程在中国传统文化中也有体现。

（6-45）黄帝问曰："愿闻十二脏之相使，贵贱何如？"岐伯对曰："悉乎哉问
也，请遂言之。心者，君主之官，神明出焉。肺者，相傅之官，治节出
焉。肝者，将军之官，谋虑出焉。胆者，中正之官，决断出焉。膻中
者，臣使之官，喜乐出焉。脾胃者，仓廪之官，五味出焉。大肠者，传
道之官，变化出焉。……"（张其成，2021：9）

在例（6-45）中，物理意义上的器官被描写为政府机构中的官职。由此可
见，隐喻并非单纯从物理经验投射到心理社会经验，也可从社会经验投射到物
理经验。这种投射的动因是，某些物理结构比社会结构对于观察者而言更抽象。

（6-46）a₁. 他叫/让保安人员把他们轰出了俱乐部。　距离（物理→社会）

　　　a₂. He had the bouncers throw them out of the club.

　　　b₁. 外出活动真叫/让人吃不消。　身体（舒适→劳累）

　　　b₂. It's too much of a fag to go out.

　　　c₁. 他还没有回家，这叫/让我放心不下。　心理（正常→焦虑）

　　　c₂. It worries me that he hasn't come home yet.

　　　d₁. 花布衫叫/让汗打透了。　物理（干燥→湿透）

　　　d₂. The calico shirt was soaked with sweat.

在例（6-46）中，所有的"叫"均可替换为"让"。在a中，"他叫保安"
提示通过言语过程实现社会交际过程，"叫/让"凸显了语言的社会互动功能。
在b中，"叫/让"提示身体活动对人的负面作用，凸显了身体物理意义上的变
化。在c中，"叫/让"用于连接事件与情绪，凸显了心理意义上的情绪变化。
在d中，"叫/让"提示物理实体之间的作用。简而言之，尽管所有的活动均涉
及身体，但凸显的分别是社会、身体、心理和物理等不同的层面。如果认为这
些表达中存在着隐喻，那就意味着"让"可以实现从社会到身体、心理、物理
的投射。虽然这些"让"的表达并不能对译为let，但"let/让"确实均可适用于
物理、身体和社会的拮抗情形。

（6-47）a₁. The solid holder wouldn't **let** pencils bend or break.

　　　a₂. 这个稳固的支架让笔不弯曲或不折断。　物体→物体

　　　b₁. Carelessly he **let** a page of newspaper fall on the cement.

　　　b₂. 无意中，他让报纸掉在了水泥地上。　主体→外物

　　　c₁. They would of course **let** me know what was going on as soon as possible.

　　　c₂. 当然，他们会尽快让我知道发生了什么。　主体→主体

d₁. He turned and **let** his eyes lock with the laird's.

d₂. 他转过脸，让他的眼睛与地主的眼睛对视。　　主体→身体

在例（6-47）a中，"let/让"体现了物体与物体的拮抗；在b中，"let/让"体现了"主体"与"外物"的拮抗；在c中，"let/让"体现了主体与主体的拮抗；在d中，"let/让"体现了主体对身体的控制。

在这些实例中浮现出一个完整的致使链：主体甲→身体甲→（物体甲→物体乙）→身体乙→主体乙。在这个致使链中，物体甲→物体乙的拮抗关系可被视为主体未参与或未妨碍下的互动。这种致使链可通过let-V或"让-V"的间距加以实现。

6.4.2　let-V与"让-V"的间距模式对比

从间距角度看，let-V与"让-V"的兼语成分均呈现出在间距上的变异，如表6-4所示。从宏观分布上来看，let-V（BNC）与"让-V"（CCL）存在类似的间距效应，主要的分布均集中于间距1上，如图6-11所示。

表6-4　let-V与"让-V"的间距实例

间距	let-V	让-V
0	You don't let drop one of those naughty words.	张无忌侧身让让过。
1	She let **him** get away with it.	她让**我**走开。
2	Don't let **your head** bob up.	力争让**用户**高枕无忧。
3	She let **her whole body** go limp.	我会让**我父亲**把你扫地出门。
4	Athelstan let **his mind and soul** be calmed.	今天也让**我们大家**开开眼。
5	I'm prepared to let **the people of this country** decide.	他要让**自己的理性**操纵一切。
6	It may be better to let **another qualified member of the profession** do work.	这全新的一切让**寒口村的村民**满心欢喜。
7	Let **anyone who teaches this in an academy** be turned out as a misleader of the people.	美国拒绝让**联合国核查人员**重返伊拉克。

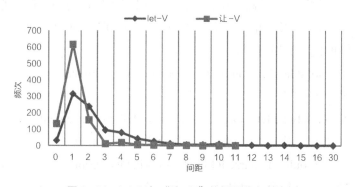

图6-11　let-V与"让-V"的间距分布对比

　　由于 let-V 与"让-V"均是致使链上的一环，从概念动因角度看，动体之间依次传递能量，需要体现为语言表达上的动体–过程的依次实现，最优选择就是动体—过程—动体—过程在线性维度上的直接实现，例如"他_{动体}让_{过程}我们_{动体}走_{过程}"，这样，该致使链成为最为典型的模式。而由于语境对于概念的预设，也可省略指称性的动体，例如"他让走了"。另外，也可增加对过程的细节描写，例如"他让我们快走"。但这些增加了细节的描写并不直接实现致使链，不符合概念上的典型性。换言之，典型的致使链提示((实体)过程)的往复，而非典型的则通过增加层级以实现。由于在扩展中依然会优先将两个实体的互动视为一个整体，例如，"我让他吃饭"由"我让他"与"他吃饭"构成，因此，叠式也可分析为叠对式的链条，即(我让(他)吃饭)。

（6-48）a₁. They should **let** us get out of church.　　社会：主体→主体

　　　　a₂. 他们应该**让**我们走出教堂。　　社会：主体→主体

　　　　b. 这点很**让**我欣慰。　　认知：状态→主体

　　　　c₁. She lay down on the bed and **let** her mask slip.　　物理：主体→物体

　　　　c₂. 她躺在床上，**让**口罩滑落。　　物理：主体→物体

　　更为细致地看，典型间距分布中分别体现了"社会：主体→主体""认知：状态→主体"和"物理：主体→物体"三类致使链，如例（6-48）所示。在所搜集的语料中，英语中未见认知类的实例。let-V 与"让-V"中三类致使链的间距分布对比如图 6-12 所示。

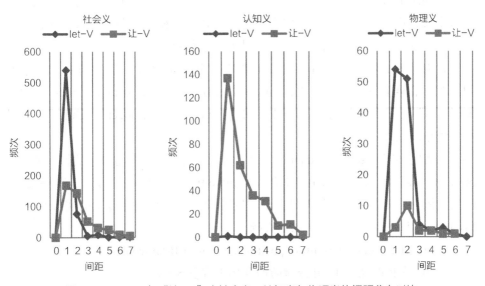

图 6-12　let-V 与"让-V"中社会义、认知义与物理义的间距分布对比

在社会义和物理义上，let-V较"让-V"更具优势，而在认知义上，"让-V"较let-V更具有优势。尽管存在这些差异，但社会义与物理义的间距分布模式类似。三类语义的相关系数分别为：Correl社会=0.79，Correl认知=0.89，Correl物理=0.76。这种相关性可被视为语义类似驱动形式类似的证据。

6.4.3 小结

let与"让"在基本语义上以人与人的互动为基本图式，在形式上实现为致使链。致使链呈现出((实体)过程)层级一体的倾向，这种致使链也可被视为两个((实体)过程)共享一个实体的叠对式，因此也被视为对言的一种类型。一方面，叠对式体现了形式与意义的象似关系和间距效应，另一方面，这种叠对式对言为英汉语所共享。在语义扩展上，二者也均可从社会力投射到心理力和物理力，这违背了概念隐喻主张的从物理域向社会域投射的隐喻单向性。当然，这并非否认概念隐喻所主张的隐喻的普遍性，但该现象说明隐喻过程具有多样性。

6.5 more-than与"比-多"的间距对比

6.5.1 more-than与"比-多"的概念框架对比

从词源上看，"多"表达复数，如，"多，众也"（《尔雅》）。这是从数量上进行定义，而"比"与"从"均为同行，二者意义相反，即"二人为从，反从为比"（《说文》）。这是通过实体的运动方向进行定义。

相对应地，than是从then发展而来的，用以介绍另一个参与者，基于时间系列。在西日耳曼语中，A is bigger than B演化自"A is bigger, then（'after that'）B"。more表达"greater, relatively greater, more, stronger, mightier"，这是从量级角度加以定义。

二者的共同之处在于，than与"比"均用于提示两个参与者中的另一个，而more与"多"均用于提示量级的增加，more-than与"比-多"是"量级-关系"的层级依存。二者最明显的差异在于"量级-关系"在线性维度上的实现顺序。

（6-49）a₁. 担任要职的男性仍然**比**女性**多**。

a₂. Men still occupy **more** positions of power **than** women.

b₁. 克林面包房 11 月份烤的面包**比**平常**多** 50%。

b₂. In November, Cleans' bakery produced 50 percent **more** bread **than** normal.

c₁. 我挣钱**比**他**多**。

c₂. I make **more** money **than** he does.

在例（6-49）a中，"多"面向"男性/女性"的数量，more面向positions，"比"面向"女性"，than面向women实体。在b中，"比"面向"平常"，"多"面向实体数量，这与more-than类似。在c中，"多"面向"挣"，例如"我钱比他挣得多"；"比"面向"他"，more面向money，than面向he does。在此，than后接he does提示than不仅仅用于提示参与比较的另外一个实体，还可提示过程之间的关系，即than既可用于组构实体，也可用于组构过程，而more用于组构实体和关系。当然，这种灵活性也见于"比-多"。关键是"比/than"与"多/more"虽处于不同的成分层级，但却呈现出强制的依存性，证据是，省略任何一方，另一方就无法表达完整语义。

（6-50）The problem is that **more** has been coming out of the pot than going into it over recent years.

（6-51）中国队的银牌**比**韩国队**多**了两枚。

（6-52）a. Yet for all his diabolical skill, he can **no more** make this revue than one swallow can make a summer.

b. 市民回家，**比**往常**多**花了两三个小时的时间。

在例（6-50）中，more直接充当实体，在例（6-51）中，"多"提示过程。但在语料中未见more提示过程而"多"单独提示实体的使用。当然，这并不意味着more不可能直接描述过程，如例（6-52）a中，no more直接修饰make，这种过程面向也体现于"多"的使用中，如b中，"多"用于修饰"花"。尽管有这种面向过程上的类似情况，但二者差别显著。如果例（6-52）a中省略make，则整个表达不可接受，但是在b中省略"花"则不影响表达的完整。二者的共同之处在于具有很强的关系面向性，more与"多"均是关系面向的，如例（6-53）所示。

（6-53）a₁. 所有的人都**比**动物聪明得**多**。

a₂. All human beings are much **more** intelligent **than** animals.

b₁. 事情**比**您想象的要严重得**多**。

b₂. The situation is **more** serious **than** you know.

（6-54）a. Domingos, hugely personable, but also often **more a talker than a doer**, has made a more than reasonable living.

b. 他可比他男人多了。

（6-55）a. 女性要在事业中获得成功，可能要付出比男性更多的努力。

b. 在中小学课堂教学中，男生总比女生更多地受到教师的关注。

c. 数学需要比日常用语更多的精确性。

（6-56）a. He saw both sides of a case with more **imagination** than most of his contemporaries.

b. Some of us have had more **success** than others.

c. The techniques he employs, he says, give him more **flexibility** than a potter.

实体、关系和过程面向实际上并非彼此界限分明，而是具有一定的连续性。more用于修饰实体，但依然提示程度。如例（6-54）a中，more a talker than a doer提示talker与doer在程度上的差别，而在b中，"男人多了"提示一种程度的变化。另外，三者的连续性也体现于过程性或关系性的内容在结构中被视为实体，如例（6-55）中的"努力""关注""精确性"，以及例（6-56）中的imagination、success、flexibility。

6.5.2　more-than与"比-多"的间距模式对比

从间距角度看，more与than可相邻，是一种常态，但"比"与"多"的相邻则鲜见。

（6-57）a_1. The old feel the cold **more than** the young.

a_2. 老年人比年轻人怕冷。

b_1. Clearly, this will cost a lot **more than** we realized.

b_2. 显而易见，这将比我们以前了解到的花费要多得多。

c_1. The pain was almost **more than** he could bear.

c_2. 这种痛苦几乎使他无法忍受。

（6-58）a. *你比多筹集了 2000 美金。

b. You raised $2000 **more than** you needed.

在例（6-57）中，所有的more与than均相邻，只有b_1中可对译为"比-多"，但不能实现为相邻。虽然在例（6-58）中，"比"与"多"以及more与than均为相邻，但汉语句显然不可接受。

在宏观上，more-than与"比-多"的间距呈现负相关，如图6-13所示。在相邻（即间距0）时，"比-多"与more-than的频次均处于低位，但more-than在间距 1 上的分布陡然上升，且达到最高峰，之后陡然下降，而"比-多"缓慢上升，直到间距 4 时才达到最高峰，并呈现缓慢下降趋势。这种负相关的相关系数为 Correl=−0.38。

虽然在间距分布上 more-than 与"比-多"呈现出负相关，但在宏观上，二者对于实体、关系和过程的组构分布具有一定的一致性，如图 6-14 所示。另外，如图 6-15 所示，more-than 与"比-多"中实体、关系、过程的分布是关系多于实体，实体多于过程。

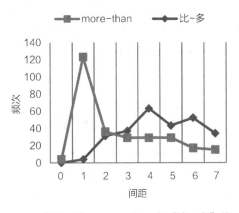

图 6-13 more-than 与"比-多"的
间距分布对比

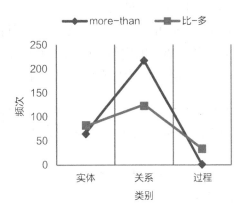

图 6-14 more-than 与"比-多"的
实体、关系和过程分布对比

在微观层面上，由于过程在 more-than 与"比-多"中实现的实例较少，二者未呈现出分布的对比，但在实体和关系实现上，二者均呈现出分布上的对比，且与宏观层面上二者的分布趋势类似。

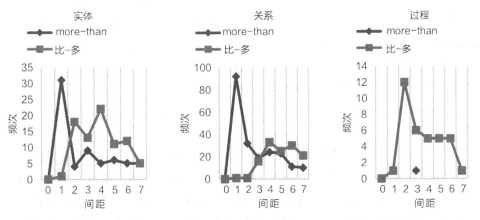

图 6-15 more-than 与"比-多"实体、关系和过程实现的间距分布对比

more-than 与 "比-多" 这两个依存表达中，从概念角度看，最基本的是由 "than/比" 在两个实体之间确立起对比关系，而在这种对比关系中，"more/多" 提示实体的量级差分。如果实体量级的对比是概念演化的源域，那么当量级被用于描写关系性或程度性量级时，在一定程度上可将其视为隐喻。也就是在 "I have more money than you/我比你有更多钱" 中，"money/钱" 是实体，不同的人拥有的钱的量级存在着差异，可视为字面表达。

实体之间的实体量对比可充当程度量之间对比的源域，如图 6-16 所示。实体量与程度量的最大差别是，实体量是离散的，而程度量是连续的。例如 "She is more intelligent than he/她比他聪明得多" 中，"聪明/intelligent" 是程度性的，而非各个离散的实体。因此，从 more money 到 more intelligent 发生的实体量到程度量的隐喻性投射在使用中具有高规约度。

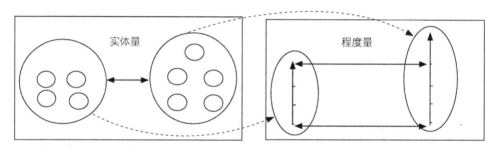

图 6-16 more-than 与 "比-多" 共享的实体和程度图式

6.5.3 小结

more-than 与 "比-多" 最基本的特征是在不同概念层级上的两个概念形成非相邻的直接依存。从依存语法角度看，Osborne（2019: 412）认为，more 为主，than 为从，这体现于例（6-59）a 中。

（6-59）a. The boys play video games more than the girls.

b. More men drank beer, than women wine.

Osborne（2019）进一步指出，more-than 既提示主从关系也提示并置关系，其证据是例（6-59）b 中，women 与 wine 之间省略了 drank，这显示了 than 前后的小句功能对等。此分析实则表明，是 than 而非 more-than 提示了对言性的组构，结果是 more 与 than 失去直接依存关系。整个分析表明，随着 more 与 than 的间距拉长，二者的直接句法依存逐渐消失。这从另一方面说明了依存语法过度强调直接依存，具有局限性。从语窗集配角度看，more 与 than 即使在并列句中也具有常规的"量级-关系"语义依存。实际上，从"比-多"看，"比"的确立是"多"这一结果的概念前提或预设，这与more-than的依存关系一致。简言之，more-than与"比-多"在不同间距上的依存确实具有动态性，但同时二者的概念类同是实质性的，这不能为句法分析所揭示。

6.6　give与"给"变式的间距对比

6.6.1　give与"给"的概念模式对比

give与"给"在英语和汉语中均是重要的表达，在概念上典型地表达"施事向受事传递某物"，即均预设存在三个事件参与者，例如，"I give you a book/我给你一本书"中存在"I/我""you/你""book/书"。这体现了概念内容在概念形式上的实现。当然，最为人熟知的是，这种双宾语结构在英语中存在一个面向运动的变式，例如I give a book to you。这在汉语中无同等的对应变式，汉语的变式是"我把书给你"。差别在于，give-to中的to提示指向性的位移过程，而"把-给"中的"把"提示指向性的控制。虽然give和"给"均未失去过程地位，但是，英语中凸显过程中的空间方向，而汉语中凸显过程中的控制。整体上看，二者对"主体$\xrightarrow{控制}$物体$\xrightarrow{位移}$受事"这一经验过程采取了不同的识解方式。这样的结果是，以"受事"为间距标记，形成"控制-给"和"give-位移"的间距的对比。

（6-60）a₁. What are you doing with those matches? **Give** <u>them</u> to me.

　　　　a₂. 你拿那些火柴做什么？**把**<u>它们</u>**交给**我。

　　　　b₁. She **gave** <u>him</u> to Silcock a long time ago.

　　　　b₂. 她在很久以前就将他给了西尔库克。

在例（6-60）中，尽管"控制把"与"位移to"分别置于动词之前和之后，但二者与动词之间均是可对译的指称代词。从精度角度看，give比"给"更显著地提示"施力"而弱化"位移"，而相对应地，"给"更显著地提示"位移"而弱化"施力"。这种语义差异的驱动使得"给"更容易弱化为非过程性的介词，例如，"我拿了本书给他"比"我拿本书给了他"更自然，"我给你提供一批名著"可接受，而"我给了你提供一批名著"不可接受。

（6-61）a₁. She gave a small twisted smile.

a₂. 她不自然地微微一笑。

a₃. 她不自然地给了个微笑。

b₁. We will want to give evidence.

b₂. 我们想提供证据。

c₁. I used to smoke but I **gave up** two years ago.

c₂. 我过去抽烟，但两年前就戒了。

正是由于这种语义差异的驱动，在实际使用中，很多give的表达难以对应为"给"。在例（6-61）a中，give句可由"给"或非"给"句加以翻译；在b和c中，难以用"给"句加以翻译。

如表6-5所示，give与"给"共享的变式只有"动词give/给OO"和"动词give/给O"两个类型，其他的类型均为二者各异性的变式。两组变式中，在层级维度上，give表现出稳定性，而"给"表现出变动性。对于give与"给"而言，二者不仅表现出变式类型的差异，还表现出规约度上的差异，如图6-17所示。

表6-5　give与"给"变式的异同对比

结构类型	英语	汉语
give O O	He gave me one half of a clasp.	他给了我一个半抱。
O given O	They cannot be given a timeless quality.	/
give O	We will want to give evidence.	我们想给证据。
give O to O	Please give this to Mr Sam Pascoe.	/
give O P	He was giving away a secret Tory agenda.	/
give-as	He gave his name as Borgalini.	/
给-V	/	今天给大家讲中国的哲学。
V-给	/	政务处长写信给美国历史学者。
把-给	/	汉武帝要把皇位传给小儿子昭帝。
给-O	She gave a smile.	她给了个笑脸。
给OO	Give me some water.	请给我一点水。
给以	/	给我以安慰。
给出	/	给出答案。

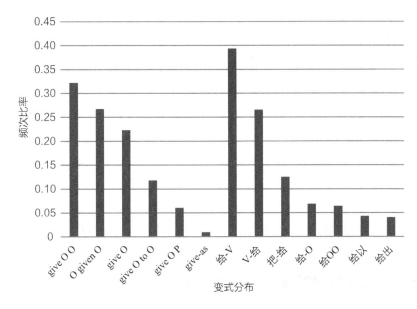

图 6-17 give 与 "给" 变式分布对比

give 变式（语料来自 BNC）中规约度最高的是 give O O，也就是双宾语结构，而 "给" 变式（语料来自 CCL）中规约度最高的是 "给 -V"。这表明，give 具有中心化趋势，而 "给" 具有图式化趋势。

6.6.2 give 与 "给" 中变式的间距效应

尽管两个高规约的变式存在着结构上的差异，但是二者均存在间距的问题。无论是在 give O O 中还是在 "给 -V" 中，间距均由一个受事的长度来标记。give O O 与 "给 -V" 在间距上最大的差别是 "给 -V" 在间距 0 时表现得较为突出，如图 6-18 所示。

例如，"各处理的平均数标准差要给列出来" 中，"给" 与 "列" 相邻。而整体上看，give O O 与 "给 -V" 这两种分布的走势类似，相关系数 Correl=0.535。而对比 give O O 与 "给 OO" 的间距分布可发现，二者的走势更为类似，相关系数 Correl=0.826，如图 6-19 所示。二者的对比表明，相似结构的间距分布相似。

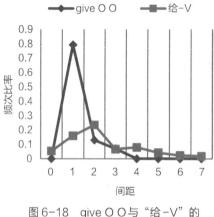

图6-18　give O O与"给-V"的间距分布对比

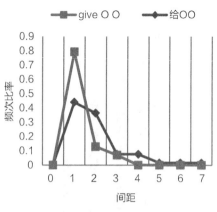

图6-19　give O O与"给OO"的间距分布对比

6.6.3　give与"给"变式中的隐喻扩展

give典型地表达一个物体从一个施事主体传递到受事主体，如例（6-62）所示。key作为物理实体，可从施事主体传递到受事主体。在这个过程中，发生了物体与主体关系的变化。如果施事主体、物体和受事主体的任何一方为非物理实体，可认为出现了隐喻。

（6-62）a. I'll **give** you a key so that you can let yourself in.

b. 我把钥匙给你，你可以自己开门进去。

（6-63）a₁. They worked hard to **give** their children a good **start** in life.

a₂. 他们力争为孩子们奠定一个良好的基础。

b₁. If you're found guilty, they'll **give** you **three years**.

b₂. 如果你有罪，他们将判你三年。

c₁. We'll **give** you all the **help** we can.

c₂. 我们将尽力帮助你。

在例（6-63）中，受事分别为start、three years、help，分别提示过程、时间和行为。这样的结果是浮现出"过程/时间是受事"的隐喻。从整体语义来看，这凸显了传递过程中所涉及的致使或施力，这在汉语翻译中均实现为过程性动词。

（6-64）a₁. **A week off** would give him time for reflection.

a₂. 歇上一周会使他有时间考虑考虑。

b₁. **That computer** gave us very good service.

b₂. 我们那台计算机很好用。

　　　　c₁. **What** gives you the right to judge other people?

　　　　c₂. 你有什么权利对别人品头论足?

　　　　d₁. I shall give him more information.

　　　　d₂. 我该多给他些信息。

　　施事也可由非主体所实现,如例(6-64)a 至 c 中,主体施事分别由 a week off、that computer 和 what 来充当,这些均可视为体现"事物是主体"的隐喻。时间并非看得见摸得着的实体,不存在位移问题。因此,在 a 中,give him time 实际表达的是某个主体在时间层面上的延展不受其他主体的干扰。在 b 中,computer 在 give 句中被描写为施事主体,其运行状况被描写为动体,而使用电脑的人是受事,这颠倒了经验中的主动者为主体、受动者为电脑的常规视角。在 c 中,主体间权势力量的"权利"被视为可进行转移的实体。在 d 中,信息接受的过程被描述为物体的位移过程。也就是说,如果认定 give 的源域经验中最基本的是"实体位移",那么这些表达均通过隐喻过程进行语义建构。

　　确定位移为"give/给"共享的图式也有词源上的依据。在词源上,古英语中撒克逊语的 give 是 giefan,指 "to give, bestow, deliver to another; allot, grant; commit, devote, entrust",也就是可表达"给予;传递;分配;贡献"等义。而"给"表达供给之义,例如"事之供给"(《国语》)。

(6-65)a₁. He gives me a big **hug**.

　　　　a₂. 他给我一个大大的拥抱。

　　　　b₁. My mum gives me a **kiss**.

　　　　b₂. 妈妈给我一个吻。

　　　　c₁. Piers gave her a cursory **glance**.

　　　　c₂. 佩尔斯给了她匆匆的一瞥。

　　　　d₁. Give it a good **rub**.

　　　　d₂. 给它好好擦一擦。

　　基于实体位移框架,例(6-65)中存在"身体动作是位移动作"的隐喻。身体动作与位移动作二者的差异在于,身体动作中,主体控制身体部分完成某个动作;位移动作中,主体控制某个物体实现某个位移过程。也就是,在"主体→身体→物体→受事"的致使链中,前者指示"主体→身体→受事",而后者指示"主体→物体→受事"。在隐喻中,"主体→身体→受事"的过程被视为"物体",即形成主体→物体_{主体→身体→受事}→受事。这种隐喻在 a 至 c 中可译为汉语双宾语,而在 d 中难以认定为双宾语结构。理由在于,尽管"给"依然提示

"主体→受事+物体",但是"给"在一定程度上失去了变化性,例如,"给了它好好地擦一擦"不可接受,而"给它擦了"可接受。"给它擦了"在集配结构上类似于"把它擦了"。

(6-66) a₁. If they **give** you the house, it is an inheritance tax problem.

　　　a₂. 如果他们传给你这个房子,这会出现一个遗产税的问题。

　　　b₁. 你给我更多的钱我才会留下。

　　　b₂. I'll only stay if you **give** me more money.

　　　c₁. 他打算把更多的权力交给副手。

　　　c₂. He plans to **delegate** more authority **to** his deputies.

当物体位移用于分析所有权转移的社会关系时,也可浮现出隐喻。在例(6-66)a中,在物理上房子传给某人并不存在位移上的变化,毕竟房子的位置一般而言是相对固定的,所以"给"更多的是社会意义上的权属的转移。这与b形成对比。在b中,money的转移既存在物理上的位移,也存在权属上的转移,但这种物理-社会关系的同等重要性在c中不体现。尽管在权力交接的过程中也会体现一些物理位置的变化,但在此情景下,更多地凸显的是社会关系的变化。

图6-20与图6-21显示,give O O和give O to O两个模式中,隐喻分布呈现出一定的互补性,这与"给-动"与"把-给"的互补性类似。一方面,在语义建构中,不同的变式因语义的差异承载着不同的语义扩展功能,而另一方面,隐喻变式分布的互补为英汉语共享说明,隐喻可能参与变式的选择。以物体移动为源域标准标记隐喻时发现,变式中隐喻与非隐喻的使用比例悬殊,也就是隐喻的用例占据优势,如图6-22所示。

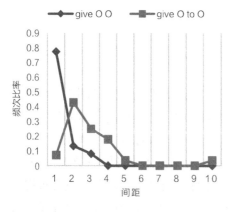

图6-20　give O O与give O to O的
　　　　隐喻间距对比

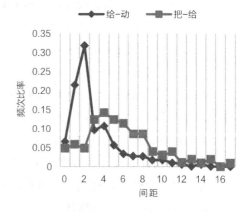

图6-21　"给-动"与"把-给"的
　　　　隐喻间距对比

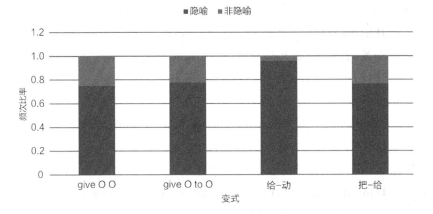

图 6-22　give O O、give O to O、"给 – 动"及"把 – 给"变式的隐喻与非隐喻对比

6.6.4　小结

give 和"给"提示物体在主体双方之间的传递，这是人类的基本经验，英汉语对这类基本经验的识解方式既存在共性，也存在差异。共性体现为，以"give/给"为依存中心，均出现了变式，二者共享双宾语（SVO_1O_2）变式，而差异性体现为，give 存在以 to 为标记的变式，而"给"存在以"把"为标记的变式。to 和"把"均用以建立实体之间的关系，但 to 建立起受事（O_1O_2）之间的关系，而"把"建立主体与受事_{物体}的关系。这体现了汉语以控制图式为基础的介词系统与英语以方位图式为基础的介词系统之间的差异。汉语的控制图式更容易形成对称对言，例如"把书 给他"。这种模式为"给"从动词转变为介词提供了基底集配，例如"给我 打他"。而英语的方位图式更容易形成层级依存，例如 Traditions have given life to the people and tales of different countries 中，to 与 of 标记同向的依存链：different countries 依存于 the people and tales，再依存于 life。简言之，give 与"给"虽然均提示非对称的依存集配，但二者分别处于不同的英汉宏观集配模式之中。

6.7　if–then 与"如果–那么"的间距对比

if-then 与"如果 - 那么"存在一定的对应，二者均可提示两个小句分语窗之间的条件关系，均与真值条件无关（Biezma, 2014），二者在英汉翻译中也往往可以互译。尽管有这种对应情况，但二者也存在分布上的差异。

（6-67）a₁. **If** traffic is heavy, **then** allow extra time.

　　a₂. **如果**拥挤，**那么**允许超时。

　　b₁. **If** I make it through this, **then** I'm there.

　　b₂. **如果**我通过了，**那么**我会保持下去。

　　c₁. **If** you like being your own boss, **then** a proprietorship would suit you best.

　　c₂. **如果**你想自己当老板，**那么**独资企业最适合你。

（6-68）a₁. **If** this happens, it is **then** impossible to redress the situation.

　　a₂. **如果**此事发生，**那么**将无法补救。

　　a₃. ?**那么**将无法补救，**如果**此事发生。

　　b₁. **If** you're free, **then** come.

　　b₂. 你**如果**有空，**那么**就来吧。

　　c₁. Why don't you take **then** tomorrow **if** you are not in a hurry?

　　c₂. **如果**您不急的话，为何不明天取呢？

　　c₃. 为何不明天取呢，**如果**您不急的话。

　　d₁. Call me **if** you have any problems regarding your work.

　　d₂. 你**如果**还有什么工作方面的问题就给我打电话。

　　d₃. ?就给我打电话，你**如果**还有什么工作方面的问题。

　　d₄. 给我打电话，你**如果**还有什么工作方面的问题。

　　在例（6-67）中，if-then与"如果-那么"均置于两个分语窗之前，以引导条件关系，其中，"if/如果"提示条件语窗，而"then/那么"提示结果语窗。尽管有这种一致性，if-then或"如果-那么"所连接的分语窗之间的关系并不是完全对称的。

　　在例（6-68）a中，then置于分句之中，而非之前；在b中，"如果"置于前分窗之中，而非之前。在此呈现出的对比是，if相对固定，"如果"相对自由，then相对自由，"那么"相对不自由。"那么"的不自由呈现于b₂中，如果"那么"置于"就"之后，整个表达显得不自然，"你如果有空，就那么来吧"不是自然表达。另外，如c和d所示，if所引导的分语窗也可后置，而"如果"所引导的分语窗只能前置。"如果"能否后置，存在两种情况。一种情况是，如a₃所示，当存在"如果-那么"依存时，不可倒置。同样地，如d₃所示，"如果-就"的依存对使得倒置变得不容易接受。而如果不存在依存对的限制，那么如c₃所示,"为何不明天取呢,如果您不急的话"是自然表达。这种反差说明,if-then和"如果-那么"体现了语序象似性,这是if-then与if对立、"如果-那么"与"如果"对立的动因。这种对立提出的问题是:if或"如果"是独立地还是借助依存建构条件句分语窗?

在语料中,"if/如果"条件句是很高产的表达。笔者从BNC中以if为搜索条件,随机抽样获得300用例,人工筛选出if和if-then条件句;从CCL中以"如果"为搜索条件,随机抽样获得300用例,人工筛选出"如果"和"如果-X"条件句。结果分别如图6-23和图6-24所示。

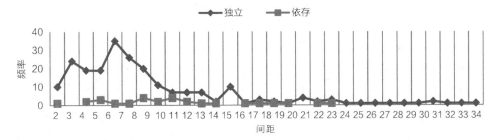

图6-23 if的独立与依存条件句间距分布对比

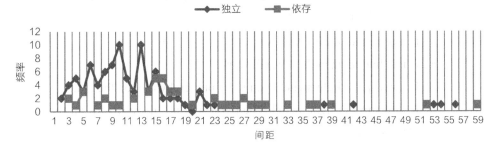

图6-24 "如果"的独立与依存条件句间距分布对比

宏观上,if条件句与"如果"条件句中均呈现出独立组构条件句的分布,相对应地,依存句均处于劣势。当然,这并非意味着,if或"如果"可独立地用以组构条件句。事实是,在主句中浮现出多样的潜势表达与if或"如果"形成概念上的依存,从而形成完整的表达。

尽管"如果/if"在组构主句与从句时具有很大优势,但这并不意味着在主句中的依存项可有可无。在很多表达中,"如果"的省略并不会对整句的语义表达带来实质影响。

(6-69) a₁.如果水箱坏了,非常麻烦。

a_2. 水箱坏了，就非常麻烦。

a_3. 水箱坏了，非常麻烦。

b_1. 如果平淡了，就不好玩了。

b_2. *如果平淡了，不好玩了。

c_1. 如果您实在不愿意的话，我们就不勉强了。

c_2. 如果您实在不愿意的话，我们不勉强了。

c_3. 您实在不愿意的话，我们不勉强了。

d_1. 如果腾讯不采取反击，那么它的收入一定会狂降。

d_2. 如果腾讯不采取反击，它的收入一定会狂降。

d_3. 腾讯不采取反击，它的收入一定会狂降。

在例（6-69）a中，"如果"（a_1）或"就"（a_2）均可提示非现实性的心理空间，而如果不存在"如果"或"就"（a_3），整个表达提示现实中发生的事实。不仅如此，在b_2中"如果-就"不可省略，这说明二者具有依存关系。这种强制性的依存并非绝对，如c所示，"如果-就""如果"和"就"即使都省略，也不影响非现实的表达，这里的关键在于，"话-不"的共现足以提示非现实。这种非现实空间的激活可由d中的"不-一定会"承担。"如果"可被替代的动因是在单位较多的表达中，非现实的承载容易为其他的表达所替代，在此呈现出短间距难以替代而长间距容易替代的现象。

（6-70）a_1. If it is humid, the TV will work.

a_2. If it is humid, then the TV will work.

b_1. If you flip the light switch, you will not thereby turn on the radio.

b_2. If you flip the light switch, then you will not thereby turn on the radio.

（Davis, 1983）

（6-71）a. If you develop something complicated, you need complicated people. 改句

b. If you develop something complicated, then you need complicated people. 原句

汉语的非现实空间补偿也在一定程度上体现于英语的if条件句中。在例（6-70）a_1中，不存在then，提示在humid的条件下，电视也可运行，而在a_2中，加入了then，提示humid与work存在某种不可知的联系。a_1提示弱条件，而a_2提示强条件。类似的差异在b中体现为，在b_1中，开关与收音机正常的联系出了故障，而在b_2中，开关与收音机本不存在联系。从强弱角度来看，例（6-71）中的then是否省略，虽然不影响实质语义的表达，但可表达推理的强弱之别。

实际上，原句适用的是then，用以表达条件与结果之间所有可能性的唯一选择。这些均说明，if-then的依存对于语义的表达并非可有可无，then省略与否影响if连接概念表征的可能性（Byrne & Johnson-Laird, 2009）。

　　if-then与"如果-那"的对比如图6-25和图6-26所示。if-then的语料来自BNC，"如果-那"的语料来自CCL。随着间距的增加，if-then或"如果-那"组构条件句的频次会增加；if-then或"如果-那"只共现于同一个分句中的频次较低，在不同间距的分布上较平均。这种分布方式说明随着间距的增加，依存结构在逐步提升与整个条件句的依存度。英汉依存分布在间距上的相关系数是Correl=0.897，显然，二者虽然是独立的语料，但是存在着高相关性。这说明分语窗之间成分性的依存有助于提高语窗之间的整体性。

　　独立语料之间的相关模式不同于翻译语料中的相关模式。如图6-27所示，翻译中if条件句与"如果"条件句在间距分布上呈现出高相关性（Correl=0.969）。尽管二者也存在相关，但可看出，独立语料与翻译语料中两种相关的分布趋势存在着很大的差异。在独立语料中，英汉条件句的间距分布呈现幂律分布，这表明间距增强了条件句的表达能力，而在翻译语料中if和"如果"的间距均呈现出正态分布趋势，在此，相关性提示翻译过程存在着信息量的同步变化，而正态分布提示条件句对于间距长度存在优选的过程。这种分布差异本质是语料性质的差别。在BNC和CCL的语料中，大量存在长间距的书面语语例，而翻译语例多为口语语料。

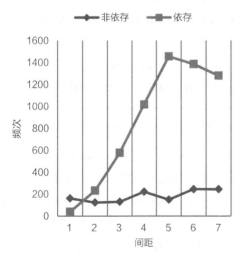

图6-25　if-then非依存与依存的
　　　　间距分布对比

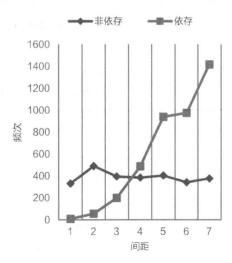

图6-26　"如果-那"非依存与依存的
　　　　间距分布对比

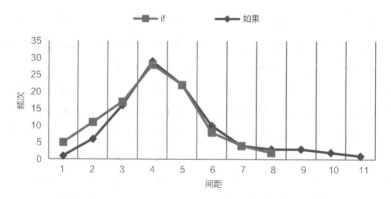

图6-27　翻译中if/"如果"与主句间距的预测分布对比

从隐喻的角度看，条件句本身用于设定心理空间，也就是将潜在的现实设定为对于主体而言非真实，从而在心理空间中进行可能性的推理。这种推理过程不仅涉及对已发生事件的条件进行反事实操作，还可对未发生事件的条件进行某种设想。在此，跨域投射发生于过去、现在和将来不同时间点上的事件之间，由时态变化来加以标记。时间投射标记在从句的间距压缩中会被省略。在宏观上浮现出的间距效应是，间距越短、时间标记越倾向于消失。

（6-72）a. If P then Q.

b. If not me, then another.

c. If not spectacularly then at least steadily.

（6-73）a. If so, then this will be advised in the local press.

b. If too low then the first down points will catch and the front points will again lever out.

（6-74）a. If the scheme of Lake is followed, then the annelids arose next.

b. If the move had been even faster, then the capital costs would no doubt have declined more.

在例（6-72）中，无论是从句还是主句中，均不存在任何时间标记；在例（6-73）中，从句中没有时间标记，而主句中存在时间标记；在例（6-74）中，从句和主句均存在时间标记。从隐喻的角度看，在例（6-73）a中，will虽然依然表达相对于说话人的将来，但同时也提示主句事件在从句事件设定的条件下发生，也就是提示一种相继关系。事件内在的联系尤其体现于例（6-73）b中，此例中，事件之间的联系具有不依赖于主体的性质。在例（6-74）a中，从句中is并非用于表达说话事件中发生了followed的事件，arose的过去式也不是用于描写特定条件下可能发生的情况。"现在"提示认可之事实，而"过去"提示必然之事实，整体上体现一种主观设想。基于主观认可，可在主观空间中对事件演化的各种可能性进行设想。例如，在例（6-74）b中，从句中的过去完成时用于提示设想事件发生的时间点，而would have提示的将来完成时用以标记设想结果发生的时间点。整体上看，在短间距上，以形态变化为标记的时间倾向于消失，这表明短间距具有去时间的效应。

6.8　英汉翻译中重动句的间距分布

在汉语中存在一类称为重动句的句式，即句中一个动词重复出现，其概念动因是基线–阐释模式（陈禹，2021）。这类结构在英语中不具有对等体现，体现在翻译中就是汉语的动词重复在英语中一般只对应为一个动词。

（6-75）a$_1$. 他说英语说得很流利。

　　a$_2$. He **speaks** English very fluently.

　　b$_1$. 我想她想得要命。

　　b$_2$. I **missed** her like hell.

　　c$_1$. 我们昨天玩纸牌玩得很愉快。

　　c$_2$. We had a very good time **playing** cards yesterday.

　　d$_1$. 观众看魔术表演看得着了迷。

　　d$_2$. The spectators are entranced by the magic performance.

在例（6-75）a中，"说-说"对应speaks；在b中，"想-想"对应missed；在c中，"玩-玩"对应playing；在d中，"看-看"并未获得实质性对应，而是由entranced对"着迷"进行描写，体现"知觉是容器"的隐喻。这体现的英汉语差别是从汉语的线性层面到英语的层级的转换。从形式上可观察的是，汉语中存在间距上的差异，英语中不存在此差异。具体而言，"说"与"说"由"英语"隔开，从字数角度看，间距为2，"想-想"中的间距为1，"玩-玩"中的间距为2，而"看-看"中的间距为4。相对应地，英语未呈现出对应的间距。

相对于英语，汉语重动句是一个特殊的集配，但是这并非意味着与其他集配是截然分开的。将两个重复动词的间距拉长时，二者的关系会得以明示。

（6-76）a$_1$. 他会说英语，并且说得极好。

　　a$_2$. He speaks english, and that very well.

225

b₁. 我闲得无聊，想到了那辆卡车的油耗有多大……这一想，想得我不寒而栗。

b₂. I wondered idly what kind of gas mileage the truck got... and shuddered at the thought.

c₁. 我在玩，玩得超开心。

c₂. I'm having fun, lots of fun.

d₁. 跑呀跑，跑得真慢呀。

d₂. Run, run, run so slow.

e₁. 他走回捷豹汽车时走得很慢，花了很长时间。

e₂. It was a long walk back to his Jaguar, a long, slow walk.

f₁. 韩佳，你在看什么呢，看得那么仔细啊？

f₂. Han Jia, what are you examining so carefully?

例（6-76）a₁ 也可表述为"他说英语说得极好"，尽管这句话和原句的"说-说"中的间距存在差异，但这两句在语义内容上可互相替代。从"说英语"与"说得极好"的关系看，这两句共享施事、概念结构和"说"的过程。"说英语"是实体面向的，用以确立施事"他"与受事"英语"的关系，而"说得极好"用以确立过程"说"在评价维度上的位置。过程的实体面向凸显与过程面向凸显在线性维度上逐步拉近了观察视域，从而提高了精度。当然，由于"，并且"将"说英语"和"说得极好"分开，并标记二者是并列关系，这弱化了实体面向与过程面向的层级性。从通联异同角度看，动词的复现是将相同内容用作基底，从而凸显差异化的内容。先行的过程实则可提示除结果之外的各种方面，例如，b₁ 中的"一想"提示过程的发生，c₁ 中的"在玩"提示过程的进行，d₁ 中的"跑呀跑"提示过程的进程，e₁ 中的"走回"提示过程的指向，f₁ 中的"看什么呢"提示共同关注。由此可见，由两个相同动词提示的过程实际上体现了对过程本身不同方面的关注。

同时，这些实例也说明，随着两个相同动词间距的拉长，其出现于一个分句之内的可能性在降低。为检测这种间距效应，笔者从百度翻译例句库中搜集了"说、吃、打、跑、想、走、跳、看、学、开、用、推、讲、写、踢、叫、读、问、喝、洗、玩、做、变、带、要、赢、拉、教、爱、恨、砸、骗"等动词在"得"条件下的复现及翻译情况。共搜到语例340个，人工判定为重动表达的有277个，然后手工标记出了全部实例复现动词的间距并统计了分布数据（图6-28）。

从宏观上看，实例频次在间距 1 和间距 2 上具有优势，从间距 2 到间距 6，频次呈现出逐步下降的趋势。这种频次分布表明，重动并非距离越近越多产，而是存在优选性，且体现出短间距的优势。这种短间距优选的趋势并非仅限于宏观层面，也体现于微观层面的分离与合并。

重动分离指重动之间存在停顿或连词，用以提示二者的分离，例如"人们想要马上就吃并且要吃得快"，而合并指动词之间无停顿或连词，例如"我想她想得要命"。重动的线性分离由依存于前动词的语窗定义。如图 6-29 所示，分离与合并的频率均呈现出一定间距上的优选趋势，分离实例的频次优势体现于间距 2 上，而合并的频次优势集中于间距 2 与间距 3 上。整体上，分离与合并实例在频次上呈现出互补性，表明二者存在着竞争性。相对于汉语，英语少有动词重复，即使有，频率也很低，如图 6-30 所示。其分布模式也并不像汉语那样具有优选趋势，而是呈现出复杂的随机性趋势。即便是这样有限的实例，也是将未明示的通联动词计入在内的结果。

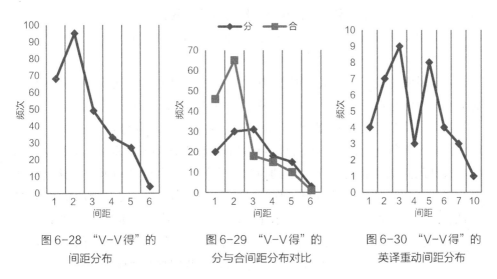

图 6-28 "V-V得"的
间距分布

图 6-29 "V-V得"的
分与合间距分布对比

图 6-30 "V-V得"的
英译重动间距分布

（6-77）a₁. Jack plays golf worse than Bruce □ .

a₂. 杰克打高尔夫球打得比布鲁斯差。

b₁. She loves her students, cares for them, and teaches them patiently and □ well enough.

b₂. 她热爱学生，关心他们，耐心地教他们，而且教得很好。

在例（6-77）a 中，方框处可通过通联添加 plays，而在 b 中，方框处可添加 teaches。这是一种非常宽泛的间距设计。这种明示复现与非明示通联是英汉语之间层级与对言之别的最直接证据。这使得从动词复现角度考察英汉间距效应之别成为可能。

（6-78） a₁. She is very fond of speaking English, which indeed she speaks well.

　　　　 a₂. 她很喜欢讲英语，并且讲得的确很好。

　　　　 b₁. He likes playing football and he plays well.

　　　　 b₂. 他喜欢踢足球，并且踢得很好。

　　　　 c₁. If they learn it, they learn it very quickly.

　　　　 c₂. 如果他们学了，他们会学得非常快。

　　在例（6-78）a中，"说-说"对应 speaking-speaks，在这种对应中，英语是从句，而汉语是连动句。在b中，"踢-踢"对应 playing-plays，二者的差别是，英语为两个小句，而汉语是只有一个主语的连动。在c中，learn-learn 分别复现于条件句的两个分句中，这与汉语句相对应。这些实例表明，英语中以重动对应汉语的重动需要基于汉语重动之间明确的分离。尽管以上列举的实例很少，但可看出，汉语的分离实例比合并更容易对应英语的分离实例。

（6-79） a. Rachel, I think you're reading a little too much into it.

　　　　 b. 瑞秋，我想你有点想得太深了吧。

　　需要说明的是，随着重动距离的增加，重复出现的动词可有不同的施事和受事。这种情况并不是重动句的考察范围，如例（6-79）所示。

　　总之，从英汉对比角度看，重动句（主-动₁-宾-动₂-得-结果）具有汉语特色，从间距角度看，其是并置性过程进行短间距压缩所获得的非对称层级结构，这种间距效应仍可体现汉语的对称对言倾向。在概念动因上，该结构体现的是注意逐步从实体拉近至过程。具体而言，"主-动₁-宾"指示((实体)过程)依存，而"动₂-得-结果"指示((过程)结果)，从((实体)过程)到((过程)结果)的转变隐没实体而细分过程。基于这种梯度二分，可进行对称韵律切分，例如"我说话/说得累""白菜吃油/吃得厉害""我们吃亏/吃得太多"。

6.9　英汉翻译中"了-了"的间距分布

　　英汉对比中呈现出的汉语比较有特色的表达是"了-了"的长距离依存。"了-了"的依存存在两种情况：一种情况是在一个局域的集配内，"了-了"分别提示两个前置过程的充分显现；另一种情况是在一个局域的集配内，"了-了"

提示一个主过程的充分显现。此类成对性的依存在英语中不能获得体现，在英语中对应的是时体。

（6-80）a_1. The first monk **did** as he was told. But he **failed** again.

　　　　a_2. 第一个和尚按照别人跟他所说的做了，但他失败了。

　　　　b_1. 当晚你偷了这些东西混了进去。

　　　　b_2. You stole them the night of the murder, to blend in.

　　　　c_1. School day, school day.

　　　　c_2. 上学了，上学了。

　　　　d_1. Mind you don't forget it.

　　　　d_2. 可别忘了。

　　在例（6-80）a中，"做了"对应did，"失败了"对应failed。如果假设动词上二者完全对应，那么在此"了"对应的是过去时态。这种简单匹配存在的问题是，容易将"了"视为表达"过去"。此种匹配也适用于b，但不适用于c。在c中，"了-了"从现实角度看，提示说话人即将执行某项动作，从主观角度看，该动作是在主观认可的范围内得以充分呈现或"存现"（沈家煊，2021），体现现实境况是主观呈现的动因。在这种语义差别的背后是"了-了"的重复出现，而这在翻译中恰好也可对应两个名词短语school day，school day。这种对应并非意味着"了-了"所提示的语义在名词短语中不能获得任何的对应。在此可给出的解释是，名词短语和"了"均提示在认知过程中对于概念的一种总括性处理。这种总括性既适用于实体也适用于过程，例如，在"亲戚了，朋友了，凡是送殡的这些人，都给他送"中，"了-了"用于并置"亲戚"和"朋友"两个实体。

（6-81）a. 他在非洲做了5年生意，现在可发大财了。（已经发财）

　　　　b. 他在非洲做5年生意，现在可发大财了。（已经发财）

　　　　c. 他在非洲做5年生意，现在可发大财。（还没发财）

　　　　d. 他在非洲做了5年生意，现在可发大财。（还没发财）

　　这种表达主观呈现的"了"在使用中不再是单纯的语法标记，而是参与语篇的语义建构。如例（6-81）b将"做了"之后的"了"省略，可接受，且与a均表达"已经发财"的结果。c中省略"了-了"，d中省略句末的"了"，表达"还没发财"。这也说明，"了-了"的对称中存在着不对称。

（6-82）a_1. 我已经帮了你多少次了？

　　　　a_2. How many favors have I done for you?

b₁. Opinion polls indicated a feeling among the public that it was time for a change.

b₂. 民意测验表明，公众认为到了改革的时候了。

c₁. I shall have been studying English for ten years by next September.

c₂. 到明年九月我学英语就学了十年了。

c₃. 到明年九月我学英语就十年了。

在例（6-82）中，一个动词后存在两个"了"。对于两个"了"的功能至少存在两种解释。解释一：两个"了"功能不同，前"了"依附于动词，而后"了"依附于名词。解释二：前"了"依附于动词，而后"了"依附于整个句子。沈家煊（2021：488）认为解释一体现了此类表达的主要方面。例如，"湖边了，他去""他去了湖边了"均可接受，依据即时组配原则，形成实体面向和过程面向在"了"条件下的并立。同时也该注意到，"他湖边去了"有时可接受，而"*他湖边了去了"不可接受，这里的冲突在于"湖边了"和"他-去了"各自具有的独立性与"湖边了"需要依附于"去了"形成冲突。另外的冲突是，"他湖边"与"去了"会形成((实体)过程)的梯度式二分，例如"我把湖边，逛了"的实体-过程二分模式。"了"可依附于名词，如c₂所示，"学了"可省略，而"十年了"不可省略，并且可与前置过程"学英语"通过"就"分开。

从翻译角度看，这种"V了-了"在英语中并不能获得体现，二者能对应的是依附于V的成分的线性长度。这种分布在英汉语中体现出了巨大的差异，如表6-6所示。在此，"忘了-了"在不同的表达中呈现出间距的差别。

表6-6 "忘了-了"及其英译中的间距举例

间距	汉语	间距	英语
1	旅行袋忘了**拿**了。	0	The travelling bag has been *left* behind.
2	我们忘了时间了。	4	We *lost* track of the time.
3	忘了**告诉**你了，这是安克雷奇的店里卖的。	10	I forgot to *tell* you they sell these in stores in Anchorage.
4	有人忘了关水龙头了。	3	Someone has *left* the tap on.
5	您忘了写离店日期了。	8	You forget to *write* down the date of your departure.
6	我忘了把它放在哪里了。	4	I don't remember **where** I put it.
7	我忘了告诫他不要抽烟了。	6	I omitted to *warn* him not to smoke.
8	我们忘了把电脑连上电话线了。	8	We forgot to *connect* the computer to the phone line.

续表

间距	汉语	间距	英语
9	图书管理员忘了**在我借的书上盖日期**了。	5	The librarian forgot **to *stamp* my library books**.
10	你忘了**在你弟弟家我们的谈话**了?	5	Did you happen to forget **our little conversation we had**?
11	我忘了**一个犹太女人是什么样**的了。	6	I'd forgotten **what a Jewish woman was like**.

类似地，英语译文里动词的依存链中，动词与末端依存的距离也存在着长短之别，但明显，二者的长短存在着很大的差异，如图 6-31 所示。

从分布上看，"忘了-了"与其英语译文在依存间距上基本上无法对应。英语的依存间距围绕着汉语间距进行波动，但总是保持着数量上的差异。这说明，在翻译中，间距只存在一定的锚定作用。这种差距同时也显示出英语与汉语存在着系统性的概念依存差异。

汉语系统内部的一致性体现为"忘了-了"的间距分布模式与"V了-了"的间距模式的一致性，如图 6-32 所示，相关系数Correl=0.77。这种宏观与微观的相关性体现了汉语间距效应的系统性特征。

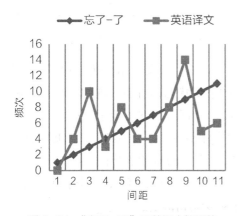

图 6-31　"忘了-了"及英译中间距的
分布对比

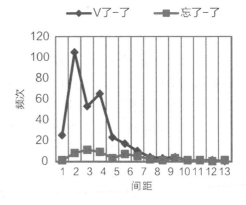

图 6-32　翻译语料中"V了-了"与
"忘了-了"间距的分布对比

整体上看，"了"在使用中经历了语义上的调整，"了-了"在这个调整中发挥了一定的作用。"了-了"复现的最核心作用是使得语义的非对称获得了形式上的对称地位。从竞争的角度看，这种形式上的对称也可被语义上的非对称促成为非对称。

在"了"的语义变化中，也存在一个隐喻的问题。从词源上看，"了"在

《说文》中解释为"了，尦也。从子无臂。象形"，这实则可解释为两种情况，一种是完整的空间构型，另一种是"束"的过程。如果从合二为一的角度看，当"了"解释为"束婴儿两臂"时，是隐没过程而凸显"束"过程的结果状态。在此动作情形中，结果状态也是主观所期待的，因此该结果状态也体现了主观期待与现实状态的拟合。

Croft（2012）提出的致使链可用于描写在施力过程中施事和受事发生的变化情况。在致使链中，过程在质和时两个维度获得描写。由此，如图 6-33 所示，在"束"的早期过程中，随着时间的变化，束与身体的关系不断变化，而在某一时刻，二者的关系在无施事干涉的情况下，可维持稳定。这同样可由注意窗进行描写，如图 6-34 所示。该图的描写优势是可通过将稳定状态的一部分进行虚线化以提示该过程并非当前所关注的。

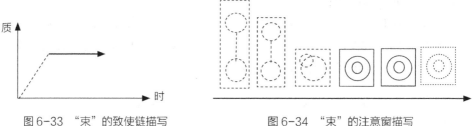

图 6-33 "束"的致使链描写　　　　　图 6-34 "束"的注意窗描写

如果从变化到恒定的主观呈现是"了"的基本意义，那么从"吃了再走"所提示的动作结束，到"别哭了"所提示的情绪状态，可能出现的隐喻是"过程结束是行动受限""负面情绪是行动受限"。由此，"吃了饭了"中"了"可体现"过程是束缚"，而"饭了"可体现"实体整体是婴儿束缚"。从束缚的角度看，"了"并非单纯的空间构型，而是体现实体的运动潜势的受限，本质上依然是力动态的一种体现。但这种力动态区别于"着"，例如，"走着了"中，"着"凸显拮抗的实时动态，而"了"关注从变化到恒定的切换。

当然，根据词源分析出的"束缚是完成"隐喻，在现代汉语中依然高度地规约，从某种程度来看，均是死隐喻（dead metaphor）。这种死隐喻主要用于提示所描述的过程被纳入当前说话人的关注范围之内，例如：

（6-83）a. 也许她们是喝多了，她们已经忘了这事了。

b. Maybe these ladies had a few too many martinis, and they forgot.

在例（6-83）中，"忘"本身提示过程的实现，再加上"了"也并非单纯地提示过程的完结，而是提示说话人参与该过程实现的主观认知，这是一种概念层级上的变化，而非线性维度上的变化。

（6-84）a. 大猫生了小猫咪_{实体}了！

b. 你在午餐上已经喝了不少_{关系}了吧。

c. 你忘了关灯_{过程}了。

d. 我忘了我把车停在哪儿_{事件}了！

"V了-了"的间距成分可呈现为实体、关系、过程和事件四类。例如，在例（6-84）a中，"小猫咪"为实体，在b中，"不少"提示关系，在c中，"关灯"提示过程，在d中，"我把车停在哪儿"提示一个完整的事件，体现((((实体)关系)过程)事件)的层级阐释，并在频率上形成梯度性的分布，如图6-35所示。

数据显示，在宏观层面上，各类概念的频率高低与层级高低形成一一对应关系。在微观层面上，如图6-36所示，各类概念均呈现短间距的优选分布。这种复现依存单位的优选间距分布模式在英语中未能发现，具有一定的汉语特色。这种现象的根源是层级与对言双重合力作用。

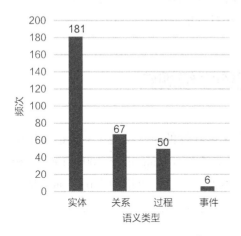

图6-35 "V了-了"间距成分
语义类型分布

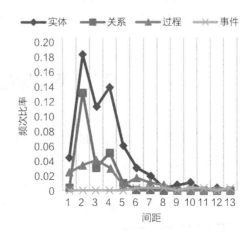

图6-36 "V了-了"成分语义类型
间距分布对比

第七章　英汉集配的规约模式对比

基于语窗集配，英汉使用方面的对比不应该只限于微观词汇、中观短语或宏观完句层面，而应将汇集各个层面的系统集配模式进行对比。这个对比的前提是假设语言系统是线性和层级一体的符号集配模式。不同的集配模式是人类基本经验的不同识解方式，可体现于不同语言的语法组构方式上。英汉使用中呈现出差异化识解规约的是层级集配模式和对言集配模式之别。

7.1　英汉集配的层级规约

英汉使用中层级概念的实现差异体现于多样性的时空实现上。英语使用中以名动二分为代表形成两个对立的自主–依存系统（Langacker, 2008: 199），相对应地，汉语中的名动二分并不明显。根本原因在于，英语中无论名词还是动词均以自主–依存为典型集配方式，其典型标志是形态变化，而汉语相对而言不具有同类形态变化。

（7-1）　a. The plane flies through the clouds.

　　　　b. 飞机穿越云层。

在例（7-1）中，名词短语 the plane 和 the clouds 中的 plane 和 cloud 被认为具有自主性，而 the 和复数 -s 均具有依存性，也就是在使用分布中，plane 和 cloud 可独立使用，而 the 和 -s 不可独立使用。这在语义上体现为，the 和 -s 已经高度图式化，即特指图式和数量图式，而 plane 和 cloud 表达实体内容，图式需要通过实体内容才能获得认知。基于此，the plane 和 the clouds 形成以名词为中心的名词短语。而对应的"飞机"和"云层"是两个名词。这两个名词也体现主从关系，即"飞机"中"飞"的过程依存于实体"机"，指向实体，而"云层"中"层"依存于"云"，指向"层"指示的形状。the和-s将抽象的实体实现为情景，但"飞机"和"云层"仍只是关注实体本身，并不提示现实与抽象的差别。

这种入场之别也体现于动词之上。英语动词fly通过形态变化以flies提示时间依存于过程之上，但这在汉语动词"穿越"中未获体现。"穿越"体现的是两个物体不同的位移方式。"穿"提示一个物体从另一个物体内部通过，而"越"提示一个物体提高位移路径以避免受到另一个物体的妨碍。两个不同的位移–路径模式整合为一个过程整体。"穿"和"越"均是基于观察者视角的空间构型。二者整合的结果是形成一个只提示最小主观倾向的过程，这与英语通过时态变化来最大化主观倾向存在着非常大的不同。

另外，flies through中的两个单词在概念上存在时间与空间之别，这种差别并不体现于"穿"与"越"。另一个在汉语中不能体现的是，主语the plane的第三人称单数需要通过动词形态的-s加以体现，也就是动词形态变化同时体现时态和主谓的关系。谓语动词形态的调整也提示了主语与谓语存在着主从关系。正是基于此，动词谓语会成为整个小句的关注点，充当主窗（Langacker, 2008: 124），这与依存语法一致，即以动词为中心，将谓语视为主，而将主语视为从。笔者认为这种主从关系的认知基础是，谓语动词凸显细节而显著，而主语名词凸显整体而不显著。换言之，在主谓关系中，概念上主语为主，谓语为从，而在凸显上，主语为从，谓语为主。进一步看，根据认知语法，主语与宾语形成射体–界标的非对称凸显（Langacker, 2008: 365）。例如，She crossed in front of the TV中，主语she为射体主，而TV为界标从，这种分析的经验基础是运动体相比参照体而言对于主体更凸显。这种主从关系与交际层面的关注可形成一致。

（7-2）　Where is the lamp?

(i) The lamp (tr) is above the table (lm).

(ii) *The table (tr) is below the lamp (lm).（Langacker, 2008: 71）

如例（7-2）所示，当对lamp进行提问时，lamp只能作为主语，表达交际的凸显角色。这意味着，主谓集配中存在着多种维度的主从关系。

当然，也可从概念内容、射体界标和交际关注等角度去分析汉语的主从关系。在概念内容（"穿越"依存于"飞机"与"云层"）、射体界标（"飞机"为射体，"云层"为界标）以及表达语序（主谓宾）上，英汉语均存在着对应，但在交际关注上，则呈现出英汉语的差别。例如：

（7-3） 台灯在哪儿？

    a. 台灯在桌上。

    b. 在桌上。

    c. 桌上。

    d. * 桌上有台灯。

例（7-3）d的不可接受表明，在交际中，英汉语均将主语设定为基本凸显（界标），而将宾语设定为次级凸显（界标），这种凸显是相对于未明示的其他环境内容而言的。基于明示比不明示更凸显的基本逻辑，b至c显示，汉语主语可省略，这表明汉语主语凸显度低于英语主语。

例（7-3）中各答句的使用差别还提示，"在"与"有"在集配凸显模式上存在差异。例如，单独说"桌上有台灯"可接受，而"*桌上在台灯"不可接受，而同样地，"台灯在桌上"可接受，而"*台灯有桌上"不可接受。考虑到"上"将"桌上"的"桌"指示为界标，这种对比说明，"有"倾向于前置界标，而"在"倾向于后置界标。这种差别存在着经验动因。

在词源上，"在"表达"草木初生在土上"（参见"汉典"），这表明，"在"指示"草木"与"土地"的非对称注意关系。从经验上看，草木和土地均是主体关注的对象，相对于不关注的对象均凸显，而同时，由于草木具有生长的动态性，且可成为主体的食物，因此比土地具有更高的凸显度。相对地，由于草木与土地在经验上的依存关系，土地充当次级凸显。这个关系可概括为[主体：((基底)动体)]的配置模式。

相对应地，词源上，"有"表达"手中有物"（参见"汉典"），这表明，"有"指示身体与"肉"的非对称注意关系。在身体与外物的互动中，身体相对于外物更具有动态性，因此，身体与草木类似，处于主要凸显地位，而外物处于次要凸显地位。因此，"在"与"有"以一致性的语序组构主语与宾语。但是"有"预设的身体主语并不具有类似于"土地"的基底性，加之在"有"的动作中"肉"之类的外物也可切换为基础凸显，当用其表达类似于"在"的((基底)动体)配置时，需要通过添加"上/下/中"之类的标记以将身体的动态角色转化为基底角色。这可解释"桌上有台灯"可接受，而"?桌有台灯"不自然。

这种从身体–外物非对称凸显模式到土地–草木非对称凸显模式的投射体现的是用身体经验理解外物的过程。这种投射的结果是，"有"可吸收"在"缺省主语的特征，例如"有很多人观看"，并且可与"在"进行叠加，例如"在农村有很多人观看"。"农村"阐释"有"的主语时，实则是用基底替代动体，而"在"置于"农村"之前，实则又叠加了一层基底，这就形成了叠积式层级结构，即(((基底_{虚拟})基底_{农村}动体_{很多人})过程_{观看/凸显})。整个层级的累积依靠线性维度上((基底)凸显)的往复叠加实现，从而形成形式越多、层级越多的象似性。

与((基底)凸显)叠积式一致的是，基于"主体→外物"的施力非对称凸显也发展出了控制链阐释模式。

（7-4）　a₁. (((我用毯子)把婴儿)裹起来)。

　　　　a₂. (((我→毯子)_用→婴儿)_把→婴儿)_裹

　　　b. (I) (**wrapped** (the baby in a blanket)).

在例（7-4）中存在"我→毯子→婴儿"的致使链。在这个致使链中存在三个施力过程，即"用""把""裹"。其中，"用"建立起"我"与"毯子"之间的控制关系，再基于这个控制，"把"进一步建立起"毯子"与"婴儿"之间的关系。如果没有"我"控制"毯子"的过程，则不会发生"毯子"控制"婴儿"的过程，因此"毯子把婴儿"的控制预设"我控制毯子"。同时，"裹"的控制也预设了"把"的控制，没有"我用毯子把婴儿"就不会出现"裹"的控制。因此，在过程层面存在一个层层累积的预设，即(((用)把)裹)。在这个控制阐释链上，"用"阐释"把"，二者再阐释"裹"。三者不仅在内容上不在一个层级，而且在凸显过程性上也不在一个层级。整体上看，相对而言,((用)把)具有去过程倾向，而"裹"具有过程倾向，证据在于，"? 我用了毯子把婴儿裹起来"和"* 我用毯子把了婴儿裹起来"均不自然。需要说明的是，"用了-把"存在一个间距的问题。

（7-5）　a. 她用诡计把他从沉鱼手上骗回来。

　　　b. 她用了诡计把他从沉鱼手上骗回来。

　　　c. 她用了诡计才把他从沉鱼手上骗回来。

如例（7-5）所示，当"用了"与"把"的间距拉长以提示控制的时间性时，"用了"更倾向于自然使用。在间距拉长的过程中，初始过程与结果过程在时间上的离散性变得更为明晰。时间离散性是例（7-4）与例（7-5）之间的根本差异。

尽管例（7-4）中各个控制不具有时间离散性，但它们依然以离散的线性方式加以组构，只不过整体上显示出压缩的一体性。汉语的这种控制阐释集配不能在英语中获得对应，如例（7-4）b所示，英语译文不能在形式上直接体现致使链。根本原因在于，此类集配中汉语表现出线性的组构性，而英语依然维持层级的组构性。当然，这并非意味着英语不能直接体现叠积式集配。

基于Talmy（1988），Croft（2012: 198）提出了致使链来解释英语中的致使结构。此类英语结构也可在汉语中对等地体现为致使链，但在层级上英汉语存在较大差异。最为典型的差异是，英语的关系与过程是可分离的，而汉语中过程与关系之间是不可分离的。

（7-6）　a. He had his wife put the pot on the burner.

　　　　b. 他让他的妻子把锅放在炉子上。

在例（7-6）a中，英汉语例句均呈现出致使链，即he/他→wife/妻子→pot/锅→burner/炉子，体现致使关系越远、语窗线性距离越远的象似性。其中，had/put/on可彼此分离，但在对应的汉语中则是"让/把/放在"，其中，"放在"不可分离。"在"是可省略的，例如"让你的助手把锅放炉子上"，但仍需要"上"的共现，否则"放炉子"不可接受。这种集配上的最大差异在于过程–关系集配的实现顺序和分组方式。整体上，汉语先关系后过程，而英语是先过程后关系。

（7-7）　a. 他让我替她_{社会施力}用刀把肉_{物理施力}**切碎**_{过程}。

　　　　b. He **asked** me to chop the meat with a knife in place of her.

（7-8）　a. I **have** a friend who has a friend who knows Barack Obama.（Langacker, 2010a: 12）

　　　　b. 我朋友的朋友认识奥巴马。

((关系)过程)实现的语序差异如例（7-7）所示，过程"切碎"置于句后，而asked置于前，这背后的概念动因是，汉语通过控制层级来确立各种实体的关系，而英语是通过先确立框架、后逐步吸纳的方式实现扩展。如例（7-8）a中，全句的重心在have，而在b中，全句的重心在"认识"。在这样的集配中，英汉语相同的内容具有不同的地位。

对于汉语而言，"把"所提示的实体面向的集配并非个例，而是普遍存在的。

（7-9）　a₁. 这事没有(人)跟我说，我十分气愤。　　合组＋主从＋指向

　　　　a₂. I'm furious that I wasn't told about it.

　　　　b₁. 她比我高几英寸。　　合组＋程度＋指向

　　　　b₂. She's a few inches taller than me.

　　　　c₁. 你能赏光和我一块吃饭吗？　　合组＋距离＋指向

　　　　c₂. Would you do me the honour of dining with me?

　　　　d₁. 你如果还有什么工作方面的问题就给我打电话。　　合组＋传递＋指向

d₂. Call me if you have any problems regarding your work.

e₁. 从那一天起他便对我怀恨在心。　　合组＋心理＋指向

e₂. He's borne me a grudge ever since that day.

在例（7-9）中，"跟""比""给""对"均用于建立实体的非对称指向关系，均置于凸显内容之前。但各种指向关系存在着内在的差异。"有人跟我说"中，"跟"提示主体的主从关系，即以"自我"为中心；"她比我高"中，"比"提示程度上的指向；"你和我吃"中，"和"提示距离上的指向；"你给我打电话"中，"给"提示传递指向；"他对我怀恨在心"中，"对"提示心理指向。以上例句共同的特征是合组内的指向性。这可用认知语法中的射体-界标配置加以概括，也就是一个关系中的两个实体在凸显度上存在着差别。在这个恒定关系的基底上演化出更为具体的呈现或结果，即((恒定基底)过程凸显)。

恒定-过程配置并不以"主-谓宾"的方式加以组构，而是以"主宾-谓"的方式加以集配。恒定-结果的"主-谓宾"组构中，首先获得关注的恒定实体具有高度的独立性，例如，"我/吃饭"和 I eat food 中"我"和 I 具有独立性，而相对应地，尽管"吃饭"和 eat food 提示过程-实体的关系，但是，相对于"我"和 I 的独立性，谓宾"吃饭"和 eat food 更具有整体性，因此也可将其直接称为谓语。但在英汉使用中，还存在"我有饭吃"和 I have food to eat 这样的表达。在"我有饭吃"中，"有"用以确立"我"与"饭"的恒定关系，而"吃"用以描述在这种恒定关系基础之上浮现出的具体过程。在此句中，不同于"把"，"有"具有一定的过程性，例如，"我有了饭吃"也可接受，而"我把了饭吃"不易接受。尽管存在这种差异，从概念上看，"有"和"把"都不同于"吃"的内在变动性，"有"和"把"的动作本身是为了维持稳定。这体现在日常经验中则是，身体与工具确立稳定关系以应对随时变化的外在环境。

在使用中，"有"也可褪去变化性，例如，"有人来了"可接受，而"有了人来"不可接受。另外，在"在东海上有个小岛叫岱山"中如果加入"了"变为"在东海上有了个小岛叫岱山"，就显得不自然。该句还呈现了另外一个特征："在-有"形成依存，"在"之前并不存在主语，并不能形成类似于"我吃饭"的主谓结构。这种结构也不同于英语中的 There is an island named Daishan in the East China Sea。在此 there be 句式中，there 虽然不指示实体，但是指示实体所处的位置，也形成一种实体性的基底。但是在"在东海上有个小岛叫岱山"中，开头的"在"是关系性的，提示观察者为说话人，但是说话人却不可充当整个表达的主语，例如，"?我在东海上有个小岛叫岱山"完全改变了原本之

义，其是否是自然表达也存疑。因此，如上所述，"在"用于确立主体与物体的主观意向关系。

（7-10）a. In some countries one third of all adults in towns and cities are already infected.

b. 在一些国家有三分之一城镇人已受感染。

（7-11）a₁. 我把他的草稿重新改写，并以我的名字发表了。

a₂. I rewrote his rough draft, which was published under my name.

b₁. 他以嘲笑打断了我的讲话。

b₂. He interrupted my speech with jeering.

英语并非不能用意向性的表达作为语句的开头，如例（7-10）所示。尽管英汉语均以意向关系为开头，但在英语中，由于are用以表达谓语动词，故而整个结构依然是主谓结构，但是对应的汉语结构则并非主谓结构，而是形成叠式集配。其中，受感染的直接对象是人，而非地区，因此地区、人与感染的间距也体现距离象似性。这种象似性是对事物拉近式的观察，从总体到部分到细节。这也在一定程度上体现于前置in some countries以设定区域，尽管其在一定程度上为整个句子设定了基底，但并未完全脱离主谓集配的整体。

更为确切的是，例（7-11）中汉语句子通过叠式实现概念上的层级，而相对地，英语句子通过主谓式实现概念层级。汉语中不具有形态上的主从关系，而英语具有普遍性的形态主从关系。汉语的主从关系主要以提示"控制"的框架介词前置于动词为集配模式。该模式中架构性的依存是叠式控制链条。

7.2　英汉集配的对言规约

对言是对于成对组配完形明义整体的概括，也就是在成对中实现完整性。其涉及的问题是，成对共现形成对言的两个单位是何种关系。从一般认知能力角度看，分立的两个单位既可完全对称，例如"跑跑"，也可完全不同，例如"跑路"。此外，对立的两个方面的音节数量既可相同，例如，"跑来/跑去"，也可不相同，例如"我/出去"。这些只是从形式层面上对对言两个方面的描写，而更为复杂的对立是对言两个方面在概念语义上的异同问题。

从同的方面来看，形式上共现的两个对立方面实则均属于相同的范畴——语言单位。正是基于此共同之处，不同语言单位才有形成可接受表达的前提。

但完全相同的形式具有最低的传递信息能力，因此异同相间成为常态。

对立的两个方面可通过非常丰富的方式实现内容上的重叠。研究关注较多的是回指通联，即通过指称词实现前窗中的内容与后窗中的内容的重叠。这种指称意义上的相互照应一方面在概念内容上重叠，另一方面也可对指称性的概念内容具体化描写。

（7-12）a$_1$. 我自己去吧。

a$_2$. 我去吧。

b$_1$. 你一个人来。

b$_2$. 你来。

在例（7-12）中，"自己"和"一个人"是否省略会影响对于单数个体的确认。而在有些情况下，指称的省略并不能带来实质语义的变化。

（7-13）a. 这把刀，我用它切菜。（石毓智，2006：50）

b. 这把刀，我用来切菜。

c. *这把刀，我用切菜。

在例（7-13）中，"它"或"来"的省略使得整个表达显得不自然。在此，"它"可起到回指的功能，而"来"起到接续过程的功能。二者共同的功能是提示一个音节，以使得"用×切菜"成为四个音节的对言结构。

（7-14）他/欺骗/自己。

回指也存在不能省略的情况。在例（7-14）中，"自己"与"他"均不可省略，否则意义会显得不完整或造成歧义。无论如何变化，这些回指的共同特征是存在内容上的重叠或通联。在此情况下，对言体现为"欺骗"与"自己"在音节上的对等。

（7-15）a. 我/手$_1$把手$_2$/教他。

b. 他/手刃/仇人。

c. 我用手/打了他。

从不同语窗的重叠角度看，不同语窗的内容会自动形成内容上的互补。在例（7-15）a中，"手$_1$"属于"我"，而"手$_2$"属于"他"；在b中，"手"属于"我"。这些内容的最重要功能是将实体置于阐释关系中。在这种情况下，对言也可发挥作用，但作用有限。a和b均以主谓切分为主导，而c可分析为"我用手"与"打了他"的对言。

共享通联也需要通过对言切分来实现，但在不同的语境下，通联内容所属的分组有所不同。

（7-16）a.阿敦无奈，只得/让他/走了。

b.俺要去城里取钱，你/让俺/走吧！

c.梁又说："我让你/走不了。

在例（7-16）中，"他""俺""你"在内容上既充当"让"的受事，也充当"走"的执行者，在语窗切分上具有与"让"有限分组的趋势，但这种趋势也可在使用中被打破。

（7-17）a.我让，他走。

b.特别是对医疗骨干、科研尖子，要优酬重奖，不让/流走。

在例（7-17）a中，通过对言可进行切分，但是获得的语义不再是致使，而是谦让。而兼具双重身份的兼语也可不置于"让"之后，如b所示。这种自由度提示兼语与"让"切分为一个语窗并不必然受到过程-受事相互依存的制约。

（7-18）a_1.老板不会降级使用员工，只会/让他/走人。

a_2.*老板不会降级使用员工，只会让/他走人。

b_1.王耀，我们/不让/你走。

b_2.?王耀，我们不/让你走。

b_3.?王耀，我们/不让你/走。

c_1.樊师傅说，当心，已婚女人，喜欢这一套。（沈家煊，2020c：215）

c_2.*樊师傅说，当心已婚女人，喜欢这一套。

c_3.樊师傅说，当心，已婚女人喜欢这一套。

这种制约在架构上受到对言组配的影响。如例（7-18）a和b所示，二分优势既适用于"让他"的同窗，也适用于"让/他"的不同窗。当然，对言具有更强大的分组功能，如c所示，兼语可独立成窗。这种情况的根本动因是，在信息量逐步增加的过程中，这是既保持旧信息又能增加新信息的有效方式。

汉语中还存在更为复杂的通联关系。在对言基础之上，还存在复现通联、韵律通联、结构通联、阐释通联。复现通联的现象在汉语中十分多。

（7-19）a.去不去？　潜势系列

b.小康不小康，不只是看经济总量。（观察者网）

在例（7-19）a中，"去"的复现一方面提示"去"与"不去"的联系，另一方面明示两个语窗的阐释关系，这是一种非常典型的阐释关系，例如，"去/不去"可接受，而"?去不/去"不容易接受。当增加音节数时，情况出现变化，例如，"逃跑不逃跑"也可表述为"逃不/逃跑"而难以表述为"?逃/不逃跑"。显然，对于分组起到支配作用的是对称性对言的驱动，而非基线-阐释的两个对立方面。这同样体现于b中，在此，"小康不小康"可变为"小不/小康"，但不能转变为"?小康不/小康"。

（7-20）a. 挡也挡不住　（（过程）潜势）→（（过程）潜势）

　　　 b. 爱说啥说啥　（潜势（过程））→（现实（过程））

　　　 c. 你不理财，财不理你　（潜势（过程））→（潜势（过程））

　　　 d. 好人好事　（（关系（实体））（关系（实体））系列）

　　　 e. 一草一木　（（总括）系列）

　　　 f. 或高或低　（（（过程）→（过程））系列）

　　　 g. 想打就打　（（潜势（过程））→（潜势（过程））系列）

　　这就意味着，对言对于结构的塑造起到比通联更为重要的主导地位，这也可以在一定程度上解释复现在汉语中的普遍性。换言之，复现可极大增强建构对言的能力，而复现本身也具有非常大的灵活性。例如，复现在例（7-20）a中提示独立过程，在b中变为带对象的过程，在c中则变为全局性复现，唯一不复现的是顺序，此处非常明显地形成了同-异的完整对立。这种对立有别于阐释关系。在典型的阐释关系中，基线的内容会成为新内容的一部分，例如，"挡"成为"挡不住"的参与内容，"爱说啥说啥"中"说啥"是"爱说啥"中的阐释内容。但在对立结构中，两个语窗间既存在相同之处，也存在不同之处。更为典型的是"好人好事""一草一木""或高或低""想打就打"之类的结构，其中，"好人好事"中的复现内容为关系面向，"一草一木"中的复现内容为数量面向，"或高或低"中的复现内容是时间面向，"想打就打"中的复现内容是过程面向。尽管有这些差异，本质上所有表达均是不同内容以线性方式呈现。由于这些线性维度具有对立性，具有总括性的特征，因此复现结构是系列和总括的统一体。当然，这种总括所凸显的是对立并列所诱发的无限联想。这种穷尽联想通过规约，与对言的总括相协同，从而在汉语中得到广泛使用。这背后体现的是韵律通联的强制性。

　　韵律通联的最典型体现是形式语窗与语义语窗的不匹配。学界讨论最多的是"一衣带水"。如果从语义上进行语窗分组则是"一衣带/水"，其中，"一衣带"与"水"形成修饰关系，将"水"的形状具体化。而如果从韵律上进行语窗分组则是"一衣/带水"，形成2+2的韵律对应。这种形式与意义的语窗错配情况表明，在汉语的集配中，最基本的逻辑分析起点应该是认知语法所主张的形式与意义的两极二分。不以形式与意义的两极二分为基本分析起点的分析，从一开始就会将韵律排斥于语法描写之外，这会造成汉语大量基于韵律的事实得不到应有的揭示。从韵律的音节集配角度看，汉语的音节具有很强的双音节或四音节的倾向。一般情况下，单音节可视为依附于双音节，例如，"你过来"如果切分为"你/过来"，就需要将"你"的发音拉长，这种拉长在意义上会起到强调作用。这意味着，单音节在双音节化，而三音节在四音节化。如果用二分语窗看待发音拉长后的"你过来"，则存在两个语窗在音节空位上的对应，也就是双音节表达AB中A与B同属于单音节图式的实例，也同时提示单音节图式，并且A与B存在音节图式的通联，或音节类通联。当这种音节图式类通联体现于2+2的四音节语窗中，会出现前后语义重叠的表达，例如，"站着不动"中，"站着"与"不动"均提示维持动作，二者的语义不存在实质差别。这样的表达形成的形式动因是为了满足2+2音节模式的需要，当然，也是为了强化互动双方的施力强度，2+2的音节图式形成通联重叠。

与2+2韵律模式相配合的另一种模式是，在前后次语窗中内容上的对立被视为一个整体。

（7-21）你来我往　　僧多粥少　　惩前毖后　　一因多果
　　　　去彼取此　　求同存异　　天长地久　　万寿无疆
　　　　得寸进尺　　冬虫夏草　　远交近攻　　从上到下

例（7-21）的所有这些表达具有一个共同的特点，即在二分的情况下，前后次语窗均是同类非对称结构。这意味着，通联的重叠内容是对称条件下的非对称。在这种以对称为基础架构的非对称结构中，两个次语窗的成分语窗形成对立，例如"你-我""来-往""前-后""因-果""僧-粥""多-少"等等，均是同一个认知域内的两个不同方面。

所有非对称关系，例如"你来_{名动}""僧多_{名量}""冬虫_{形名}""去彼_{动宾}""远交_{副动}""从上_{介名}"，根据句法范畴分析，均是不同的结构，但如果从认知角度看，均体现为阐释关系。例如，在"你来"中体现实体"你"对过程"来"参与者的阐释，在"僧多"中体现实体"僧"对数量"多"的阐释，在"冬虫"中体现实体"虫"对时间"冬"的阐释，在"从上"中体现地点"上"对路径"从"的阐释。这样，此类结构体现的就是阐释-通联-对立的集配。

当在对称集配中只存在一个基线-阐释集配，并且基线的音节数与阐释的音节数相同时，就会出现以音节对称为基础的非对称结构。

（7-22）白菜_{实体}五角_{实体}　白菜_{实体}半颗_{数量}　白菜_{实体}脆嫩_{硬度}　白菜_{实体}发黑_{颜色}白菜_{实体}出水_{位移}

例（7-22）的这些表达均可被视为二分，并且，二分后两个次语窗的关系是非对称的，后语窗是对前语窗的描写。具体而言，"五角"提示价格维度上的特定值，该值具体化为"白菜"的价格；"半颗"提示数量维度上的特定值，该值具体化为"白菜"的数量；"脆嫩"提示硬度维度上的特定值，该值具体化为"白菜"的硬度；"发黑"提示颜色维度上的特定值，该值具体化为"白菜"的颜色；"出水"提示以水为参照的射体位移，射体具体化为"白菜"。

（7-23）额头 宽大_{静态+结果}　额头 突出_{虚程+结果}　额头 起包_{中程+结果}　额头 冒汗_{终程+结果}

这种非对称集配更为典型地体现为实体的空间形态变化。在例（7-23）中，"宽大"关注额头的面积，"突出"关注额头的相对位置，"起包"关注额头的样态变化，"冒汗"关注额头的承载。这些均提示空间上的对比，典型的是，预设的额头样态与所描述的样态形成基线–阐释结构。这种基线–阐释关系也是一种基底–凸显的关系。

各种不同类型的基线–阐释关系共现于线性维度上，会拓展表达的长度，例如((((他)额头)虚汗)直流)。"他"充当"额头"的基底，"额头"充当"虚汗"的基底，"虚汗"充当"直流"的基底。在整个集配中，"直流"具有最高的凸显度，是整句所要传递的最核心内容，这种凸显度的层级可通过省略加以确认。

（7-24）a₁. ?直流。

　　　a₂. 虚汗直流。

　　　a₃. 额头虚汗直流。

　　　b₁. *他直流。

　　　b₂. *额头直流。

　　　b₃. *他额头直流。

　　　b₄. *他虚汗直流。

如例（7-24）a所示，距离"直流"越近，越不宜省略，距离"直流"越远，越容易省略。这表明，"他""额头""虚汗""直流"的关系并非存在于"他"与"直流"的主谓二分的架构之下，它们需要中介才可形成完整的整体。换言之，需要通过依次传递而获得整体性，如例（7-25）所示。

（7-25）a. (((((我希望你)让张三)把车子)给李四)送去)。

　　　b. (((我用石头)把花瓶)打碎了)。

（7-26）a. (从前有座山)，(山上有座庙)，(庙里有个和尚)。

　　　b. (在台湾有一座桥)，(桥头边有个墓碑)，(碑上刻着一个自杀的设计师的名字)。

非对称依存的循环依次传递也可拉伸，用以组构语篇。在一个语窗之内，通过通联前一个语窗的成分，可在语义上建构起二者的阐释关系，从而形成连贯的表达，如例（7-26）。在此类实例中，不同的语窗在结构上通过对言策略相互参照。当这种强调对称性的概念互参支配整个表达时，就形成对称性的结构，如例（7-27）所示。

（7-27）a.（让子弹飞一会），（让思考深一些）。

b.（成也流量），（败也流量）。

c.千古百业兴，先行在交通。

在这种对言架构下，对比对会形成对立关系，如"成-败"，也可形成隐喻投射关系，如"子弹-思考""飞-深""会-些"。以对言为架构，在汉语中，隐喻并不以非对称的方式体现，而是以对称的方式体现。

（7-28）a.（（这些超级工程）看完热血沸腾）。

b.（（中国龙城）有新发现）。

c.（（这些高校）冲劲十足）。

d.（（中国）崛起）。

将对称的形式强加于非对称的主谓结构上时，可获得主谓的自然二分，如例（7-28）。在这种情况下，单位之间一对一的通联被最小化，而差异得以最大化体现。最小化通联中，主语语窗的角色直接为谓语语窗所预设。对言格式实际上可被视为一种通联、阐释、定显（determinant profiling）与层级的动态互动。在对称对言中，通联倾向于明示，阐释倾向于分化，定显倾向于消失，层级倾向于扁平；在主谓对言中，通联倾向于不明示，阐释倾向于整体化，定显倾向于确定，层级倾向于多层。

英语和汉语中，致使链与主从窗的共存从一般意义上看是系式、对式、叠式与积式在使用中呈现的差异化往复。在此基础上，英汉翻译中呈现出英语的叠对往复系列与汉语的分对往复系列的对比。

（7-29）a. (A dollar is (a dollar) is a dollar). Except in our minds.（Langacker, 2010b: 160）

b.（一元是一元），（一元是一元）。差别只在于心念。

例（7-29）a中，英语句分析为两个a dollar is a dollar重叠一个a dollar，而对应的b句分析为两个分立的"一元是一元"。英汉翻译中叠对与分对的复现差别并非孤例。

（7-30）a. It happened again and again and again and again and again.

　　b. 这事一次又一次、一次又一次地发生。

（7-31）a₁. He ran and ran and ran and ran and ran.

　　　　a₂. 他跑呀跑，跑呀跑，跑呀跑。

　　　　b₁. day after day after day after day

　　　　b₂. ?日复一日复一日复一日

　　　　b₃. 日复一日，日复一日

（7-32）a. The sculpture is just a line of groups of rows of stacks of plates.

　　　　b. 这座雕塑只是一条堆成排、排成组、组成列的盘子。

（7-33）a. Amy says Bob thinks Chris knows Doris left.

　　　　b. 艾米说，鲍勃认为，克里斯知道，多丽丝离开了。

　　例（7-30）至例（7-33）中，英语句均呈现叠式往复，而汉语均可通过跨窗复现形成成分对往复加以对译。尽管有这种叠对式与分对式的差异，也应该注意到，英汉翻译中也会共享积式链集配，如例（7-33）。在此，积式往复用于将不同类型的意向系列化。

7.3　英汉语篇的集配模式对比

　　在汉语中，尤其是在古汉语中存在着以对称对言为组篇要素的语篇模式，例如骈文、唐诗、对联。

（7-34）豫章故郡，洪都新府_{实体分立}。星分翼轸，地接衡庐_{天地感应}。襟三江而带五湖，控蛮荆而引瓯越_{拮抗模式}。物华天宝，龙光射牛斗之墟；人杰地灵，徐孺下陈蕃之榻_{物人对应}。（《滕王阁序》）

　　在例（7-34）中，整个语篇的建构基于实体、关系、过程和人事等概念依序展开，每个建构层面均以对立统一为前提。具体而言，"豫章故郡，洪都新府"体现同一空间实体在不同时间上的分立，同时伴随着形式的差别，从而形成对立实体、对立时间、对立行政（例7-35）。

（7-35）

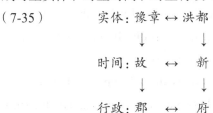

这样，对立用于确立描述对象的架构。这种架构间的关系是预设的，而并不需要明示过程，也就是对立双方被视为一个内在动态互动的整体。这种整体性类似于体现在实体中的整体性。实体整体与对立整体的差异在于识解的区域。实体整体预设对立，但关注的是实体，而对立整体预设实体，关注的是对立。在具体的经验中，当实体整体处于自主可控状态时，凸显实体具有描写的便利，而在实体完全处于不自主、不可控状态时，对立整体具有描写的便利。两种模式本身具有强大的描写拓展能力，会在使用中竞争凸显地位。就此骈文而言，二分对立始终如一，或者说，骈文体现的是充分对立架构。

充分对立架构存在两个层面：层级和线性。充分对立在线性层面上体现为系列单位被分为两组，并且往复进行切分，而在层级上体现为成分或短语结构上的一一对应。例如，在"豫章故郡，洪都新府"中，既存在"豫章-洪都"的对应，也存在"故-新""郡-府"的对应，还存在"豫章郡-洪都府""故郡-新府"的对应。这样，整个语篇呈现出充分对立的往复。

在充分对立的往复中，语篇对经验内容进行不同层面上的识解。尽管"豫章故郡，洪都新府"可被视为一个完整的语段，但其主要功能是指示语篇的描述对象，具体涉及的概念内容是区域实体在时间维度上的对立。而"星分翼轸，地接衡庐"将指示的区域实体与天上的星星以及其他区域确立联系，并且将两种联系描述为对立。"襟三江而带五湖，控蛮荆而引瓯越"关注区域之间的潜势过程关系，也就是在交通中该区域（南昌）作为妨碍物或动体。而"物华天宝，龙光射牛斗之墟；人杰地灵，徐孺下陈蕃之榻"将物与天的感应关系与"人"与"地"的感应关系确立起通联关系，这是用自然关系来描述人际关系的隐喻。因此，隐喻仅仅是对立统一关系的一种。简言之，在此语篇中，在英语中呈现为层级依存的((((实体)关系)过程)潜势)依序获得体现，而隐喻也在这个序列上，于是，原来的依存序列也可拓展为(((((实体)关系)过程)潜势)社会)。

（7-36） Nanchang, which was the capital of Yuzhang Prefecture during the Han Dynasty, now falls under the jurisdiction of Hongzhou. It straddles the border of the influence of the Ye and Zhen constellations, and is adjacent to the Heng and the Lu mountains. The three rivers enfold it like the front part of a garment and the five lakes encircle it like a girdle. It controls the savage Jing area and connects Ou and Yue, and its products are nature's jewels. The radiance of its legendary sword shoots directly upward between the constellations Niu and Dou. Its talented people are outstanding, and the spirit of intelligence pervades the place. This was the place where Xu Ru spent the night on his visit to Chen Fan.（罗经国 译）

　　以充分对立的往复为架构的汉语语篇在英语翻译中难以形成充分对立的同类语篇，如例（7-36）所示，英语译文以层级集配加以对应。在此，英汉语篇呈现出的最大差异在于，汉语以充分成对为完形基础，而英语以时空主从集配为基础。从认知语法角度看，充分成对格式凸显任何概念间通联-差分对立统一的架构地位，而时空主从集配中凸显时空的自主-依存架构。

　　充分对立与层级语窗竞争的结果是，在成对的往复中呈现出成对局域与成对整体的部分与整体关系。这种关系在线性维度上的分布浮现出间距效应，也就是微观通联或依存方式对于宏观依存方式的预测。在充分成对的表达中，每一组成对均对整体结构形成预测，但由于不同的成对在完整集配或语段中的地位存在差异，有的成对能决定整体结构的结构义，而有的则不能。前者最明显地体现为框式结构。单就《滕王阁序》而言，这种充分对立和非明示指称通联使得语篇无须连接词即可实现扩展，而相对应的英语译文以时间和明示指称通联提示连贯而实现语篇扩展。

　　当然，骈文约束分合集配的成对依存或通联，这对表达便利或丰富性造成了很大的限制，实际上造成了对表达风格的严格限制。这种限制的结果是跨窗依存的地位显得更为重要。而在白话诗中，对应只存在于分语窗的分组数量方面，而不强调语窗之间的充分成对。

（7-37）
　　　　　　　蝴　蝶
　　　　　　胡　适
两个黄蝴蝶数量(实体)，双双飞上天(实体)过程；
不知为什么认知(因果)，一个忽飞还(实体)过程。
剩下那一个过程(实体)，孤单怪可怜关系-潜势；
也无心上天潜势(位移)，天上太孤单关系(关系)。

（7-38）
　　　　　　　兰花草
　　　　　　胡　适
我从山中来位移，带着兰花草控制。种在小园中控制，希望花开早潜势。
一日看三回动作，看得花时过结果。兰花却依然实体，苞也无一个(实体)数量。
转眼秋天到(过程)结果，移兰入暖房(实体)过程。朝朝频顾惜时间(过程)，夜夜不相忘时间(过程)。
期待春花开潜势(过程)，能将凤愿偿潜势(过程)。满庭花簇簇(基底)凸显，添得许多香控制(实体)。

例（7-37）、例（7-38）两首白话诗中，主要以主从概念结构为主，且分语窗的主从概念模式呈现出差异。可见，汉语白话诗尽管形式上维持了语窗成对架构，但是在不同的表达中充分对称的分语窗极为罕见，这与骈文呈现出明显的对比差异。《蝴蝶》和《兰花草》所呈现的共同点是，在语篇的第一句，均提示描写的对象，分别是"蝴蝶"和"我/兰花草"。在整个语篇中，实体对象，或明示或预设，以通联方式贯穿于整个语篇之中。以此为基础，不同的成对集配以较为自由的方式对(((((实体)关系)过程)潜势)时间)的层级集配加以选择，从而以动态的方式展示出主体控制的往复实现。

（7-39）

静夜思

李　白

床前明月光，疑是地上霜。

举头望明月，低头思故乡。

当明示的充分通联逐步变得松散时，很多概念上的通联以不明示的方式贡献于语篇的连贯。例如，例（7-39）《静夜思》整首诗预设了以作者自我主体作为背景参照。在"床前明月光，疑是地上霜"中，主体作为预设的观察者，而"举头望明月，低头思故乡"预设主体为行为者。预设的主体在英译中需要加以明示。

（7-40）

A Tranquil Night

Li Bai

（许渊冲　译）

Before **my** bed a pool of light——

Can **it** be hoarfrost on the ground?

Looking up, **I** find the moon bright；

Bowing, in homesickness **I**'m drowned.（崔永禄，2001）

在例（7-40）的英语译文中出现了my和I用以提示预设的观察者和行为者主体。明示主体的结果是，在语窗分组上语窗量难以等同，这与汉语形成了明显差异。这种差异表明，当一种集配将自主性的主体视为具有强制性的语法单位时，由于其在概念认知中的基层地位，会限制集配方式的调节度，而不宜形成对称。毕竟，实体强制性的语窗集配，也需要另外一个实体强制性的语窗集配加以对应，这使得非明示通联不能发挥作用。

尽管英语语篇高度依赖实体-过程主从集配，但汉语却并非如此。汉语在建构主从集配中更依赖于以非对称架构为成分的对言集配。

（7-41） 送 别

李叔同

长亭外（(实体)关系），古道边（(实体)关系），芳草碧连天（(实体→实体)关系）。　　　　静

晚风拂柳触((实体→实体)过程)笛声残听((实体)关系)，夕阳山外山视((实体)关系)。　　　动

天之涯实体，地之角实体，知交半零落（((过程)实体)过程)。　　　　　　　　　　　　人

一壶浊酒尽余欢（((实体)过程)，今宵别梦寒（((时间)过程)。　　　　　　　　　　　　情

在例（7-41）中，"长亭外"和"古道边"指示两个作为参照的实体和两个作为基底的空间范围，从而凸显"芳草"的空间格局。这样，小句的整体架构是基底–凸显模式，其中，"长亭/古道"用作确立"芳草"方位的参照。空间非对称关系体现"由近及远"的总括性空间扫描。

相对应地，在第二组集配中，"拂/残/外"面向动态，其中，"拂"提示触觉之动、"残"提示听觉之动，而"外"提示"视觉"上位移物体"夕阳"的位移距离。从描写上看，动的实质性程度依次递减，"拂"比"残"更具动的实质性，而"残"比"外"更具动的实质性。整体上，该语段的集配是"触→听→视"模式。

无论是静的远近变化，还是动的程度变化，均是天地相通，或者说，这是对天地的不同细描。这样的天地作为宏观基底，是动体或射体"知交"的运动界标，而"半零落"用以描写"知交"的空间化。根据此基底，语篇推进到话语主体的社会关系，也就是将空间距离与人际关系建立起联系。整体上看，该语段的集配模式是"天→地→人"模式。

社会关系与情感同步变化，且可通过外物加以调节。基于此，在"一壶浊酒尽余欢，今宵别梦寒"中，"酒"用以激发"欢"的情绪，从而暂别"寒"的情绪。架构上，"尽-别"形成事件的因果关系。

从集配模式上看，"长亭外，古道边"句与"天之涯，地之角"句均为基底→凸显模式，"晚风拂柳笛声残"为事件系列模式，而"一壶浊酒尽余欢"为事件因果模式。事件系列模式与因果模式的差别在于，事件系列模式的事件间不存在内在的顺序联系，而事件因果模式中的事件间存在内在的顺序联系。既然每一个微语段均是一个主从集配，这意味着四行语句的句式均是主从的集配组，整体上，对称性与非对称性集配呈现出交替状态。"长亭外-古道边"和"天之涯-地之角"呈现出对称，而整体上均是非对称的。

（7-42）**Love is Cruel, Love is Sweet**

Thomas MacDonagh

Love is cruel, love is sweet, —— 爱情残忍爱情甜——

Cruel, sweet. 残忍而又甜，

Lovers sigh till lovers meet, 情人肠断到相见，

Sigh and meet— 肠断到相见——

Sigh and meet, and sigh again— 肠断到相见，相别肠又断——

Cruel sweet! O sweetest pain! 残忍的甜呵！最甜的肠断！（网络）

（7-43）**To My Friends**

No friendship is useless and no day is in vain.

Just as God has a purpose for sunshine and rain.

All can be discouraged and everyone cries,

But we have friends to comfort us.

Beneath these cloudy skies.

All hearts can break... they're fragile as glass.

But with a friend beside us, this too shall pass.（网络）

对称与非对称的交替也体现于英语的诗文中。在例（7-42）中，"Love is cruel, love is sweet"体现了两个主谓主从的对称，二者的区别只是cruel-sweet的差分对立。除此之外还存在sigh-meet的对立。也就是从语篇集配的角度看，该诗一致性地采取了对立对称的集配。这种对立对称的策略也体现于例（7-43）中，例如friendship-day、useless-in vain、sunshine-rain。从集配角度看，英汉诗均不拒绝对称与非对称相间的集配策略。但是，骈文中所体现的以充分对立往复为基本的集配策略在英语中罕见。

从集配策略上看，充分对立集配与主谓对立集配的最大差别在于，充分对立集配在形式上最大化地展示了语义上异同性的对立统一，而主谓对立是最大化的形式差分与最大化的语义重叠的对立统一。在英汉使用中，两种不同集配模式竞争的结果是浮现出依存成分在间距上对其所处的整体集配的动态预测模式。

总而言之，语言使用是语窗在层级和线性两个维度上的系统性运行，间距是检测线性维度的一种进路，而间距效应是依存成分对于集配整体的预测性。

第八章　结语

8.1　理论意义

  在语言学理论中存在三种较为成熟的分析方法：成分分析、依存分析和构式分析。成分分析强调语言单位在彼此相邻的情况下形成一个整体，由于每个单位可标记为一个语法范畴，例如名词、代词、动词、介词、形容词，因此，每一个成分既可是一个词汇单位，又可是语法范畴，还可是一个语法范畴的组合。如果将语法范畴视为组合中的最基本单位，那么所有的组合成分均可视为这些基本单位以某种规则进行组配的结果。

  在基于成分的句法描写中，对比分析的目的是通过分析不同语言的成分结构从而在这些不同的成分组合规则中总结出最一般的规则。这种成分分析完全面向发现一般性的句法规则，其基本工作假设是，句法规则具有自主性。在句法规则中，不同的句法结构可进行转换，例如，I give you a book 可根据规则转换为 I give a book to you。在这种根据句法规则的转换中，两个具有不同句法结构的句子表达相同的语义。在这种对比分析中，研究的目的就是要确定这种转换规则是否具有一般性。但很显然，此句对应的汉语是"我给你一本书"，其不能转换为"*我给一本书到你"。因此，英汉句法转换方式存在着差异。重要的是，在这种转换中，give 与 you 在线性维度上的实现距离并不影响转换规则的适用。

  在句法描写中对于间距的忽略所带来的问题是，I pick you up 中 you 倾向于出现在 pick 与 up 之间的事实（Gries, 1999）不能由句法理论进行描写。更为重要的是，这种句法成分分析也不能用于描写 the more you do it the more you like it

中的 the more-the more 的直接依存关系。这种非相邻单位的直接依存关系可通过依存分析加以描写。依存分析最初的假设是，动词与名词是以动词预设的论元数为基础的组合。例如，sleep 预设一个参与者，因此 I sleep 可接受，而 I sleep the bed 不易接受。这种名动的依存关系并不是 the more 与 the more 的联系。the more 与 the more 形成联系的动因在于，并置的两个小句在语义上存在着相关关系。这种相关也并非原来的动词中心所能描写的。因为动词中心强调存在一个单位预设内容角色，以为另一个单位的参与提供架构，但是在 the more-the more 中，这种架构由一个单位的复现依存加以提示，the more 与 the more 并不存在一个单位为另一个单位的参与提供架构的问题，而是二者因成对依存而共同形成一个框架；也就是说，依存分析需要从以动词为中心的依存扩展至任何非相邻单位的依存。在这种扩展中，在主谓结构中体现的名词与动词的句法范畴依存在成对的依存中不再具有预测力。尽管如此，单就主谓结构的描写而言，语法范畴的依存描写与成分描写可进行一定程度的转换，而依存描写的优势在于计算量相对而言比较低。

扩展版的依存在英汉对比中具有描写的一般性，也为间距的描写提供了可能。这种一般性体现在，一个完整的集配中各种语言单位的非相邻关系获得描写。例如，"想说就说"中，"想"与"就"虽然体现了"意图-执行"的依存，但在线性维度上并不相邻，因此可通过依存进行描写。当然，这种依存也并不是名动意义上的，而是概念语义上的。依存分析实则为描写汉语对称式的对言提供了理论思路。但需要注意的是，依存语法分析更多地强调单词与单词的单节点依存，而非多节点依存。这种做法的结果是，在对称对言中两个分语段之间充分的成分依存不能获得描写，例如，"才下眉头，却上心头"中存在"才-却""上-下""心头-眉头""下眉头-上心头""才下眉头-却上心头"的各层级依存关系。也就是在两个分语段之间，每个成分之间均存在着依存，而这种依存并未获得描写。

充分依存的背后是过程的往复，"才-却"的依存标记着两个事件的发展趋势和时间上的对立，"上-下"提示实体位移方向上的单周期往复，而"心头-眉头"标记实体位移的两个对立位置。这种充分依存的对言格式本身并不像动词中心那样，对动词本身具有强制性要求。在充分依存中，动词有时可有可无，例如，"才眉头，却心头"也可接受。根本原因是，即使是不同方位的对立，通过方位-位移的依存关系，也可激活过程的往复。

充分依存中，成分与依存共存是认知语法中语窗集配的基本特征。在语窗集配中，在时间维度上，不同层级的语窗同时进行扩展，不仅贡献于表达的认知过程，还贡献于整个表达的完整性。这种充分依存所体现的策略并不是部分决定整体的策略。在部分决定整体的策略中，某个关键部分的损失会造成整个系统的坍塌，而在充分依存的策略中，即使关键部分损失，也不影响整个系统的成立。以动词为中心的依存分析中关键部分是动词，动词的损失意味着整个系统的坍塌。这与充分对立分析存在着根本的差别。这种充分对立分析也不同于以主谓二分为基础的即时成分分析。在主谓分析中，主语与谓语存在着非对称的关系，而在充分对立的分析中，对立双方存在着对称的关系。当然，无论是对称还是非对称，均可通过语窗集配进行描写，因为语窗集配只预设形式与意义二分，而不预设语窗是否对称。

尽管语窗集配可用于描写体现充分依存的对言，但认知语法中的语窗集配的语义分析依然依赖于概念的非对称。这种非对称最核心地体现为基底-凸显和射体-界标两个概念配置。基底-凸显配置提示一个形式单位指示一个概念内容，该概念内容必定预设另一个概念内容，而射体-界标配置提示在所提示的并置内容之中存在着凸显度上的差异。基底-凸显的往复适用会带来概念在不同层级上的集配。在认知语法中最为典型地展示出(((((实体)关系)过程)潜势)时间)的自主-依存集配模式。在此概念层级集配中，实体和关系均是空间性的，而过程、潜势和时间均是时间性的，也就是((空间)时间)层级依存集配。对于该集配实现的方式，英汉语存在着差异。英语使用中，往往充分体现该集配，而如果不实现为该集配，则分别以实体和过程为中心进行集配实现，例如dog和run均可独立使用。在这种时空层级集配中，同一个语言单位可实现不同的概念角色，从而实现扩展，例如I raise up my hand/I hand my book to you，再比如the framing of attention。另外，将此集配进行虚拟-现实二分来实现扩展，就是用虚拟的主观过程对观察到的情形进行描写，例如The fence goes through the mountain中虚拟的go用于描写现实静态的the fence。也可以是相反的，例如The ghost walks through the room中虚拟的the ghost被现实可能的walk所描写。

充分依存的对言并不强调语法角色的转换，而是关注并立语段的对应。这种对应可适用于时空层级的任何一个概念角色以及层级概念角色的依存。例如，矛盾_{实体}、上下_{关系}、飞跃_{过程}、可能_{潜势}、早晚_{时间}之类的表达提示同层级角色的对立，而手_{实体}握_{过程}、握_{过程}手_{实体}、能_{潜势}打_{过程}、远_{关系}走_{过程}、走_{过程}远_{关系}、走_{过程}了_{时间}之类的表达提示不同层级的对立。这些表达均具有一定的完整性，并且均可在线性维度上进行拉长，从而参与更多的二分集配。随着间距的拉大，对立依存在集配整体中的依存关系也发生着变化，于是间距效应得以浮现。例如，"从上到下"维持对称性的对立关系，而"天上掉下"是非对称的对立关系，这也就意味着，"上-下"依存的对立在减弱对整体结构的预测能力。当然，也可从主谓对立的角度看到间距效应，例如，主谓式的"手握"对于"双手紧握"宏观结构具有预测作用，但对于"抽出一手，握紧拳头"中的对立则不具有预测性。基于此，间距效应则可产生。

间距效应的关注点是分合集配中分语段的成分依存关系在多大程度上可预测分语段的关系。这种关注部分与整体关系的做法与动词-变式的相互预测关系在本质上并不存在差异。二者最大的差异在于，动词-变式的预测关系是以动词中心为出发点的，间距效应是以对立依存为出发点的。间距效应不承认主谓结构是语言使用中的唯一架构性集配，而将集配扩展至非相邻依存之上，这是一种适用于研究对言格式的方法。在英汉对比上，可从汉语特色的对言角度来审视英汉两种语言的差异。

从部分-整体角度看，不同的部分在整体内的地位存在着差异，有的部分决定着整个表达的架构，而有的部分是否存在并不影响整个表达。例如，"越说越兴奋"中，"越-越"具有架构性，而"说"与"兴奋"只是这个架构的内容。单独将"说-兴奋"并立，二者的关系并不明显也不确定，而"越-越"将二者描写为同步递增的相关关系。在此情形中，"越-越"标记两个分段语窗的关系。这种情形在英汉使用中呈现出普遍性。

从对比角度看，尽管对立依存在英汉使用中均存在，尤其表现为互文性的连词，但其所呈现出的分布模式存在着很大的差别。这意味着，英汉中的依存对立以不同的方式在对整体结构进行着预测，说明英汉集配上存在着实质性的差异。当然，这种差异是多样的、动态的，并不存在普遍性的分布共性，但英汉差异在各种依存对立中均存在。这提示英汉使用中集配模式差异是系统性的，而非局部性的。因此，间距效应是检测英语和汉语两个系统在翻译接触条件下的动态指标。这个指标运行的理论基础是认知语法中的语窗集配。

如果将英语和汉语视为两个语窗集配系统，那么在这两个集配系统之内存在着大量的框式结构，例如，"连-都""从-到""了-了""是-的"、the more X-the more Y、not only-but also、if-then、have been V-en。英汉使用中的这些集配框架，有的可互译，有的无法互译。例如，"了-了"只体现于汉语中，而have been V-en在汉语中没有对应项。另外，即使是英汉语可互译的框式结构，在集配模式上也存在着一定的差异。例如，"the more I speak, the more excited I am"对应"我越说我越兴奋",二者的差异在于I-I需置于the more-the more之后,而"我-我"只能置于"越-越"之前,这种差异的结果是"我-我"可从复现变为单一,从而获得"我越说越兴奋",可见,the more-the more是依存对立架构,而"越-越"只是主谓架构下的一个依存成分。这种对比说明了相邻主谓架构与对立依存架构在语言使用的相互竞争集配中的架构地位。

8.2 实用价值

基于语窗集配的间距效应揭示,在一个给定的完整语段中各个层级的表达存在着联系。这种联系的最直接动因是成分的概念语义内容通过概念整合投射到更高层级的组配中。认知语法对于这种概念动因存在着系统性的描写方案,最基本的理念是,不同的语法范畴和语法结构是对相同概念内容的不同识解方式。认知语法中所体现的最为典型的概念内容就是不同的语法范畴以不同的方式识解时空概念。从英汉间距对比的角度看就是概念内容的识解在线性和层级维度上的时空分布模式。这种面向语义的描写系统对于英汉翻译实践、英汉语教学均有辅助作用。

在翻译理论研究中,翻译学与认知语义学的结合,发展出了认知翻译学(Cognitive Translatology)(Muñoz Martín, 2010; Rojo & Ibarretxe-Antuñano, 2013)。认知翻译学从认知语义学角度对翻译过程中概念内容的损益进行描写,例如Chatti(2016)。认知语义学主张:(1)语法单位具有意义;(2)语义是一个动态的识解过程。所谓动态识解是指相同内容的不同表达。

鉴于不同语言在语法系统上均存在着差异,在翻译中不同语法结构的切换也意味着语义的变化。

(8-1) a₁. 法官**判处**他监禁。

a₂. The judge **gave** him a custodial **sentence**.

b₁. 检控方律师已警告说他们会努力争取**判处**死刑。

b₂. The prosecutors have warned they will seek the death penalty.

尽管从整体语义角度看,无论"判处"对应为名词性的sentence还是不予以翻译,均不影响原文与译文在语义上的理解,也就是英汉语均传达出特定行为所造成的机构化的负面评价。但从整个语法结构上看,汉语使用的是致使链集配,而英语译文中是实体传递结构,如例(8-1)a所示。而在b中,汉语原句中省略"判处"过程的施事和受事,这在英语翻译中对应为及物结构,即将death penalty视为prosecutors意向的对象。从间距角度看,施事-受事的省略,压缩了主体-对象的表述距离,这说明对相同事件的不同表述伴随着间距上的动态调整,也就是从间距角度可分析语言翻译中所引发的语义损益。

另外,从术语角度看,术语往往高度规约化,这本身就是多种语义压缩到少量单位的过程,例如将invisible hand翻译为"看不见的手"。而在经验中,hand作为正常人身体的一部分,常规情况一定是可见的,最多是在特定情况下,并未落入注意范围之内,但这种忽略不等同于不可见,由此,invisible与hand并不存在经验上的可能性。也就是在经验上,二者的距离实则非常遥远,而二者却比邻形成一个完整的表达,这是通过语言的整合效应将属于不同的认知域的知识纳入一个完整的认知域,也就是以形式上的近距离为动因拉近概念上的距离。就invisible hand而言,就是将身体部位和经济中的供求平衡建立起联系。这种现象对于法律语言(Winter, 2001)和经济语言(McCloskey, 1995)具有相当的普遍性,是一个系统性的宏观趋势。这种以间距为出发点的认知语义分析为这些专门领域词汇的理解提供了强有力的分析工具。

从教学的角度看,间距提示英语和汉语存在着很大的规约差异。英语更注重概念上的层层嵌套、一环扣一环,这样即使表达很长,初始单词与结尾单词的距离很长,由于存在一个主从架构,并不会影响整个表达的连贯性。即使存在短时记忆上的负担,也并不影响有效的理解。但是,汉语则不同,汉语倚重记忆单位之间的线性距离。如果两个单位之间的距离过远,尤其是分语窗单位距离过远,会造成两个依存单位语境容量过多,从而使得二者的联系更容易被稀释,从而不宜从非线性的角度描述更多的通联内容。这种差异对于两种语言的教学均具有启发价值。

8.3　未来展望

本研究从英汉间距效应的对比角度出发阐明,为了能充分地描写间距效应,需要将认知语法的集配、概念隐喻、认知语义学等各种分析工具统一到一个动态性的概念依存系统中。本研究强调,这个动态概念系统的基本出发点是概念的动态整合,其中,概念的动态变化是不同类型的概念域在语言规约中的差异化整合实现方式。对于这个系统而言,认知语言学已经做了大量的工作,但是仍需要与中国传统观念的对立统一结合，并真正用于解释英汉本质上的异同点，这样才能发展出一套完整、自洽且一致的成熟意义描写系统。在这方面，本研究搭建了一个理论框架，初步将对立统一观融入认知语义学。未来需要关注的问题是，对立统一究竟是认知语义描写系统的基底，还是只是整个描写系统的一个维度。

从英汉对比角度看，本研究通过对比英汉间距效应发现，在概念依存系统中存在两种模式：主从模式和对言模式。在主从模式中，存在概念内容或注意凸显上的非对称配置，而在对言模式中，概念呈现出成对对应。这两种模式并非限定于特定的短句、句子或构式，而是渗透于各个层面，一个表达既可从主从角度分析，也可从对言角度分析，两个角度往往对于某个表达的形成共同发挥作用，并且二者在表达中的地位不断地切换，从而实现丰富表达的目的。这种主从-对言背后的概念基础是概念的总括-系列配置和对立-往复配置。总括是将关注对象的各个部分视为一个同时性的整体，而系列是将关注对象视为一个系列的过程。这两种认知方式是人的一般认知经历。对立是将关注对象视为一分为二且对立的两个方面，这种对立既可是系列上的，也可是总括上的，而往复是将关注对象视为一个循环，这个循环既可是过程性的，也可是认知性的，还可是实体性的。四个维度统一在一个动态系统之内，形成语言集配的基底性概念结构。本研究在一定程度上提出这种四维一体的概念系统，但其具体的运行方式需要在未来的研究中加以阐释。

从间距效应的角度看，间距效应本质上关注局部依存单位对于整体依存的预测作用。从这个角度看，以往的搭配、框式、离合、词语结构所涉及的关系均是关注此类型的联系。不同的是，间距关注非相邻单位的依存对于结构整体的预测作用。这种作用以往是通过依存距离进行研究的，但是依存距离关注语法范畴层面上的联系，而本研究关注语义层面上的联系。句法层面上的联系研究发现，多种语言的依存距离呈现出优选性（Ferrer-i-Cancho et al., 2022），而本研究发现，不长不短的优选和零距离优势实则是共存的，并且在一定程度上受到语义层级的限制。未来研究应该在此发现的基础上进一步扩大相关研究，从而探寻语义对于语法的制约作用。

另外，本研究从认知语法方案中总结出一般性的概念层级，即(((((实体)关系)过程)潜势)时间)，称为时空层级。研究发现，该模式是英语使用中比较典型的概念动因，而这种概念动因在汉语中的体现在一定程度上被压缩，至少，时间在汉语使用中并不像英语中那么具有强制性，同样地，实体也在汉语中常规性地被压缩。而且，汉语相对于英语，并不存在明确的形态以标记这些层级概念在汉语使用中的分立性，而恰恰在一定程度上呈现出模糊性。这种模糊性或许在一定程度上可通过汉语的对言规约加以解释。在对言中，由于概念的组构方式是往复的，对于强调现在、过去和将来的不可逆关系没有必要凸显，除非这种不可逆时间也被视为无限往复上的一个环节。当然，往复与层级并非彼此排斥，而是往复有助于层级的扩展，也就是往复既可在层级上也可在线性维度上运行。如果假设英语中凸显层级，而汉语中凸显线性对立，那么这种往复在两种概念模式中的作用异同则需要进一步研究。

从动态复杂系统的角度看，英汉对比可从各种不同的角度进行，但不同角度的发现也可能不一样。当然，无论在对比中发现的是异还是同，最为重要的是通过对比来完整而一致性地建构英语和汉语两种语言在使用中各具特色的系统全貌，以此为涉及两种语言的翻译实践、教学活动和理论建构提供参考。

参考文献

Alessandroni, N. & Rodríguez, C. (2017). Is *Container* a natural and embodied image schema? A developmental, pragmatic, and cultural proposal. *Human Development*, 60(4), 144-178.

Antonova, M. (2020). The container image schema as the conceptual basis of English adjectives' semantics. *Journal of Language & Education*, 6(1), 8-17.

Aristotle. (2002). *On the Art of Poetry*. I. Bywater (trans.). Oxford: Clarendon Press.

Banham, G. (2007). Dynamics and the reality of force in Leibniz and Kant. [2023-09-01]. https://philpapers.org/rec/BANDAT.

Barlow, M. & Kemmer, S. (eds.). (2000). *Usage-based Models of Language*. Stanford: CSLI Publications.

Beckner, C. & Bybee, J. (2009). A usage-based account of constituency and reanalysis. *Language Learning*, 59, 27-46.

Benczes, R. (2005). Creative noun-noun compounds. *Annual Review of Cognitive Linguistics*, 3(1), 250-268.

Benczes, R., Barcelona, A. & de Mendoza Ibáñez, F. J. R. (eds.). (2011). *Defining Metonymy in Cognitive Linguistics: Towards a Consensus View*. Amsterdam: John Benjamins.

Biezma, M. (2014). The grammar of discourse: The case of *then*. In T. Snider et al. (eds.), *Proceedings of SALT 24*. Ithaca: LSA and CLC Publications, 373-394.

Black, M. (1977). More about metaphor. *Dialectica*, 31, 431-457.

Bliss, H. E. (1917). The subject-object relation. *The Philosophical Review*, 26(4), 395-

408.

Bohnemeyer, J., Enfield, N. J., Essegbey, J. et al. (2007). Principles of event segmentation in language: The case of motion events. *Language*, 83(3), 495-532.

Boroditsky, L. (2001). Does language shape thought? Mandarin and English speakers' conceptions of time. *Cognitive Psychology*, 43(1), 1-22.

Bottineau, D. (2010). Language and enaction. In J. Stewart, O. Gapenne & E. Di Paolo (eds.), *Enaction: Toward a New Paradigm for Cognitive Science*. Cambridge, MA: The MIT Press, 1-67.

Bowden, D. (1993). The limits of containment: Text-as-container in composition studies. *College Composition and Communication*, 44(3), 364-379.

Brandt, P. A. (2005). Mental spaces and cognitive semantics: A critical comment. *Journal of Pragmatics*, 37(10), 1578-1594.

Brdar, M. & Brdar-Szabó, R. (2014). Where does metonymy begin? Some comments on Janda (2011). *Cognitive Linguistics*, 25(2), 313-340.

Brown, A. & Chen, J. (2013). Construal of manner in speech and gesture in Mandarin, English, and Japanese. *Cognitive Linguistics*, 24(4), 605-631.

Buroker, J. V. (2006). *Kant's Critique of Pure Reason: An Introduction*. Cambridge: Cambridge University Press.

Bybee, J. (2006). From usage to grammar: The mind's response to repetition. *Language*, 82(4), 711-733.

Bybee, J. (2009). Language universals and usage-based theory. In M. H. Christiansen, C. Collins & S. Edelman (eds.), *Language Universals*. Oxford: Oxford University Press, 17-39.

Byrne, R. M. & Johnson-Laird, P. N. (2009). "If" and the problems of conditional reasoning. *Trends in Cognitive Sciences*, 13(7), 282-287.

Cai, Z. G. & Connell, L. (2015). Space-time interdependence: Evidence against asymmetric mapping between time and space. *Cognition*, 136, 268-281.

Cameron, L. (2003). *Metaphor in Educational Discourse*. London: Continuum.

Chafe, W. (1994). *Discourse, Consciousness, and Time: The Flow and Displacement of Conscious Experience in Speaking and Writing*. Chicago: The University of Chicago Press.

Charteris-Black, J. (2006). Britain as a container: Immigration metaphors in the 2005 election campaign. *Discourse & Society*, 17(5), 563-581.

Chatti, S. (2016). Translating colour metaphors: A cognitive perspective. In M. Taibi (ed.), *New Insights into Arabic Translation and Interpreting*. Bristol: Multilingual Matters, 161-176.

Chen, A. C. H. (2022). Words, constructions and corpora: Network representations of constructional semantics for Mandarin space particles. *Corpus Linguistics and Linguistic Theory*, 18(2), 209-235.

Chen, L. & Guo, J. (2009). Motion events in Chinese novels: Evidence for an equipollently-framed language. *Journal of Pragmatics*, 41, 1749-1766.

Chomsky, N. (1995). *The Minimalist Program*. Cambridge, MA: The MIT Press.

Clark, E. V. & Clark, H. H. (1979). When nouns surface as verbs. *Language*, 55(4), 767-811.

Clarke, D. M. (2003). *Descartes's Theory of Mind*. Oxford: Oxford University Press.

Clausner, T. C. & Croft, W. (1999). Domains and image schemas. *Cognitive Linguistics*, 10(1), 1-31.

Croft, W. (1993). The role of domains in the interpretation of metaphors and metonymies. *Cognitive Linguistics*, 4(4), 335-370.

Croft, W. (2012). *Verbs: Aspect and Causal Structure*. Oxford: Oxford University Press.

Croft, W. (2023). Word classes in radical construction grammar. In E. Van Lier (ed.), *Oxford Handbook of Word Classes*. Oxford: Oxford University Press.

Croft, W. & Cruse, D. A. (2004). *Cognitive Linguistics*. Cambridge: Cambridge University Press.

Croft, W. & Van Lier, E. (2012). Language universals without universal categories. *Theoretical Linguistics*, 38(1-2), 57-72.

Culicover, P. W. & Jackendoff, R. (2012). Same-except: A domain-general cognitive relation and how language expresses it. *Language*, 88(2), 305-340.

Cuyckens, H. & Zawada, B. E. (eds.). (2001). *Polysemy in Cognitive Linguistics: Selected Papers from the International Cognitive Linguistics Conference, Amsterdam 1997*. Amsterdam: John Benjamins.

Dąbrowska, E. (2016). Looking into introspection. In G. Drożdż (ed.), *Studies in Lexicogrammar: Theory and Applications*. Amsterdam: John Benjamins, 55-74.

Dancygier, B. & Sweetser, E. (2005). *Mental Spaces in Grammar: Conditional*

Constructions. Cambridge: Cambridge University Press.

Davis, W. (1983). Weak and strong conditionals. *Pacific Philosophical Quarterly*, 64(1), 57-71.

De Preester, H. & Knockaert, V. (eds.). (2005). *Body Image and Body Schema: Interdisciplinary Perspectives on the Body*. Amsterdam: John Benjamins.

Dekalo, V. & Hampe, B. (2017). Networks of meanings: Complementing collostructional analysis by cluster and network analyses. *Yearbook of the German Cognitive Linguistics Association*, 5(1), 151-184.

Desagulier, G. (2022). Changes in the midst of a construction network: A diachronic construction grammar approach to complex prepositions denoting internal location. *Cognitive Linguistics*, 33(2), 339-386.

Diessel, H. (2006). Demonstratives, joint attention, and the emergence of grammar. *Cognitive Linguistics*, 17(4), 463-489.

Diessel, H. (2019). *The Grammar Network: How Linguistic Structure Is Shaped by Language Use*. Cambridge: Cambridge University Press.

Divjak, D., Milin, P. & Medimorec, S. (2020). Construal in language: A visual-world approach to the effects of linguistic alternations on event perception and conception. *Cognitive Linguistics*, 31(1), 37-72.

Egorova, E., Moncla, L., Gaio, M. et al. (2018). Fictive motion extraction and classification. *International Journal of Geographical Information Science*, 32(11), 2247-2271.

Evans, V. (2006). Lexical concepts, cognitive models and meaning-construction. *Cognitive Linguistics*, 17(4), 491-534.

Evans, V. (2013). Temporal frames of reference. *Cognitive Linguistics*, 24(3), 393-435.

Farrell, P. (2005). English verb-preposition constructions: Constituency and order. *Language*, 81(1), 96-137.

Fauconnier, G. & Turner, M. (1996). Blending as a central process of grammar: Expanded version. In A. Goldberg (ed.), *Conceptual Structure, Discourse, and Language*. Chicago: The University of Chicago Press, 113-130.

Fauconnier, G. & Turner, M. (2002). *The Way We Think: Conceptual Blending and the Mind's Hidden Complexities*. New York: Basic books.

Fauconnier, G. & Turner, M. (2003). Conceptual blending, form and meaning. *Recherches en Communication*, 19, 57-86.

Ferrer-i-Cancho, R., Gómez-Rodríguez, C., Esteban, J. L. et al. (2022). Optimality of syntactic dependency distances. *Physical Review E*, 105(1), 014308.

Fillmore, C. J. (2006). Frame semantics. In D. Geeraerts (ed.). *Cognitive Linguistics: Basic Readings*. Berlin: Walter de Gruyter, 373-400.

Forceville, C. & Jeulink, M. (2011). The flesh and blood of embodied understanding: The source-path-goal schema in animation film. *Pragmatics & Cognition*, 19(1), 37-59.

Friederici, A. D. (2017). *Language in Our Brain: The Origins of a Uniquely Human Capacity*. Cambridge, MA: The MIT Press.

Garner, M. (2014). Language rules and language ecology. *Language Sciences*, 41, 111-121.

Gärdenfors, P. & Löhndorf, S. (2013). What is a domain? Dimensional structures versus meronomic relations. *Cognitive Linguistics*, 24(3), 437-456.

Geeraerts, D. (1986). On necessary and sufficient conditions. *Journal of Semantics*, 5(4), 275-291.

Geeraerts, D. (2006). Prototype theory: Prospects and problems of prototype theory. In D. Geeraerts (ed.), *Cognitive Linguistics: Basic Readings*. Berlin: Mouton de Gruyter, 141-165.

Gibbs, R. W., Jr. (2003). Imagistic filters in unconscious learning and action. *Journal of Mental Imagery*, 27(3-4), 166-171.

Gibbs, R. W., Jr. (2006). Introspection and cognitive linguistics: Should we trust our own intuitions?. *Annual Review of Cognitive Linguistics*, 4(1), 135-151.

Glebkin, V. (2015). Is conceptual blending the key to the mystery of human evolution and cognition?. *Cognitive Linguistics*, 26(1), 95-111.

Goldberg, A. E. (1995). *Constructions: A Construction Grammar Approach to Argument Structure*. Chicago: The University of Chicago Press.

Goldberg, A. E. (2006). *Constructions at Work: The Nature of Generalization in Language*. Oxford: Oxford University Press.

Gonzalez-Marquez, M., Mittelberg, I. Coulson, S. et al. (2007). *Methods in Cognitive Linguistics*. Amsterdam: John Benjamins.

Goossens, L. (1990). Metaphtonymy: The interaction of metaphor and metonymy in expressions for linguistic action. *Cognitive Linguistics*, 1(3), 323-340.

Gould, S. J. (1987). *Time's Arrow, Time's Cycle: Myth and Metaphor in the Discovery of Geological Time*. Cambridge, MA: Harvard University Press.

Grady, J. (1997). *Foundations of Meaning: Primary Metaphors and Primary Scenes*. (Doctoral dissertation). Berkeley: University of California.

Grady, J. (1999). A typology of motivation for conceptual metaphor: Correlation vs. resemblance. In R. W. Gibbs Jr. & G. Steen (eds.), *Metaphor in Cognitive Linguistics*. Amsterdam: John Benjamins, 79-100.

Gries, S. T. (1999). Particle movement: A cognitive and functional approach. *Cognitive Linguistics*, 10(2), 105-145.

Gries, S. T., Hampe, B. & Schönefeld, D. (2005). Converging evidence: Bringing together experimental and corpus data on the association of verbs and constructions. *Cognitive Linguistics*, 16(4), 635-676.

Gries, S. T. & Stefanowitsch, A. (2004). Co-varying collexemes in the into-causative. In M. Achard & S. Kemmer (eds.). *Language, Culture, and Mind*. Stanford: CSLI, 225-236.

Gries, S. T. & Stefanowitsch, A. (2010). Cluster analysis and the identification of collexeme classes. In S. Rice & J. Newman (eds.), *Empirical and Experimental Methods in Cognitive/Functional Research*. Stanford: CSLI, 73-90.

Grondelaers, S., Geeraerts, D. & Speelman, D. (2007). A case for a cognitive corpus linguistics. In M. Gonzalez-Marquez, I. Mittelberg, S. Coulson et al. (eds.), *Methods in Cognitive Linguistics*. Amsterdam: John Benjamins, 149-169.

Haiman, J. (1983). Iconic and economic motivation. *Language*, 59(4), 781-819.

Haiman, J. (ed.). (1985a). *Iconicity in Syntax*. Amsterdam: John Benjamins.

Haiman, J. (1985b). Symmetry. In J. Haiman (ed.), *Iconicity in Syntax*. Amsterdam: John Benjamins, 73-95.

Hampe, B. (2005). Image schemas in cognitive linguistics: Introduction. In Hampe, B. & Grady, J. E. (eds.). *From Perception to Meaning: Image Schemas in Cognitive Linguistics*. Berlin: De Gruyter Mouton, 1-14.

Hampe, B. & Grady, J. E. (eds.). (2005). *From Perception to Meaning: Image Schemas in Cognitive Linguistics*. Berlin: De Gruyter Mouton.

Handl, S. & Schmid, H. J. (eds.). (2011). *Windows to the Mind: Metaphor, Metonymy and Conceptual Blending*. Berlin: Walter de Gruyter.

Harder, P. (2010). *Meaning in Mind and Society: A Functional Contribution to the Social Turn in Cognitive Sociolinguistics*. Berlin: Walter de Gruyter.

Hart, H. L. A. (1961). *The Concept of Law*. Oxford: Oxford University Press.

Hauser, M. D., Chomsky, N. & Fitch, W. T. (2002). The faculty of language: What is it, who has it, and how does it evolve?. *Science*, 298(5598), 1569-1579.

Hays, D. G. (1964). Dependency theory: A formalism and some observations. *Language*, 40(4), 511-525.

H. C. H, C. (1922). The metallurgy of the common metals: Gold, silver, iron (and steel), copper, lead, and zinc. *Nature*, 110(2750), 71-72.

Holland, D. & Quinn, N. (eds.). (1987). *Cultural Models in Language and Thought*. Cambridge: Cambridge University Press.

Hudson, R. (1980). Constituency and dependency. *Linguistics*, 18, 179-198.

Hudson, R. (1995). Measuring syntactic difficulty. [2024-5-11]. https://dickhudson.com/wp-content/uploads/2013/07/Difficulty.pdf.

Hudson, R. (2007). *Language Networks: The New Word Grammar*. Oxford: Oxford University Press.

Huumo, T. (2017). The grammar of temporal motion: A Cognitive Grammar account of motion metaphors of time. *Cognitive Linguistics*, 28(1), 1-43.

Ibbotson, P. (2013). The scope of usage-based theory. *Frontiers in Psychology*, 4, 255.

Ioannou, G. (2017). A corpus-based analysis of the verb *pleróo* in Ancient Greek: The diachronic relevance of the container image-schema in its evolution. *Review of Cognitive Linguistics*, 15(1), 253-287.

Iwasaki, S. Y. (2009). A cognitive grammar account of time motion "metaphors" : A view from Japanese. *Cognitive Linguistics*, 20(2), 341-366.

Jackendoff, R. & Pinker, S. (2005). The nature of the language faculty and its implications for evolution of language (Reply to Fitch, Hauser, and Chomsky). *Cognition*, 97(2), 211-225.

Janda, L. A. (2011). Metonymy in word-formation. *Cognitive Linguistics*, 22(2), 359-392.

Janda, L. A. (2014). Metonymy and word-formation revisited. *Cognitive Linguistics*, 25(2), 341-349.

Jaszczolt, K. M. (2007). The syntax-pragmatics merger: Belief reports in the theory of Default Semantics. *Pragmatics & Cognition*, 15(1), 41-64.

Ji, Y. L., Hendriks, H. & Hickmann, M. (2011). The expression of caused motion events in Chinese and in English: Some typological issues. *Linguistics*, 49(5): 1041-1077.

Jing-Schmidt, Z., Lang, J., Shi, H. H. et al. (2022). Aspect construal in Mandarin: A usage-based constructionist perspective on *LE*. *Linguistics*, 60(2), 541-577.

Johnson, M. (1987). *The Body in the Mind: The Bodily Basis of Meaning, Imagination, and Reason*. Chicago: The University of Chicago Press.

Johnson, M. (1990). *The Body in the Mind: The Bodily Basis of Meaning, Imagination, and Reason*. Chicago: The University of Chicago Press.

Johnson, M. (2005). The philosophical significance of image schemas. In Hampe, B. & Grady, J. E. (eds.). *From Perception to Meaning: Image Schemas in Cognitive Linguistics*. Berlin: De Gruyter Mouton, 15-33.

Johnson, M. (2007). Mind, metaphor, law. *Mercer Law Review*, 58(3), 845-868.

Judge, L., Paterson, S. Liu, Y. et al. (2009). *One Story a Day*. Ottawa: DC Canada Education Publishing.

Kant, I. (1998). *The Critique of Pure Reason*. In P. Guyer & A. W. Wood (eds.). Cambridge: Cambridge University Press.

Keevallik, L. (2020). Grammatical coordination of embodied action: The Estonian *ja* "and" as a temporal organizer of Pilates moves. In Y. Maschler, S. Pekarek Doehler, J. Lindström, et al. (eds.), *Emergent Syntax for Conversation: Clausal Patterns and the Organization of Action*. Amsterdam: John Benjamins, 221-244.

Kinzler, K. D. (2021). Language as a social cue. *Annual Review of Psychology*, 72, 241-264.

Kövecses, Z. (1999). Metaphor: Does it constitute or reflect cultural models?. In R. W. Gibbs Jr. & G. Steen (eds.), *Metaphor in Cognitive Linguistics*. Amsterdam: John Benjamins, 167-188.

Kövecses, Z. (2000). *Metaphor and Emotion: Language, Culture, and Body in Human Feeling*. Cambridge: Cambridge University Press.

Kövecses, Z. (2010). *Metaphor: A Practical Introduction*. Oxford: Oxford University Press.

Kövecses, Z. (2014). Conceptual metaphor theory and the nature of difficulties in metaphor translation. In D. R. Miller & E. Monti (eds.), *Tradurre Figure/Translating Figurative Language*. Bologna: AMS Acta, 25-40.

Kövecses, Z. (2020). *Extended Conceptual Metaphor Theory*. Cambridge: Cambridge University Press.

Kövecses, Z. & Radden, G. (1998). Metonymy: Developing a cognitive linguistic view. *Cognitive Linguistics*, 9(1), 37-77.

Kranjec, A., Lehet, M. & Chatterjee, A. (2013). Space and time are mutually contagious in sound. *Proceedings of the Annual Meeting of the Cognitive Science Society*, 35, 829-833.

Kristiansen, G. & Dirven, R. (eds.). (2008). *Cognitive Sociolinguistics: Language Variation, Cultural Models, Social Systems*. Berlin: Mouton de Gruyter.

Kruijff, G.-J. (2006). Dependency grammar. (2006-03-31) [2024-5-11]. https://doi. org/10.1016/B0-08-044854-2/02033-2.

Kutas, M. & Hillyard, S. A. (1984). Brain potentials during reading reflect word expectancy and semantic association. *Nature*, 307(5947), 161-163.

La Mantia, F. (2017). Where is meaning going? Semantic potentials and enactive grammars. *Acta Structuralica Special Issue*, 1, 89.

Lakoff, G. (1987). *Women, Fire, and Dangerous Things: What Categories Reveal about the Mind*. Chicago: The University of Chicago Press.

Lakoff, G. (1993). The contemporary theory of metaphor. In A. Ortony (ed.), *Metaphor and Thought*. 2nd ed. Cambridge: Cambridge University Press, 202-251.

Lakoff, G. & Johnson, M. (1999). *Philosophy in the Flesh: The Embodied Mind and Its Challenge to Western Thought*. New York: Basic Books.

Lakoff, G. & Johnson, M. (2003). *Metaphors We Live By*. Chicago: The University of Chicago Press.

Lakoff, G. & Núñez, R. (2000). *Where Mathematics Comes From (Vol. 6)*. New York: Basic Books.

Langacker, R. W. (1986). Abstract motion. In V. Nikiforidou, M. VanClay, M. Niepokujet et al. (eds.), *Proceedings of the Twelfth Annual Meeting of the Berkeley Linguistics Society*. Berkeley: University of California, Berkeley Linguistics Society, 455-471.

Langacker, R. W. (1987). *Foundations of Cognitive Grammar: Theoretical Prerequisites (Vol. 1)*. Stanford: Stanford University Press.

Langacker, R. W. (1990). *Concept, Image, and Symbol: The Cognitive Basis of Grammar*. Berlin: Mouton de Gruyter.

Langacker, R. W. (1991). *Foundations of Cognitive Grammar: Descriptive Application (Vol. 2)*. Stanford: Stanford University Press.

Langacker, R. W. (1993). Reference-point constructions. *Cognitive Linguistics*, 4(1), 1-38.

Langacker, R. W. (1997). Constituency, dependency, and conceptual grouping. *Cognitive Linguistics*, 8(1), 1-32.

Langacker, R. W. (2001). Dynamicity in Grammar. *Axiomathes*, 12, 7-33.

Langacker, R. W. (2008). *Cognitive Grammar: A Basic Introduction*. Oxford: Oxford University Press.

Langacker, R. W. (2009). Metonymic grammar. In K.-U. Panther, L. L. Thornburg, A. Barcelona (eds.), *Metonymy and Metaphor in Grammar*. Amsterdam: John Benjamins, 45-71.

Langacker, R. W. (2010a). Access, activation, and overlap: Focusing on the differential. *Journal of Foreign Languages*, 35(1), 2-24.

Langacker, R. W. (2010b). Day after day after day. In F. Parrill, V. Tobin & M. Turner (eds.), *Meaning, Form, and Body*. Stanford: CSLI Publications, 149-164.

Langacker. R. W. (2012a). Elliptic coordination. *Cognitive Linguistics*, 23(3), 555-599.

Langacker, R. W. (2012b). Linguistic manifestations of the space-time (dis)analogy. In L. Filipović & K. Jaszczolt (eds.), *Space and Time in Languages and Cultures*: *Language, Culture and Cognition*. Amsterdam: John Benjamins, 191-215.

Langacker, R. W. (2013). *Essentials of Cognitive Grammar*. Oxford: Oxford University Press.

Langacker, R. W. (2016). Baseline and elaboration. *Cognitive Linguistics*, 27(3), 1-35.

Langacker, R. W. (2020). Trees, assemblies, chains, and windows. *Constructions and Frames*, 12(1), 8-55.

Lederer, J. (2019). Lexico-grammatical alignment in metaphor construal. *Cognitive Linguistics*, 30(1), 165-203.

Lektorsky, V. A. (1984). *Subject, Object, Cognition*. Moscow: Progress Publishers.

Lewis, D. (1973). Causation. *The Journal of Philosophy*, 70(17), 556-567.

Lewis, M. L. & Frank, M. C. (2016). The length of words reflects their conceptual complexity. *Cognition*, 153, 182-195.

Li, F. T. (2019). Evolutionary order of macro-events in Mandarin. *Review of Cognitive Linguistics*, 17(1), 155-186.

Liu, D. & Mo, Q. Y. (2020). Conceptual metaphors and image schemas: A corpus analysis of the development of the *on track/off track* idiom pair. *Journal of English Linguistics*, 48(2), 137-165.

Liu, H. T. (2008). Dependency distance as a metric of language comprehension difficulty. *Journal of Cognitive Science*, 9(2), 159-191.

Liu, H., Hudson, R. & Feng, Z. (2009). Using a Chinese treebank to measure dependency distance. *Corpus Linguistics and Linguistic Theory*, 5(2), 161-174.

Liu, H., Xu, C. & Liang, J. (2017). Dependency distance: A new perspective on syntactic patterns in natural languages. *Physics of Life Reviews*, 21, 171-193.

Low, G., Todd, Z., Deignan, A. et al. (eds.). (2010). *Researching and Applying Metaphor in the Real World*. Amsterdam: John Benjamins.

Ma, S. (2016). Fictive motion in Mandarin Chinese: A corpus-based study of coextension paths. (Doctoral dissertation). Auckland: University of Auckland.

Macbeth, J. C., Gromann, D. & Hedblom, M. M. (2017). Image schemas and conceptual dependency primitives: A comparison. In S. Borgo, O. Kutz, F. Loebe et al. (eds.). *Proceedings of the Joint Ontology Workshops 2017 Episode 3: The Tyrolean Autumn of Ontology*. Bozen-Bolzano, Italy, September 21–23, 2017.

McCloskey, D. N. (1995). Metaphors economists live by. *Social Research*, 62(2), 215-237.

Mandler, J. M. (1992). How to build a baby: II. Conceptual primitives. *Psychological Review*, 99(4), 587-604.

Mandler, J. M. (2004). *The Foundations of Mind: Origins of Conceptual Thought*. Oxford: Oxford University Press.

Martsa, S. (2014). *Conversion in English: A Cognitive Semantic Approach*. Cambridge: Cambridge Scholars Publishing.

Matlock, T. (2004). Fictive motion as cognitive simulation. *Memory & Cognition*, 32, 1389-1400.

Matsumoto, Y., Akita, K., Bordilovskaya, A. et al. (2022). Linguistic representations of visual motion: A crosslinguistic experimental study. In L. Sarda & B. Fagard (eds.), *Neglected Aspects of Motion-Event Description: Deixis, Asymmetries, Constructions*. Amsterdam: John Benjamins, 43-67.

Medin, D. L., Wattenmaker, W. D. & Hampson, S. E. (1987). Family resemblance, conceptual cohesiveness, and category construction. *Cognitive Psychology*, 19(2),

242-279.

Mel'čuk, I. (2009). Dependency in natural language. In A. Polguère & I. A. Mel'čuk (eds.), *Dependency in Linguistic Description*. Amsterdam: John Benjamins, 1-110.

Merchant, J. (2016). The image schema and innate archetypes: Theoretical and clinical implications. *Journal of Analytical Psychology*, 61(1), 63-78.

Milward, D. (1994). Dynamic dependency grammar. *Linguistics and Philosophy*, 17, 561-605.

Miłkowski, M., Clowes, R., Rucińska, Z. et al. (2018). From wide cognition to mechanisms: A silent revolution. *Frontiers in Psychology*, 9, 2393.

Minsky, M. (1988). *The Society of Mind*. New York: Simon and Schuster.

Muñoz Martín, R. (2010). On paradigms and cognitive translatology. In G. M. Shreve & E. Angelone (eds.). *Translation and Cognition*. Amsterdam: John Benjamins, 169-187.

Nuttall, L. (2018). *Mind Style and Cognitive Grammar: Language and Worldview in Speculative Fiction*. London: Bloomsbury Publishing.

Núñez, R., Allen, M., Gao, R. et al. (2019). What happened to cognitive science?. *Nature Human Behaviour*, 3, 782-791.

Oakley, T. & Hougaard, A. (eds.). (2008). *Mental Spaces in Discourse and Interaction*. Amsterdam: John Benjamins.

O'Grady, W. (2008). The emergentist program. *Lingua*, 118(4), 447-464.

Osborne, T. (2018). Tests for constituents: What they really reveal about the nature of syntactic structure. *Language Under Discussion*, 5(1), 1-41.

Osborne, T. (2019). *A Dependency Grammar of English: An Introduction and Beyond*. Amsterdam: John Benjamins.

Osborne, T. & Gross, T. (2012). Constructions are catenae: Construction grammar meets dependency grammar. *Cognitive Linguistics*, 23(1), 165-216.

Parthemore, J. (2013). The unified conceptual space theory: An enactive theory of concepts. *Adaptive Behavior*, 21(3), 168-177.

Pascual, E. (2006). Fictive interaction within the sentence: A communicative type of fictivity in grammar. *Cognitive Linguistics*, 17(2), 245-267.

Pascual, E. (2014). *Fictive Interaction: The Conversation Frame in Thought, Language, and Discourse*. Amsterdam: John Benjamins.

Peirsman, Y. & Geeraerts, D. (2006). Metonymy as a prototypical category. *Cognitive*

Linguistics, 17(3), 269-316.

Peña, M. S. (2008). Dependency systems for image-schematic patterns in a usage-based approach to language. *Journal of Pragmatics*, 40(6), 1041-1066.

Pind, J. (2014). *Edgar Rubin and Psychology in Denmark: Figure and Ground*. Dordrecht: Springer International Publishing.

Pinker, S. (1991). Rules of language. *Science*, 253(5019), 530-535.

Pinker, S. (2007). *The Stuff of Thought: Language as a Window into Human Nature*. New York: Penguin Books.

Pinker, S. (2015). *Words and Rules: The Ingredients of Language*. NewYork: Basic Books.

Pleyer, M. (2012). Cognitive construal, mental spaces and the evolution of language and cognition. In T. C. Scott-Phillips, M. Tamariz, E. A. Cartmill et al. (eds.), *The Evolution of Language (Proceedings of the 9th Conference on the Evolution of Language)*. Singapore: World Scientific, 288-295.

Pollak, T. (2009). The "body-container": A new perspective on the "body-ego". *The International Journal of Psychoanalysis*, 90(3), 487-506.

Pragglejaz Group. (2007). MIP: A method for identifying metaphorically used words in discourse. *Metaphor and Symbol*, 22(1), 1-39.

Quinn, N. (1991). The cultural basis of metaphor. In J. Fernandez (ed.), *Beyond Metaphor: The Theory of Tropes in Anthropology*. Stanford: Stanford University Press, 56-93.

Raffray, C. N., Pickering, M. J. & Branigan, H. P. (2007). Priming the interpretation of noun-noun combinations. *Journal of Memory and Language*, 57(3), 380-395.

Regier, T. (1996). *The Human Semantic Potential: Spatial Language and Constrained Connectionism*. Cambridge, MA: The MIT Press.

Rojo, A. & Ibarretxe-Antuñano, I. (eds.). (2013). *Cognitive Linguistics and Translation: Advances in Some Theoretical Models and Applications*. Berlin: Walter de Gruyter.

Rosch, E. (1973a). Natural categories. *Cognitive Psychology*, 4(3), 328-350.

Rosch, E. (1973b). On the internal structure of perceptual and semantic categories. In T. Moore (ed.), *Cognitive Development and Acquisition of Language*. New York: Academic Press, 111-144.

Rosch, E. (1975). Cognitive representations of semantic categories. *Journal of Experimental Psychology: General*, 104(3), 192-233.

Rosch, E. (1978). Principles of categorization. In E. Rosch & B. B. Lloyd (eds.), *Cognition and Categorization*. Hillsdale: Lawrence Erlbaum Associates, 27-48.

Rosch, E. (2011). "Slow lettuce": Categories, concepts, fuzzy sets, and logical deduction. In R. Belohlavek & G. J. Klir (eds.), *Concepts and Fuzzy Logic*. Cambridge, MA: The MIT Press, 89-120.

Rosch, E. (2013). Neither concepts nor Lotfi Zadeh are fuzzy sets. In R. Seising, E. Trillas, C. Moraga et al. (eds.), *On Fuzziness*. Berlin: Springer, 591-596.

Rosch, E. & Mervis, C. B. (1975). Family resemblances: Studies in the internal structure of categories. *Cognitive Psychology*, 7(4), 573-605.

Ruiz de Mendoza, F. J. & Galera-Masegosa, A. (2011). Going beyond metaphtonymy: Metaphoric and metonymic complexes in phrasal verb interpretation. *Language Value*, 3(1), 1-29.

Saslaw, J. (1996). Forces, containers, and paths: The role of body-derived image schemas in the conceptualization of music. *Journal of Music Theory*, 40(2), 217-243.

Saussure, F. de. (2011). *Course in General Linguistics*. W. Baskin (trans.). New York: Cambridge University Press.

Schütze, C. T. (2016). *The Empirical Base of Linguistics: Grammaticality Judgments and Linguistic Methodology*. Berlin: Language Science Press.

Schwarz, B. (1999). On the syntax of *either... or*. *Natural Language & Linguistic Theory*, 17(2), 339-370.

Searle, J. R. (1980). Minds, brains, and programs. *Behavioral and Brain Sciences*, 3(3), 417-424.

Searle, J. R. (2004). *Mind: A Brief Introduction*. Oxford: Oxford University Press.

Sharifian, F., Dirven, R., Yu, N. et al. (eds.). (2008). *Culture, Body, and Language: Conceptualizations of Internal Body Organs Across Cultures and Languages*. Berlin: Walter de Gruyter.

Siew, C. S., Wulff, D. U., Beckage, N. M. et al. (2019). Cognitive network science: A review of research on cognition through the lens of network representations, processes, and dynamics. (2019-06-17)[2024-05-11]. https://onlinelibrary.wiley.com/doi/10.1155/2019/2108423.

Smith, L. B. (2005). Cognition as a dynamic system: Principles from embodiment. *Developmental Review*, 25(3-4), 278-298.

Steen, G., Dorst, A. G., Herrmann, J. B. et al. (2010). *A Method for Linguistic Metaphor*

Identification. Amsterdam: John Benjamins.

Stefanowitsch, A. (2014). Collostructional analysis: A case study of the English *into*-causative. In T. Herbst, H.-J. Schmid & S. Faulhaber (eds.), *Constructions – Collocations – Patterns*. Berlin: De Gruyter Mouton, 217-238.

Stefanowitsch, A. & Gries, S. T. (2003). Collostructions: Investigating the interaction of words and constructions. *International Journal of Corpus Linguistics*, 8(2), 209-243.

Sun, J. & Zhang, Q. (2021). How do Mandarin speakers conceptualize time? Beyond the horizontal and vertical dimensions. *Cognitive Processing*, 22(2), 171-181.

Swartz, N. (1997). The concepts of necessary conditions and sufficient conditions. [2019-11-22]. https://www.sfu.ca/~swartz/conditions1.htm.

Szwedek, A. (2011). The ultimate source domain. *Review of Cognitive Linguistics*, 9(2), 341-366.

Szwedek, A. (2019). The image schema: A definition. *Styles of Communication*, 11(1), 9-30.

Tai, J. H-Y. (2003). Cognitive relativism: Resultative construction in Chinese. *Language and Linguistics*, 4(2), 301-316.

Talmy, L. (1988). Force dynamics in language and cognition. *Cognitive Science*, 12, 49-100.

Talmy, L. (1996a). The windowing of attention in language. In M. Shibatani & S. Thompson (eds.), *Grammatical Constructions: Their Form and Meaning*. Oxford: Oxford University Press, 285-288.

Talmy, L. (1996b). Fictive motion in language and "caption". In P. Bloom, M. A. Peterson, L. Nadel et al. (eds.), *Language and Space*. Cambridge, MA: The MIT Press, 211-276.

Talmy, L. (2000). *Toward a Cognitive Semantics (Volume I): Concept Structuring Systems*. Cambridge, MA: The MIT Press.

Talmy, L. (2007). Foreword. In M. Gonzalez-Marquez, I. Mittelberg, S. Coulson et al. (eds.), *Methods in Cognitive Linguistics*. Amsterdam: John Benjamins, xi-xxi.

Talmy, L. (2018). Introspection as a methodology in linguistics. Plenary paper presented at the 10th International Cognitive Linguistics Conference, Kraków, Poland, July 15–20, 2007.

Taylor, J. R. (2002). *Cognitive Grammar*. Oxford: Oxford University Press.

Taylor, J. R. (2012). *The Mental Corpus: How Language Is Represented in the Mind*. Oxford: Oxford University Press.

Taylor, J. R. & MacLaury, R. E. (eds.). (1995). *Language and the Cognitive Construal of the World*. New York: Mouton de Gruyter.

Tench, P. (2015). *The Intonation Systems of English*. London: Bloomsbury Publishing.

Tesnière, L. (2015). *Elements of Structural Syntax*. T. Osborne & S. Kahane (trans.). Amsterdam: John Benjamins.

The "Five Graces Group", Beckner, C., Blythe, R. et al. (2009). Language is a complex adaptive system: Position paper. *Language Learning*, 59, 1-26.

Tomasello, M. (2005). *Constructing a Language: A Usage-based Theory of Language Acquisition*. Cambridge, MA: Harvard University Press.

Tomer, J. F. (2019). Metaphors for the evolution of the American economy: Progressing from the invisible and visible hands to the humanistic hand. *Real-World Economics Review*, 88, 144-158.

Tomkins, S. S. (2008). *Affect Imagery Consciousness: The Positive Affects*. New York: Springer Publishing Company.

Trim, R. (2007). *Metaphor Networks: The Comparative Evolution of Figurative Language*. Houndmills, Basingstoke: Palgrave Macmillan.

Tuggy, D. (1992). The affix-stem distinction: A cognitive grammar analysis of data from Orizaba Nahuatl. *Cognitive Linguistics*, 3(3), 237-300.

Tummers, J., Heylen, K. & Geeraerts, D. (2005). Usage-based approaches in Cognitive Linguistics: A technical state of the art. *Corpus Linguistics and Linguistic Theory*, 1(2), 225-261.

Tung, M. P. (1994). Symbolic meanings of the body in Chinese culture and "somatization". *Culture, Medicine and Psychiatry*, 18(4), 483-492.

Turner, M. B. (2020). Constructions and creativity. *Cognitive Semiotics*, 13, 1-18.

Turner, M. & Fauconnier, G. (1995). Conceptual integration and formal expression. *Metaphor and Symbolic Activity*, 10(3), 183-204.

Valera, S. & Ruz, A. (2021). Conversion in English: Homonymy, polysemy and paronymy. *English Language and Linguistics*, 25(1), 181-204.

Velasco, O. I. D. (2001). Metaphor, metonymy and image-schemas: An analysis of conceptual interaction patterns. *Journal of English Studies*, 3(2), 47-64.

Wakefield, J. C. (2020). *Intonational Morphology*. Singapore: Springer Nature.

Walsh, V. (2003). A theory of magnitude: Common cortical metrics of time, space and quantity. *Trends in Cognitive Sciences*, 7, 483-488.

Wang, R. (2012). *Yin-yang: The Way of Heaven and Earth in Chinese Thought and Culture*. Cambridge: Cambridge University Press.

Ward, N. G. (2019). *Prosodic Patterns in English Conversation*. Cambridge: Cambridge University Press.

Watts, A. (2011). *Tao: The Watercourse Way*. London: Souvenir Press.

Weigand, E. (2011). Paradigm changes in linguistics: From reductionism to holism. *Language Sciences*, 33(4), 544-549.

Wilson, T. (2003). *Strangers to Ourselves: Discovering the Adaptive Unconscious*. Cambridge, MA: Harvard University Press.

Winter, S. L. (2001). *A Clearing in the Forest: Law, Life, and Mind*. Chicago: The University of Chicago Press.

Wittgenstein, L. (1958). *Philosophical Investigations*. 2nd ed. Anscombe, G. E. M. (trans.). Oxford: Blackwell.

Wee, L. (2006). The cultural basis of metaphor revisited. *Pragmatics & Cognition*, 14(1), 111-128.

Wulff, S. (2006). *Go-*V vs. *go-and-*V in English: A case of constructional synonymy?. *Trends in Linguistics: Studies and Monographs*, 172, 101-125.

Yu, N. (1995). Metaphorical expressions of anger and happiness in English and Chinese. *Metaphor and Symbol*, 10(2), 59-92.

Yu, N. (2000). Figurative uses of finger and palm in Chinese and English. *Metaphor and Symbol*, 15(3), 159-175.

Yu, N. (2002). Body and emotion: Body parts in Chinese expression of emotion. *Pragmatics & Cognition*, 10(1-2), 341-367.

Yu, N. (2003). The bodily dimension of meaning in Chinese: What do we do and mean with "hands"?. In E. Casad & G. Palmer (eds.), *Cognitive Linguistics and Non-Indo-European Languages*. Berlin: Mouton de Gruyter, 337-362.

Yu, N. (2009). *The Chinese HEART in a Cognitive Perspective: Culture, Body, and Language*. Berlin: Walter de Gruyter.

Zlatev, J., Smith, V., van de Weijer et al. (2010). Noun-noun compounds for fictive food products: Experimenting in the borderzone of semantics and pragmatics. *Journal of Pragmatics*, 42(10), 2799-2813.

陈一, 李洋. (2022). "没有了NP"与"没有NP了"构式比较. 汉语学习(2), 28-37.

陈禹. (2021). 重动句的基线/阐释模型. 现代外语(2), 147-156.

陈忠. (2020). 汉英语序组织的变量竞争与调适机制. 语言教学与研究(6), 37-46.

崔永禄. (2001). 文学翻译佳作对比赏析. 天津: 南开大学出版社.

冯凭. (1986). 谈名词充当谓语. 汉语学习(3), 21-22.

古川裕. (2021). 现代汉语认知语法与教学语法研究. 北京: 商务印书馆.

顾文炳. (1993). 阴阳新论. 沈阳: 辽宁教育出版社.

罗经国. (2005). 古文观止精选(英汉对照). 北京: 外语教学与研究出版社.

马书东. (2017). 基于间距效应的时间框架. 外国语(4), 55-63.

马书东. (2018). 时间与空间互动研究: 以汉语复现结构为例. 武汉: 武汉大学出版社.

马书东, 梁君英. (2015). 构式切换中的间距效应. 现代外语(4), 493-502, 584.

马书东, 梁君英. (2016). 汉语动词复现中时与空的互动研究. 外语教学与研究(2), 188-199, 319.

马书东, 梁君英. (2021). 语长构式化中的概念义浮现. 现代外语(3), 384-395.

牛保义. (2008). 自主/依存联结——认知语法的一种分析模型. 外语与外语教学(1), 1-5.

牛保义. (2011). 新自主/依存联结分析模型的建构与应用. 现代外语(3), 230-236, 328.

庞加光, 张韧. (2022). 基线/阐释模型下的汉语离合词现象研究. 外国语(2), 72-83.

朴珉娥, 袁毓林. (2019). 汉语是一种"无时态语言"吗?. 当代语言学(3), 438-450.

覃修桂, 帖伊. (2018). 以身喻心: 感觉范畴概念隐喻的英汉对比研究. 北京: 清华大学出版社.

邵敬敏. (2011). 汉语框式结构说略. 中国语文(3), 218-227, 287.

沈家煊. (2019). 超越主谓结构: 对言语法和对言格式. 北京: 商务印书馆.

沈家煊. (2020a). "互文"和"联语"的当代阐释——兼论"平行处理"和"动态处理". 当代修辞学(1), 1-17.

沈家煊. (2020b). 有关思维模式的英汉差异. 现代外语(1), 1-17.

沈家煊. (2020c). 汉语大语法五论. 上海: 学林出版社.

沈家煊. (2021). 名词"时体态"标记: 理论挑战和应对方略——兼论汉语"了"的定性. 当代语言学(4), 475-507.

沈家煊. (2022). 哈里斯的话语分析法和中式主谓句. 现代外语(1), 1-16.

石毓智. (2006). 语法的概念基础. 上海: 上海外语教育出版社.

王海峰. (2009). 现代汉语离合词离析现象语体分布特征考察. 语言文字应用(3), 81-89.

王天佑. (2021). 从"一边VP₁, 一边VP₂"到"边V₁边V₂"四字格——压缩与降级. 汉语学习(6), 69-76.

王寅. (2021). 基于体认语言学的结构对称性研究. 汉语学习(6), 3-12.

文旭, 肖开容. (2019). 认知翻译学. 北京: 北京大学出版社.

徐盛桓. (2007). 自主和依存——语言表达形式生成机理的一种分析框架. 外语学刊(2), 34-40.

叶蕴, 孙道功. (2020). "在N上"的语义维度和语用制约分析. 汉语学习(5), 22-30.

詹卫东, 郭锐, 常宝宝, 等. (2019). 北京大学CCL语料库的研制. 语料库语言学(1), 71-86.

张敏. (1998). 认知语言学与汉语名词短语. 北京: 中国社会科学出版社.

张其成. (2021). 张其成讲黄帝内经: 中国人的生命智慧. 北京: 天地出版社.

周韧. (2019). 从半逗律看"的"字分布的韵律因素. 语文研究(2), 30-37.

朱林清, 莫彭龄, 刘宁生, 等. (1987). 现代汉语格式初探. 天津: 天津人民出版社.